Une Parisienne à Chicago

Marie Grandin

Une Parisienne à Chicago

1892-1893

Introduction de Mary Beth Raycraft
Édition établie et annotée par Mario Pasa

Petite Bibliothèque Payot

Retrouvez l'ensemble des parutions
des Éditions Payot & Rivages sur

www.payot-rivages.fr

Ce récit a paru pour la première fois en 1894
sous le nom de « Mme Léon Grandin » et sous le titre :
Impressions d'une Parisienne à Chicago
(Paris, Librairie Ernest Flammarion).

106, bd Saint-Germain, Paris VIe

À chacun sa découverte de l'Amérique. Pour Christophe Colomb, ce fut en 1492. Pour Marie Grandin (1864-1905), ce fut quatre siècles plus tard, très exactement, et grâce à Colomb : sans sa découverte à lui, on n'aurait pas commémoré le quatrième centenaire de l'événement ; sans de telles festivités, il n'y aurait pas eu à Chicago d'Exposition universelle ; sans l'Exposition, Léon Grandin – l'époux sculpteur de Marie – n'aurait pas collaboré à la réalisation d'une fontaine y représentant l'« Amérique triomphante » sur son navire.

Le couple embarque au Havre le 23 juillet 1892 et rentre en France l'été suivant. Quelques mois plus tard paraît ce récit qui malheureusement ne marque guère les esprits. Mais le voyage, lui, a profondément marqué l'auteur, au point qu'en 1895 la jeune dame s'installe définitivement aux États-Unis… avec un autre homme.

Il aura fallu deux universitaires qui ne se connaissaient pas, une de chaque côté de l'Atlantique, pour faire revivre ce qui est plus une expérience de femme que de voyageuse. Voulant démontrer que jadis les Anglaises n'étaient pas seules à sillonner la planète et à transformer leurs périples en bons livres, Françoise Lapeyre évoque dans son Roman des voyageuses françaises au XIXe siècle *(Payot, 2007) le séjour de Marie Grandin à Chicago. Mary Beth Raycraft, qui enseigne la littérature française à la Vanderbilt University de Nashville (Tennessee), s'emploie de son côté à reconstituer l'itinéraire biographique du personnage et traduit en anglais ce qui devient* A Parisienne in Chicago *(University of Illinois Press, 2010). Ladite Parisienne aurait été fière que son unique ouvrage soit d'abord republié dans la langue de sa patrie d'adoption et surtout que ce soient des femmes – « mes sœurs », comme elle aimait à dire – qui l'aient tirée de l'oubli.*

Après New York (1853) et Philadelphie (1876), l'Exposition universelle de Chicago est la troisième organisée dans le Nouveau Monde, lequel semble donc avoir déjà pris un coup de vieux en cette fin de XIXe siècle. De fait, au seuil de la lecture, on pourrait croire la vision de Mme Grandin sagement touristique en comparaison des aventures de deux autres voyageuses publiées chez Payot : Fanny Kelly, épouse de pionnier, qui en 1864 s'est retrouvée prisonnière des Indiens dans le Wyoming (Ma captivité chez les Sioux) *; Isabella Bird, qui en 1873 est tombée amoureuse d'un desperado dans le Colorado* (Une Anglaise au Far West). *Marie, elle, évolue dans des milieux bien différents : ceux de la bourgeoisie et de l'art. Elle ne croise des cow-boys que dans les « ménageries funèbres » où ils conduisent leur bétail, c'est-à-dire les abattoirs tentaculaires de Chicago. Quant aux Indiens, ce sont eux désormais qui se retrouvent en captivité, réduits « à une sorte d'esclavage dans ce pays qui est le leur ».*

Mais le lieu où Mme Grandin admire les productions artisanales de leurs épouses et de leurs filles nous révèle qu'il y a bien dans sa narration un souffle d'esprit pionnier : le pavillon de la Femme, grande première dans une Exposition universelle, illustre à ses yeux l'espoir de voir s'améliorer – mieux, s'épanouir – la condition féminine. Là est sa véritable découverte de l'Amérique, qui s'avère donc aussi un cheminement personnel. Même si aux États-Unis les femmes ne sont pas au bout de leurs conquêtes en matière de reconnaissance et de liberté, elle constate que les Américaines sont très en avance sur les Françaises et que cela ne les empêche pas de trouver des époux autrement plus protecteurs et attentionnés que dans l'Hexagone. Tel est le point fort d'un témoignage qui, loin de consister en d'interminables descriptions de lieux, brosse le portrait de la société américaine à la fin du XIX*e siècle – portrait sur le vif, dans la rue comme dans les réunions entre amis, dans les pensions où logent les Grandin comme dans les soirées en ville.*

Sur le point de rentrer à Paris, Marie confie : « Je quittais la contrée où j'avais vécu libre, d'une liberté de pensée et d'allure qui n'allait plus être admise sur notre sol. […] J'avais joui de la considération, du respect accordés là-bas à toute femme, et j'allais retrouver le dédain, la méprisante pitié dont nous accable en France la supériorité masculine. » On ne s'étonnera pas, dès lors, qu'outre écrire un livre elle ait tiré pour elle-même les conséquences de ces dix mois passés à Chicago. En retournant pour toujours en Amérique, elle prendra à la lettre cette constatation de Mme de Staël : « Lorsque vous vous trouvez bien dans quelque ville étrangère, c'est que vous commencez à vous y faire une patrie. »

Mario Pasa

PRÉSENTATION

par Mary Beth Raycraft

Le récit publié par Marie Grandin en 1894 a pour la première fois retenu mon attention lors d'une visite à la Bibliothèque nationale de France, voilà plusieurs années. L'un de mes amis, qui l'avait consulté pour les besoins d'un travail sur l'histoire de Chicago, m'avait vivement recommandé de le compulser à mon tour, lors d'un voyage de recherche à Paris, et d'envisager de le traduire en anglais.

Épouse du sculpteur Léon Grandin (1856-1901), Marie, alors âgée de vingt-huit ans, avait accompagné ce dernier à Chicago, où il devait participer à l'érection d'une fontaine pour l'Exposition universelle de 1893. Diplômé de l'École des beaux-arts, il avait en effet réalisé avec plusieurs confrères des sculptures qui, destinées à cette Columbian Fountain, furent expédiées vers Chicago par bateau afin d'y être assemblées. Durant les dix mois que le couple passa sur place, entre août 1892 et juin 1893, Mme Grandin explora la ville, tandis que son mari travaillait à l'atelier de sculpture.

Malgré la fragilité de l'ouvrage, son dos déchiré et ses pages jaunies, je me suis sentie aussitôt happée par cette pétulante évocation de la vie aux États-Unis à la fin du XIXe siècle. Nullement effarouchée par les quatorze chapitres fourmillant de commentaires sagaces, je me suis lancée dans leur traduction avec enthousiasme. Le style fougueux de l'auteur, ponctué d'interrogations ou d'exclamations, et sa promesse faite au lecteur de partager avec lui le moindre détail de ses aventures n'ont fait que me rendre plus passionnante encore la perspective de voyager en sa compagnie.

J'ai d'abord vu dans le récit de Mme Grandin une mine d'informations comme il en existe peu sur la vie quotidienne dans les États-Unis des années 1890. Ma traduction, ai-je pensé, aurait de quoi plaire aux lecteurs américains intéressés par l'histoire de Chicago ou l'Exposition universelle de 1893. Car les descriptions pittoresques de Marie – scènes de rue, tableaux domestiques ou peintures sociales – nous dévoilent bel et bien des aspects oubliés de la vie à New York et Chicago à la fin du XIXe siècle.

Mais au fil de mon travail, c'est surtout son œil de Française qui m'a séduite. Je suis américaine et j'ai étudié pendant deux ans la littérature et la civilisation françaises à Paris, aussi étais-je très curieuse d'observer les réactions de Marie Grandin face aux États-Unis de son temps. Le titre de son ouvrage le proclame : c'est avec le regard d'une « Parisienne » qu'elle compte jauger la société de ce pays. Lorsqu'elle en examine les divers aspects, qu'elle les admire ou les dénigre, la capitale française lui sert constamment de mètre étalon. Comment s'est-elle employée à comparer les jeunes cités américaines au Paris de la Belle Époque, avec ses quartiers historiques, ses Grands Boulevards, ses cafés pleins d'animation et ses boutiques de luxe ? En quoi les mœurs, la mode et la gastronomie d'outre-Atlantique pouvaient-elles rivaliser avec le modèle parisien ? Tels ont été mes premiers questionnements lorsque j'ai entrepris de restituer en anglais le style très vif de l'auteur.

Suivant l'ordre chronologique, Mme Grandin commence par escorter ses lecteurs, au départ du Havre, sur le paquebot *La Touraine*, dont elle nous campe la routine de bord – les repas, les diverses occupations et les rapports entre les groupes de passagers. Durant les quelques jours qu'elle passe à New York, elle nous entraîne dans l'assourdissant train aérien, nous donne à voir l'imposant pont de Brooklyn, nous convie encore à une promenade à Central Park puis à un spectacle sur Broadway. Elle nous autorise même à visiter les couchettes du train qui, depuis New York, l'entraîne vers les chutes du Niagara.

Une fois à Chicago, elle part à la découverte de la ville. N'en étant pas originaire, je m'y suis repérée grâce à une carte de la fin du XIXe siècle ainsi qu'à quelques guides datant de l'Exposition universelle. Après quoi, je l'ai suivie à mesure qu'elle croquait les gens et les lieux qu'elle croisait sur sa route, et il m'est rapidement apparu qu'elle éprouvait des sentiments mitigés à l'égard de la vie américaine.

Mais pour mieux saisir son point de vue, il me fallait en apprendre plus sur son parcours personnel. Parallèlement à ma traduction, j'ai plongé dans les archives. Ma tâche s'est trouvée compliquée du fait que l'auteur avait publié le livre sous le seul nom de « Mme Léon Grandin ». On peut en outre s'étonner de ce qu'une femme parvenue à se faire éditer dans le Paris de la fin du XIXe siècle n'ait pas même mentionné son prénom sur la couverture. Le patronyme de son époux constituerait donc le point de départ de mes investigations.

J'ai trouvé au musée d'Orsay un dossier consacré à l'œuvre de Léon Grandin, assez célèbre en son temps, et dans un journal parisien une brève nécrologie (septembre 1901). Ayant découvert qu'il reposait au cimetière du Montparnasse, je m'y suis rendue sous un ciel gris. Hélas ! le nom complet de son épouse n'était pas gravé sur la tombe et l'inscription « Famille Grandin » semblait railler mes efforts. J'ai réussi en revanche à me procurer une copie du certificat de mariage au Minutier central des notaires (Archives nationales) : Marie Léonie Lédier avait épousé Léon Grandin le 18 novembre 1884 à Paris. Née le 15 janvier 1864, elle allait avoir vingt et un ans et exerçait le métier d'institutrice. Au début des années 1890, les Grandin habitaient à Montparnasse, où l'artiste travaillait dans l'atelier du sculpteur Frederick William MacMonnies, l'un de ses anciens condisciples aux Beaux-Arts.

Mais à part la rédaction et la publication du récit de Marie, je restais sur ma faim quant à la destinée de l'auteur après son séjour aux États-Unis. C'est alors que j'appris, grâce à une note manuscrite sur son certificat de naissance, que sa vie avait radicalement changé, et il faut étudier le contexte de ses aventures américaines pour mesurer leurs surprenants effets sur son parcours personnel…

Outre Mme Grandin, plusieurs Françaises visitèrent Chicago à la fin du XIXe siècle et livrèrent leurs impressions à des lecteurs enthousiastes. Parmi elles, l'illustre Sarah Bernhardt (1844-1923), la journaliste Marie-Thérèse Blanc (1840-1907) – qui écrivait sous le pseudonyme de Thérèse Bentzon – et Marie Dugard (1862-1931), professeur de lycée. Pour celles-ci, Chicago ne fut qu'une escale dans leur découverte des villes d'outre-Atlantique.

Sarah Bernhardt visita la « cité venteuse » pendant sa tournée de janvier 1881 où elle triompha dans *Phèdre* et *La Dame aux camélias*. Chicago était sa ville américaine préférée, apprend-on à la lecture de ses Mémoires, *Ma double vie* (E. Fasquelle, 1907). Elle y décrit son séjour dans un palace (Palmer House) et son incursion dans le quartier des abattoirs, aussi affreux qu'impressionnants. Elle aime flâner dans les rues et note le dynamisme des habitantes.

L'expérience de Marie Dugard ou de Marie-Thérèse Blanc se révèle bien différente. Toutes deux cultivées, elles se trouvent aux États-Unis pour des raisons professionnelles, portées par un intérêt croissant pour le statut de la femme en Amérique. Marie Dugard, enseignante au lycée Molière de Paris, occupe en 1893 le poste de déléguée officielle du gouvernement français à l'Exposition universelle de Chicago, où elle fait un exposé au congrès sur l'éducation devant des participantes dont l'énergie la frappe. Le récit très documenté de son périple à travers le pays, *La Société américaine. Mœurs et caractères, la famille, rôle de la femme, écoles et universités*, paraîtra chez Hachette en 1896.

Marie-Thérèse Blanc, illustre journaliste, arrive pour sa part à Chicago en octobre 1893. Au cours des cinq mois qu'elle passe aux États-Unis, elle publie une série d'articles dans la *Revue des Deux Mondes* sous le titre « La condition de la femme aux États-Unis ». Ces textes seront repris en 1896 dans ses *Notes de voyages. Les Américaines chez elles* (C. Lévy). À Chicago, elle examine la situation des femmes, visite leur pavillon à l'Exposition, rencontre leurs chefs de file, assiste aux réunions de leurs associations professionnelles et philanthropiques. Bien que les ouvrages des trois Françaises diffèrent, tant par la taille que par les sujets, certains aspects de la ville les ont toutes trois frappées, notamment l'effervescence régnant dans les rues ainsi que l'énergie et l'engagement des Américaines.

Les premières réactions de Mme Grandin, quand elle découvre Chicago en août 1892, font écho à celles d'autres Français. Elle est abasourdie par la superficie de la ville, qui à l'époque représente cinq fois celle de Paris. Elle s'étonne de l'animation sur les artères et de la diversité architecturale, si éloignée de l'uniformité des boulevards haussmanniens. Comme beaucoup de ses concitoyens, elle se déclare heurtée par l'impertinence des domestiques, manifeste de la curiosité pour la nourriture et de l'aversion pour certaines habitudes. Néamoins, son récit se distingue des autres à maints égards, car contrairement à la plupart de ses compatriotes elle n'est pas venue aux États-Unis avec un programme de découverte préétabli et ne promet qu'une chose à ses lecteurs : leur faire partager ses impressions avec sincérité et simplicité. Si par ailleurs elle visite à peu de chose près les mêmes sites que les autres voyageurs français, sa curiosité et la durée de son séjour vont faire de celui-ci une expérience tout à fait exceptionnelle.

Durant les mois qu'ils passent à Chicago, les Grandin logent successivement dans trois *boarding-houses* – des sortes de pensions. Notre auteur y observe les relations qui se nouent au sein d'un groupe hétéroclite de locataires. Elle rencontre des célibataires des deux sexes, des couples mariés et jusqu'à des familles entières installées à demeure, ravie de pouvoir puiser là de nombreux éléments de comparaison avec les foyers parisiens. Elle consacre ses premiers commentaires sur les habitants à leurs toilettes, leurs occupations quotidiennes et leurs manières. Ces réactions initiales sont partagées. Elle a beau saluer le respect dont ces messieurs font preuve dans les tramways, où ils cèdent volontiers leur siège aux dames, elle s'offusque de certains de leurs usages, dont celui du crachoir. Quant aux femmes, si elle goûte leur fantaisie vestimentaire, notant avec soin la disposition des nœuds et des fleurs fraîches dont elles agrémentent leurs robes, elle se montre déconcertée par leur peu d'intérêt pour le confort de leur logis. Les tâches ménagères ne sont pas leur fort, elles négligent leur intérieur, au point, suggère l'auteur, qu'elles feraient bien de prendre quelques leçons auprès des maîtresses de maison françaises, lesquelles leur enseigneraient l'art culinaire, celui du raccommodage et de la gestion économe du foyer.

Piquée par l'intérêt, Marie Grandin approfondit ses recherches sur les relations entre hommes et femmes aux États-Unis. De son examen attentif des couples qu'elle fréquente à la pension elle tire une admiration toute particulière pour les maris, qui selon elle prennent beaucoup plus au sérieux leur rôle de protecteur et de chef de famille que ses concitoyens. De plus, les Américains semblent préférer les mariages d'amour aux mariages d'argent, alors que leurs homologues français, remarque-t-elle avec amertume, n'ont d'yeux que pour la dot de leur fiancée. Je me suis aussitôt demandé si elle faisait allusion à son propre mariage, dont par ailleurs elle parle peu. J'ai appris plus tard que les bons rapports qu'elle paraissait entretenir alors avec son époux cachaient de profondes divergences de vues.

Elle côtoie également, parmi ses voisins, des enfants turbulents dont les liens qui les unissent à leurs parents se déclinent sur le mode de la franchise et de la spontanéité. Ce goût de l'indépendance et de la liberté, si éloigné de la soumission polie qu'on exige des petits Parisiens, la ravit. Le cadre de la pension lui permet encore d'observer les relations entre classes sociales. Ainsi est-elle décontenancée par l'insolence des bonnes. Accoutumée aux frontières nettes qui séparent en France les maîtres de leurs serviteurs, elle a l'impression d'en contempler une image inversée à Chicago, où les domestiques semblent dicter leurs conditions à leurs employeurs.

Hors de la *boarding-house*, Mme Grandin ne tarde pas à bien connaître les différents quartiers de Chicago : le site de Jackson Park, où se tient l'Exposition universelle, le centre d'affaires du Loop, grouillant d'activité, ou encore l'élégant quartier résidentiel de Lincoln Park. Arrivée quelque temps avant l'élection présidentielle opposant en 1892 Grover Cleveland au président sortant, Benjamin Harrison, elle assiste avec intérêt aux parades hautes en couleur qu'on organise dans les rues. Frappée par la rivalité bon enfant qui règne pendant la campagne ainsi que par les discussions cordiales entre hommes et femmes, elle juge rafraîchissante l'atmosphère politique américaine. Comme elle a coutume de se promener sur les artères animées, de circuler en tramway ou de naviguer sur le lac Michigan, elle fait connaissance avec un décor urbain plein de vie dans lequel elle se sent chez elle. Elle prend plaisir à musarder dans les grands magasins, assouvit son goût pour les sucreries chez les confiseurs – dont on peut s'étonner qu'elle les préfère à leurs collègues parisiens ! –, grignote des cacahuètes et du pop-corn achetés à des marchands ambulants. Ouverte, sociable et curieuse, elle se laisse entraîner dans un tourbillon de visites et de réceptions diverses. Grâce à une lettre d'introduction rédigée par l'une de ses relations parisiennes, elle finit par pénétrer dans les cercles les plus huppés de la ville et fréquenter la très mondaine et richissime Bertha Palmer.

Une rue, une pension bourgeoise, le dernier salon où l'on cause. Partout Marie Grandin scrute le comportement des gens de Chicago, multipliant les comparaisons avec Paris. L'indépendance des célibataires américaines l'enthousiasme. Combien plus naturelle lui semble cette liberté de circuler à leur guise et de fréquenter des jeunes hommes, au regard des contraintes infligées aux Parisiennes, qui ne sortent que sous la surveillance d'un chaperon. Les femmes mariées, auprès de leurs conjoints aimants et attentifs, lui apparaissent de la même façon plus épanouies que les épouses françaises.

Tout aussi passionnée par les relations entre petites filles et petits garçons, elle se rend dans plusieurs écoles afin d'y observer ce qui se passe dans les classes mixtes. Sa formation d'institutrice l'incite également à comparer le système éducatif français avec le travail des enseignants aux États-Unis, le déroulement des cours et les programmes scolaires. Lors de ces visites, elle est agréablement surprise de constater que de l'école primaire au lycée les jeunes des deux sexes étudient côte à côte avec profit. Son amitié pour Lydia Hess et Marie Gélon Cameron, qui lui ouvrent les portes de leurs ateliers, lui vaut d'assister à des cours à l'Art Institute, où les deux femmes enseignent ; là encore, elle souligne le respect mutuel entre étudiantes et étudiants.

Si les Grandin se trouvent à Chicago, c'est d'abord pour l'Exposition universelle. La voyageuse ayant vu celle de 1889 à Paris, il lui tarde d'en découvrir la version américaine. La « Cité blanche » de Jackson Park se situe à plusieurs kilomètres du centre-ville et surpasse de loin l'événement parisien en terme de superficie. Prenant très au sérieux son rôle de guide, Marie évoque avec un grand luxe de détails l'agencement des lieux et les points forts de la manifestation. Elle admire, pour la prouesse technologique qu'ils représentent, le palais de l'Électricité et la Grande Roue ; elle goûte l'exotisme du village esquimau et des cafés maures. Mais elle salue surtout le pavillon de la Femme, une nouveauté pour une Exposition universelle. Les figures féminines les plus éminentes de Chicago, parmi lesquelles son amie Bertha Palmer, ont joué un rôle crucial dans sa conception. Dessiné par *une* architecte, orné de peintures de Mary Cassatt et Mary MacMonnies, ce pavillon donne à voir la multiplicité des talents artistiques et la situation sociale des femmes à travers le monde. Mme Grandin, qui s'y rend à maintes reprises et y noue de nombreux contacts, trouve là de quoi prolonger sa réflexion sur les rapports entre les deux sexes.

Ayant d'abord reproché aux épouses et aux mères américaines leur manque d'intérêt pour les tâches ménagères, elle finit par envier leur dynamisme et leur participation à des activités extérieures à la sphère familiale. Elle en vient même à prendre exemple sur elles, car les Grandin finissent par emménager dans une résidence hôtelière proche de l'Exposition. Marie, qui a assumé jusque-là l'ensemble des travaux domestiques, s'en trouve dès lors totalement exemptée. Elle peut passer plus de temps hors de son domicile. Déjà membre actif de plusieurs associations, parmi lesquelles le Club français, elle assiste régulièrement à des événements organisés par l'Art Institute ainsi qu'à des dîners ou des soirées dansantes en compagnie de ses nouvelles relations.

Bien qu'elle soit venue dans la capitale de l'Illinois pour admirer les splendeurs de la cité et de l'Exposition universelle, ce sont décidément les femmes de Chicago qui constituent à ses yeux le spectacle le plus impressionnant. Au cours de ces dix mois, elle a souhaité en connaître de tous âges, de tous milieux, dont beaucoup s'étaient ardemment engagées dans la vie sociale, culturelle et politique de leur ville. Au dernier chapitre de son récit, le ton assuré de Marie cède le pas à une voix chargée d'émotion qui avoue son regret de regagner la France. Elle va jusqu'à remettre en cause le vieux proverbe selon lequel Paris serait le paradis des femmes : leur paradis, c'est bien aux États-Unis qu'il se trouve ! Au terme de son séjour, elle se rappelle avec nostalgie les petits moments de liberté qu'elle a appris à goûter, ses flâneries citadines et la spontanéité des Américaines qu'elle a fréquentées.

Son livre se clôt en juillet 1893, lorsque le couple monte à bord du bateau qui va le ramener en France. Debout sur le pont, Marie discerne la silhouette de la statue de la Liberté à travers la brume et déclare avec emphase : « JE REVIENDRAI ! » Comme je l'ai dit, une note manuscrite sur son certificat de naissance m'a permis de reconstituer la suite de son parcours. J'y ai appris, à mon grand étonnement, qu'elle s'était remariée à New York en décembre 1901. Ainsi son ouvrage se trouvait-il sous-tendu par d'autres préoccupations : tandis qu'elle observait les relations entre les hommes et les femmes de Chicago, son union avec Léon Grandin était en train de se détériorer.

Pour tenter de découvrir ce qui s'était passé entre 1893 et 1901, je me suis mise à lire la correspondance de Marie Gélon Cameron, artiste peintre française avec laquelle Mme Grandin s'était liée d'amitié aux États-Unis. Marie et son époux, le peintre américain Edgar Cameron, avaient quitté Chicago pour Paris à peu près au même moment que les Grandin. Durant l'hiver 1893-1894 et le printemps, Marie Cameron les évoque souvent dans ses lettres à sa belle-famille. Les deux couples, qui vivaient à Montparnasse, se voyaient régulièrement. L'épistolière mentionne à de nombreuses reprises l'immitente publication du livre de Mme Grandin. Désireuse de le promouvoir, elle rapporte à ses correspondants que son amie se prêtait à des séances de pose pour un tableau intitulé *Portrait de l'auteur des « Impressions d'une Parisienne à Chicago »*, dans une tenue achetée à New York juste avant son retour en France. Le peintre en était Edgar Spier Cameron, qui proposa la toile pour le Salon de 1894. Hélas ! elle fut refusée et l'on ignore ce qu'elle est devenue.

L'enthousiasme de Marie Cameron pour le texte de Mme Grandin fait plaisir à lire, mais ses commentaires sur les rapports de celle-ci avec les États-Unis m'ont beaucoup surprise. En février 1894, l'artiste écrit à sa belle-mère : « Nous sommes allés voir les Grandin l'autre soir et nous avons passé un très bon moment. Lui est redevenu on ne peut plus français, mais Mme Grandin ne se départit pas de son amour pour l'Amérique. » Cette observation perspicace laisse deviner une distance croissante entre les époux. Néanmoins, Marie Cameron note deux mois plus tard dans une missive à son beau-père : « Les opinions de Mme Grandin sont en train d'évoluer. Elle estime à présent qu'elle peut trouver son bonheur à Paris, même si elle serait enchantée de retourner en Amérique. »

L'éclaircie fut de courte durée puisque l'auteur quitta son mari, et la France avec lui, en juillet 1895. Elle embarqua à bord du *Saint-Louis* en compagnie d'un jeune compatriote. Une liste de passagers conservée dans les archives d'Ellis Island m'a fourni quelques précisions : à trente et un ans, elle arriva à New York avec un certain Alexandre Ferrand, de douze ans son cadet. Elle était enceinte. En novembre 1895, elle donna naissance à un fils, Sandy. Puis c'est une petite May qui vit le jour en mars 1898. Trois mois après la mort de Léon Grandin, survenue en France en septembre 1901, elle se remaria avec Alexandre. Après avoir vécu à Manhattan, où Ferrand était fourreur, le couple déménagea à Staten Island, toujours dans l'agglomération new-yorkaise, là même où avait accosté *La Touraine* dans la nuit du 29 au 30 juillet 1892.

Le nom d'épouse et la dernière adresse de notre auteur m'ont permis de mettre ensuite la main sur son certificat et son avis de décès. Je n'avais pas cherché sa tombe sur le bon continent : Marie Léonie Lédier Grandin Ferrand fut emportée par une néphrite aiguë le 25 décembre 1905 à Staten Island, et c'est là qu'elle fut inhumée. On comprend, à la lecture de la copieuse notice nécrologique parue dans le *Staten Islander*, qu'elle eut une vie bien remplie durant les dix années qu'elle passa en Amérique. Elle y fit un mariage d'amour, fonda une famille et parvint à trouver un équilibre entre ses responsabilités domestiques et son engagement auprès de plusieurs organisations sociales et culturelles – cet engagement qu'elle avait tant admiré chez les femmes de Chicago. S'inspirant peut-être du Club français qu'elle avait fréquenté là-bas, elle créa une antenne de l'Alliance française à Staten Island.

La relative liberté dont jouissaient les femmes dans le Chicago des années 1890 avait donc bien joué un rôle dans sa décision de s'installer définitivement aux États-Unis, et sous l'apparence du tourisme son premier séjour s'était révélé être une étape capitale dans sa vie. Quant à ma propre tâche de traductrice, elle ne consistait plus seulement à restituer en anglais les impressions que Mme Grandin avait livrées sur le ton de la conversation, car au récit de voyage se mêlait l'histoire autrement plus intime d'une découverte de soi.

Traduction de Danièle Momont.

AU LECTEUR

Dès mon enfance, les voyages m'ont toujours semblé une des plus grandes jouissances de la vie. Quel est l'enfant, d'ailleurs, qui n'a pas assemblé quatre fauteuils pour en constituer un wagon et qui n'est point parti de là à la découverte de fabuleuses contrées peuplées de phénoménales merveilles ! Grandie, cette passion des voyages m'est restée, mais ma pensée mûrie ne les considère plus seulement comme un des plaisirs les plus vifs que puisse procurer l'existence. J'y vois encore un des plus efficaces moyens d'éducation et d'instruction ; supérieur même à tous les autres systèmes éducateurs en ce que des élèves de tout âge et de tous les degrés d'intelligence sont appelés à en profiter. Là, en effet, pour rebuter les médiocres, les faibles, nulle théorie abstruse, nul besoin d'application soutenue, de dispositions spéciales : c'est la grande, l'universelle leçon de choses, accessible au plus infantile cerveau. À chaque instant, une nouvelle connaissance est acquise, puis une autre, une autre encore, et les notions s'accumulent, les comparaisons s'imposent, le jugement presque inconsciemment se forme, et dans le plus léthargique esprit peu à peu l'habitude du penser s'éveille, d'étape en étape plus facile, plus rapide. Le penser, c'est-à-dire la manifestation la plus haute du vivre ! Et combien peu dans la vie routinière savent penser !

Pour nous autres Français, voyager nous paraît peu nécessaire. Nous savons bien qu'il existe en dehors de la nôtre d'autres civilisations. Mais la curiosité de les connaître, de les apprécier ? À quoi bon ! D'avance, nous sommes fixés sur le résultat de cette vaine étude grâce à cette belle idée qui règne chez nous depuis des siècles et sur laquelle concordent uniformément toutes les opinions autrement divergentes : Le peuple le plus intelligent, le plus travailleur, le meilleur, c'est nous ! Le pays le plus beau, le plus riche, le mieux administré, le mieux gouverné même, c'est le nôtre !

Et qu'on ne discute pas là-dessus, c'est entendu, convenu, formel ; c'est même aux yeux des gens un des dogmes fondamentaux de notre religion patriotique auquel il est, sous peine de sacrilège, défendu de toucher !

Eh bien, non ! Il faut le dire : cette illusion chauvine n'est point un des articles de la foi patriotique, ou le patriotisme, alors compris de cette façon, ne serait qu'aveuglement ridicule, étroit, et même coupable égoïsme. C'est plus hautement, plus intelligemment qu'il faut aimer la patrie ; c'est plus loyalement qu'il faut nous juger nous-mêmes, en ayant le courage de constater nos défauts, nos torts, nos infirmités mêmes, non point pour continuer tranquillement, la constatation dûment faite, à les imposer aux autres, mais pour les modifier, les pallier, nous guérir. Comment ? Par quel moyen ? Les voyages sont là justement comme remède pour nous dessiller les yeux, nous les ouvrir de force.

Plus encore peut-être que la vanité patriotique, c'est la nonchalance, l'amour égoïste de notre tranquillité, de nos aises, qui nous retiennent au sol natal en l'enfouissement du coin du feu. Secouons nos paresses ! En ce siècle de vapeur et d'électricité où il est si peu coûteux, si aisé de parcourir les continents, de traverser les airs, et où le poète, avide d'espace et de soleils nouveaux, n'a plus à s'écrier :

Des ailes ! des ailes ! des ailes !
Comme dans le chant de Rückert [1] *!*

voyageons, courons du nord au sud, de l'est à l'ouest, moissonnant les documents utiles, emmagasinant les visions, enrichissant nos cerveaux d'idées neuves et d'appréciations nouvelles sur nous et sur les autres !

Voyager. Ce mot devrait se pouvoir définir ainsi : « Voir avec intérêt pour se souvenir avec bonheur et profit. »

Et qu'avec ceux que la nécessité du quotidien labeur ou les impossibilités matérielles tiennent à l'attache tout voyageur partage du moins le butin des connaissances acquises et rapportées en toute honnêteté et exactitude, avec l'espoir de leur pouvoir être utile ou de les intéresser.

1. Théophile Gautier, « Ce que disent les hirondelles. Chanson d'automne », dans *Émaux et camées* (1852). Allusion au poète et orientaliste allemand Friedrich Rückert (1788-1866).

CHAPITRE PREMIER

Le départ. – Installation à bord. – Le bal des émigrants. – Décès en mer. – La dot de Mlle Touraine. – Course plate. – Arrivée.

Triste, le départ ! Derrière soi, dans la maison bouleversée, on laisse les parents en larmes. Plus que les jeunes, toute séparation effraie les personnes âgées. Reviendront-ils jamais, ceux qui s'en vont ? Au fond de leur cœur sourd cette pensée navrante, devinée des voyageurs et leur enlevant à eux aussi de leur courage ; car, vraiment, c'est du courage qu'il faut pour accomplir le moins lointain voyage, lorsque l'on songe à quelles angoisses, à quelles souffrances on condamne ceux qui restent.

Certes, la raison devrait vaincre la sensibilité ; on se devrait dire que la terreur de ces chers vieux parents résulte en partie de leurs habitudes de jeunesse. Ils sont encore de l'époque où le moindre déplacement constituait une longue et périlleuse entreprise, et ils s'épouvantent pour nous à l'idée que nous allons traverser terre et eau, des milliers de lieues ! Affaire d'éducation, d'accoutumance... Pour le même voyage nous quitterons nos fils plus aisément que nos parents ne nous quittent. Pauvres chers timides ! En arrière sur notre temps, vous êtes les plus à plaindre !

Cependant, et en dépit de toute bravoure, l'émotion vous gagne, vous suffoque, en ces adieux qui risquent d'être éternels ; et j'étais à peine installée avec mon mari [1] dans le fiacre qui nous emportait à la gare que mes larmes, stoïquement retenues jusque-là, coulaient à flots.

Par bonheur, les inévitables tracas du départ modifient inévitablement le cours des pensées ; sans devenir précisément gaies, elles perdent du moins de leur intensité de tristesse dans la diversion que tant de mouvement leur impose ; et j'étais, en somme, en un plus tranquille état d'esprit quand, descendant de l'express, nous nous trouvâmes au Havre, où nous allions embarquer.

Sur *La Touraine*, le dernier construit des paquebots transatlantiques, énorme maison, monument plutôt : cent soixante-cinq mètres de long, vingt de large ; deux hélices, deux machines, deux cheminées, salons luxueux, éclairage électrique d'un bout à l'autre du bateau [2]. Ma curiosité se préoccupait d'ailleurs moins encore de tout cela que de notre cabine. Aurions-nous assez d'air ? un lit assez long pour ma grande personne ?... Détails menus, puérils en apparence, et, dans le fait, très importants.

Je fus bientôt rassurée. Jolie petite, oh ! très petite chambre, cette cabine s'éclairait parfaitement par une sorte de minuscule fenêtre en œil-de-bœuf, un

1. Dans son récit, Marie évoque rarement ce mari, et jamais pour décrire ses activités. Pourtant, si elle put partir aux États-Unis, c'est bien grâce à Léon Grandin (1856-1901), qui comptait parmi les sculpteurs de la Columbian Fountain, conçue par Frederick William MacMonnies (voir note 3, p. 240) pour l'Exposition universelle de Chicago et décrite p. 249.

2. *La Touraine*, qui allait quitter Le Havre le 23 juillet 1892 à 10 heures du matin, assura la liaison avec New York de 1891 à 1922. Lors de sa mise en service, c'était le plus grand paquebot français en tonnage – le dernier de la Compagnie générale transatlantique à posséder des voiles en plus de ses deux hélices. Il était célèbre notamment pour sa décoration intérieure et la finesse de sa nourriture. La description qui suit est celle d'une cabine de deuxième classe.

« hublot » à travers la vitre duquel on plongeait sur l'océan ; deux lits de bois superposés et fixés à la muraille, munis de bons matelas et même de rideaux ; une toilette simulant un exigu chiffonnier ; enfin, un canapé et des portemanteaux... C'était là tout l'ameublement.

À y ajouter encore, cependant, d'étranges objets qui m'étonnèrent : de grandes plaques de liège pliées et reliées ensemble par de très larges rubans de fil et disposées, à portée de la main, au-dessus du plus élevé de nos deux lits. Mon mari m'apprit que c'étaient des ceintures de sauvetage, et cette évocation d'un naufrage possible me troubla légèrement, je l'avoue, à ma complète honte. Cette désagréable impression s'effaça toutefois assez rapidement.

Je m'apprête pour la nuit que nous allons passer, le bateau à l'ancre. Je me couche sans trop penser à ces fameuses ceintures suspendues au-dessus de nos têtes comme une épée de Damoclès, et, le bouton de nos lampes électriques tourné, la cabine plongée dans l'obscurité, nous voilà prêts à dormir. Mais non pas près de dormir ! Car les chaînes qui, à l'aide des grues, embarquent les bagages et chargent notre navire auraient le plus grand besoin d'être graissées. C'est un tapage infernal, et il faut posséder un sommeil comme le mien pour arriver à s'assoupir.

Mon mari, qui n'y peut parvenir, occupe sa nuit à visiter le bateau, et je saurai dès le lendemain matin que les passagers de deuxième classe sont assez bien installés mais ceux de troisième, horriblement. Hommes, femmes, enfants, tout le monde dort ensemble ! Alors, pourquoi tant de surface occupée par les salons de première ? Ne vaudrait-il pas mieux les faire moins vastes et consacrer un peu plus d'espace au logement des pauvres émigrants ?

Tous les préparatifs d'embarquement enfin terminés, un grand mouvement se produisit sur le navire, à la suite d'une bruyante sonnerie annonçant aux amis des voyageurs qu'ils devaient se retirer. C'était l'imminence du départ et tout le monde se pressa tumultueusement sur le pont. Tous les marins étaient à leur poste, les uns aux cabestans, manœuvrant les énormes câbles, les autres à différents services commandés par leurs officiers. Sur la terre, en face de nous, se massèrent en groupes compacts parents, amis, curieux.

À un signal donné, le navire oscilla en un brusque sursaut ; les cordes remontèrent, la machine siffla ; nous partions ! Et vite, bien vite, trop vite, tout s'éloigna, s'amoindrit, s'estompa à l'horizon... Grouillement du port, hautes maisons, blancs édifices, tout se fondit en une teinte grise qui s'atténua de plus en plus ; les côtes, grises aussi, ne furent plus qu'une ligne qui s'allongeait, et tous les cœurs étaient encore à terre.

Le pilote qui avait guidé notre sortie et marchait en avant allait nous quitter maintenant pour regagner Le Havre, emmenant avec lui les amis, restés à bord, de divers passagers de distinction. Ce fut un arrêt de quelques secondes. Sur les deux navires encore une fois, tous les mouchoirs s'agitèrent, puis l'imposante *Touraine* et le petit pilote s'éloignèrent l'un de l'autre en des directions opposées. Quelques courts moments et le bateau disparut, comme disparaîtrait bientôt elle-même la ligne grise des côtes de France.

Une sonnerie de cloche nous appela à la salle à manger. C'était le premier repas pris à bord et je fus étonnée de me trouver en si nombreuse compagnie. Non pas joyeuse, toutefois. Inconnus les uns aux autres, tous avaient le cœur et l'esprit pleins d'abondantes pensées, et personne ne tenta d'être aimable. Triste repas, des plus froids, où l'on parla juste pour être poli, où l'on ne fut pas même en état de s'observer, de s'étudier.

Après le déjeuner, hygiénique promenade sur le pont que j'arpentai consciencieusement en long à peu près un quart d'heure. À l'extrême avant, l'espace, se rétrécissant de plus en plus pour former la proue du navire, devenait juste assez large pour qu'une personne s'y puisse tenir serrée et comme encastrée de chaque côté par les deux bords du vaisseau ; ce fut bientôt ma place de prédilection.

À l'arrière, une large surface également découverte était réservée aux passagers de deuxième classe. À ce moment, presque tout le monde s'y tenait pour distinguer le plus longtemps possible les côtes de France ; et ce fut là que je portai mon fauteuil, m'abandonnant à une bien compréhensible rêverie, tout en contemplant tantôt l'horizon, tantôt toute une bande de blanches mouettes escortant notre navire et accompagnant leur vol gracieux d'un concert assez discordant. Les unes se perchaient sur nos grands mâts ; d'autres repartaient, revenaient et volaient d'avant en arrière, s'abattant tout à coup comme pour s'y reposer sur les échelles et les cordages, tandis que le plus grand nombre suivaient toujours à l'arrière, effleurant par instants, de leur vol léger, le sillage nacré formé par le mouvement des deux hélices, et si long, si long qu'il semblait rattacher notre navire à la terre.

Encore un coup de cloche me tirant de ma méditative contemplation, un coup de cloche appelant de nouveau à la salle à manger ; car sur les bateaux français on mange beaucoup, et c'est en somme une sorte de distraction pour les passagers qui, comme moi, ont la chance de n'être pas malades.

Deux heures et demie : c'était l'heure des pruneaux ; c'est-à-dire qu'à ce moment de la journée on sert quotidiennement une collation invariablement composée de ces fruits séchés, d'un consommé et de différentes pâtisseries.

Plusieurs des personnes entrevues au déjeuner s'abstinrent de paraître, et au dîner bon nombre des passagers manquèrent encore, déjà malades, les uns au lit, les autres étendus sur le pont, transis, grelottants, enveloppés de couvertures et n'osant faire un mouvement. Cela me donna la peur de ressentir prochainement les atteintes du mal, mais durant toute la durée du voyage nous en fûmes indemnes mon mari et moi, et nos estomacs fonctionnèrent merveilleusement.

Le repas terminé, je me hâtai de reprendre ma place sur le pont. Dans le courant d'une journée superbe, le soleil se couchait, descendant doucement vers l'eau dans toute sa pourpre. Pas un nuage, le ciel estompé aux nuances diverses – sanglant à l'ouest, d'un gris de cendre à l'orient –, la mer calme comme un lac, des vagues menues, teintées comme des écailles de gros poissons. Puis le soleil disparut complètement et, l'illumination radieuse apaisée, le croissant de la lune monta dans le ciel éclairant la nuit qui nous venait.

Indescriptible spectacle que celui de ces choses du ciel, harmonie divine que ce calme et cette douceur qui nous pénétraient et nous reposaient. La nuit, une nuit de juillet, tout à fait tombée, je demeurai longtemps à cette place d'avant, le vent qui soufflait, la marche accélérée du navire m'étourdissant d'un bruit qui me semblait immense. Solitaire, à la proue du navire, j'avais l'illusion de m'en aller seule à travers l'océan à la rencontre de l'inconnu. Puis, de l'avant je me rendis à l'arrière. Le long ruban du sillage se développait jusqu'à l'horizon, et dans la moirure des eaux profondes luisaient des phosphorescences, rapides et brillants éclairs.

Enfin, mais assez tard, je pris le parti de me retirer dans ma minuscule chambrette. Nous n'y avions plus à endurer les désagréments de la nuit précédente, mais d'autres les avaient avantageusement remplacés. D'abord, une odeur écœurante, inexprimable, que j'avais déjà sentie la veille avec dégoût, mais dont la lourdeur s'était encore accrue. Heureusement, la mer était si calme que je pus ouvrir notre hublot par lequel pénétra la brise âcre et forte de l'océan ; mais l'autre mal était sans remède, car ce n'était autre que le mouvement du bateau qui, déjà très fort sur le pont à cause des deux hélices, devenait plus violent encore en nos cabines.

Je m'accoutumai, d'ailleurs, assez vite à cet étrange bercement ; mais mon mari, de toute la durée du voyage, ne put le supporter, n'arrivant jamais, la tête continuellement agitée par ce brutal va-et-vient, à s'assoupir pleinement, et en proie au supplice incessant que lui procurait le besoin de sommeil insatisfait.

La vie à bord est forcément uniforme et, bien que la traversée du Havre à New York ne demande qu'une huitaine de jours, on a hâte de se créer des occupations distrayantes. C'est, avant tout, l'étude des passagers, le désir qui en résulte de lier connaissance avec telle personne, d'éviter celle de telle autre, les causeries entre voisins de table qui s'agréent ; et, dès notre première conversation avec un monsieur qui se trouvait au dîner près de mon mari, j'appris, le deuxième jour de notre embarquement, et à propos du chargement de notre bateau, un détail qui me fit froid.

À l'extrémité de l'avant, juste à cette place que je trouvais si douce et que je m'étais tout de suite choisie comme endroit de prédilection, se trouvait une petite cabine que j'avais très bien remarquée la veille lorsque j'étais demeurée à la proue, mais sans m'inquiéter de ce qu'elle pouvait contenir. Or, transformée en chapelle mortuaire, elle renfermait deux cadavres : ceux d'un jeune homme et d'une jeune femme tous deux américains, victimes d'une catastrophe de chemin de fer survenue en Suisse quelque temps auparavant, et dont les corps étaient ramenés en Amérique par leur famille.

J'eusse préféré, je l'avoue, que le monsieur gardât pour lui cette confidence qui m'éloignait instinctivement de ma place favorite et tournait au deuil mes pensées. Pourtant, connue ou non des autres passagers, cette présence à bord de deux cercueils n'attrista pas, comme je l'aurais cru, notre navire. Dès ce deuxième jour les conversations se nouèrent plus généralement. La vue, au large, d'un autre navire augmenta l'animation qui devint complète, le même soir, grâce aux passagers de troisième.

Horriblement installés, ces pauvres gens semblaient les plus heureux du navire. J'assistai à leur repas, tout primitif et sans rien de tentant. Les matelots le leur apportèrent sur l'entrepont dans de grandes marmites du contenu de dix rations. Chacun alors y puisa sa portion, les moins dégoûtés, munis simplement d'une cuiller, s'asseyant en famille autour du pot et mangeant à même.

La réfection terminée, tous ces braves gens de nationalités différentes, Allemands et Italiens pour la plupart, se mirent à organiser un bal, deux accordéons composant l'orchestre, et au premier son des instruments tous les passagers de première et de seconde se portèrent, en spectateurs, sur l'espèce de balcon que formait le pont au-dessus de l'entrepont.

Spectacle qui valait la peine d'être vu, d'être écouté. Sans en valoir de grands, les musiciens jouaient agréablement, et la gaieté franche des danseurs, le pittoresque du décor et des costumes eussent déridé les plus sombres. On respectait d'ailleurs rigidement la mesure avec les convenances, et sur les rythmes entraînants les couples voltaient, presque gracieux, un Allemand essayant parfois, avec combien de peine, d'initier au langoureux glissement de la valse une gentille Italienne.

Les musiciens, des Allemands, avaient tiré tous leurs morceaux de l'admirable répertoire des grands maîtres de ce pays. Fatigués, ils s'arrêtèrent, mais pour qu'à leurs instruments succèdent des chœurs vocaux également exécutés par leurs compatriotes.

Les voix bien timbrées et mélodieusement unies de ces hommes et de ces femmes, leur sentiment puissant de l'harmonie et de ses nuances firent de ce concert improvisé un des plus délicieux plaisirs que l'on puisse éprouver. Dans la langue de leur pays, ils entonnèrent leurs hymnes nationaux avec des accents si vibrants de conviction et de patriotisme qu'ils nous impressionnèrent tous. Ces hommes, que la misère chassait de leur terre natale et qui, par-delà l'océan, l'emportaient dans leur cœur et la chantaient avec amour, nous faisaient vibrer des émotions les plus intenses, et le plaisir ressenti fut en somme si complet que dès le lendemain soir on organisait avec leur concours un autre concert.

Donnée à l'arrière du navire, cette soirée musicale eut le même succès que la précédente, et cette fois le concert s'ouvrit par *La Marseillaise*, qui sans autre souci de décorum fut reprise en chœur par la plupart des assistants. Ah ! comme il me sembla plus beau, plus large encore que d'ordinaire, ce chant sublime ! Malgré moi, sans m'en douter, j'en pleurais de vraies larmes – sentimentalité exagérée peut-être et ridicule, mais que ceux qui n'ont jamais ressenti de pareilles émotions me jettent la première pierre !

Le lendemain, journée d'épaisse et glaciale brume plus dense de quart d'heure en quart d'heure, compacte bientôt à ne plus nous permettre de distinguer l'extrémité de notre navire. De cinq minutes en cinq minutes mugissait, lugubre, le terrible cri de la sirène, car, nous approchant de Terre-Neuve, nous risquions de chavirer les barques de pêche. Sur le pont, même emmitouflés dans les plus chauds vêtements, les passagers grelottaient, envahis non seulement de froid mais de sombre mélancolie, et ce jour déjà si noir acheva de s'endeuiller par une tristesse nouvelle.

Un employé du bord venait de mourir subitement, emporté par un mal quelconque qu'on ne se donna même pas la peine de préciser. Personne de nous, et moi pas plus que tout autre, nous ne connaissions cet homme, mais lorsque je sus qu'au bout des quelques heures réglementaires il allait être jeté à l'océan, je demeurai glacée par cette nouvelle. Elle me semblait le comble de l'horreur et de l'injustice. Eh quoi ! nous avions avec nous et pour tout le temps de la traversée deux cadavres, et on ne pouvait leur adjoindre dans le lieu où ils reposaient le corps de ce pauvre homme, employé depuis dix ans sur ce paquebot ? Non pas ! Il y avait la grave question des frais de transport. La veuve et les orphelins du défunt, famille nombreuse et peu fortunée, ne pourraient à coup sûr payer, et les dix années d'un service aussi dur que peu rémunéré ne lui donnaient aucun droit à une gratuite faveur. Donc, à la mer !...

Révoltée, je m'assignai du moins à moi-même le devoir d'assister aux funérailles de ce malheureux, de remplacer près de lui en ce moment suprême la famille ignorante du coup qui la frappait, de murmurer près de lui les prières qu'auraient prononcées sa femme et ses enfants.

Pour éviter aux passagers le spectacle de la triste cérémonie, on devait l'accomplir presque subrepticement et sur les quatre heures du matin. Ayant su ce détail de notre garçon de service, j'obtins encore de lui qu'il vînt me réveiller à temps, et à trois heures et demie, accompagnée de mon mari, je descendais à l'entrepont où se faisait le service funèbre.

Quelques messieurs y étaient déjà, en curieux, et bientôt le mortuaire cortège parut : d'abord le capitaine en second, le commissaire, le docteur, quelques officiers, puis la bière, portée par quatre marins, tout cela éclairé par la flamme fumeuse des torches de résine que tenaient quatre matelots et dont les rougeâtres reflets avaient quelque chose de sinistre en cette nuit froide, opaquement enténébrée de brouillard et déchirée toujours par le gémissement rauque de la sirène.

Un détail, tout de suite, avait frappé mon attention : deux trous sur le dessus de la bière. Lestée déjà de deux boulets de canon, elle devait encore, par ces deux orifices, s'emplir promptement d'eau afin de ne pas surnager.

Rapidement, quelques paroles de banale oraison funèbre furent prononcées par le capitaine, puis on ouvrit une des portes ménagées dans le balcon de l'entrepont et par laquelle le cercueil allait glisser à la mer. Préalablement, une des hélices avait été arrêtée, mesure qui ralentissait la marche du navire, mais prise par précaution afin d'éviter le cas, d'ailleurs peu probable, où la bière, entraînée à l'arrière, risquait d'être saisie par la machine et broyée par elle à la surface de l'eau.

Le cercueil placé sur une planche inclinée, tout le monde se rapprocha, tandis que tombée à genoux je me substituais, en cette minute solennelle, à toute la famille du malheureux, lui adressant pour elle et de toute mon âme le suprême adieu.

À un commandement, les torches s'élevèrent ; la planche, en grinçant sinistrement, s'avança au-dessus de l'abîme. La sirène retentissait toujours comme un gémissement lamentable. Rougeâtres et fumeuses dans le brouillard, les torches plaquaient sur le cercueil et dans l'eau comme des mares de sang. La planche bascula, la bière s'engouffra, produisant par le déplacement de l'eau le bruit le plus lugubre que j'aie jamais entendu, et dans la même seconde disparut. Quelques instants la mer fut encore agitée ; de grandes moirures s'élargirent, puis tout rentra dans le calme, dans le silence, l'obscurité. Seule la voix pleurante de la sirène continuait de mugir.

Glacée jusqu'aux oreilles d'un froid terrible, les dents claquantes, et envahie d'une indicible peur, je me sauvai en courant dans notre cabine.

J'étais brisée, transie.

Me jetant sur mon lit, je pleurai d'abord nerveusement à chaudes larmes ; puis je m'endormis pour apprendre, à mon réveil, qu'un événement de tout autre ordre s'était produit cette même nuit sur le bateau : une nouvelle passagère était à bord, une mignonne fillette était née.

Contraste éternel des choses : la joie mêlée partout à la douleur, la misère auprès de l'abondance, la vie côte à côte avec la mort.

Cet incident heureux venait à propos pour faire diversion aux pensées tristes ; le ciel lui-même s'éclaircissait, nous permettant de voir les barques de pêche de plus en plus nombreuses aux deux flancs de notre navire.

Bien entendu, cette naissance occupa tout le monde.

« Il est probable, me dit un petit garçon duquel j'étais grande amie, que ce sera comme sur *La Champagne* où j'ai vu le même fait arriver. On donnera à la fillette le nom du navire. »

En effet, sur l'acte de naissance aussitôt dressé par le capitaine, ce fut le nom assez peu commun de « Touraine » que reçut le baby nouveau-né, nom difficile à porter dans un salon parisien mais qui dut produire sensation sur la terre américaine.

J'avais naturellement hâte de voir la nouvelle passagère et me disposais à me rendre près de la maman, pauvre femme que je plaignais bien de s'être trouvée en pareil lieu pour une pareille circonstance, quand le papa apparut lui-même sur le pont, le poupon entre ses bras. Pauvre bébé ! Pas joli du tout, bien rouge, bien bouffi, mais avec de petits membres robustes et une solide envie de vivre, bien qu'il fût arrivé un peu plus tôt qu'on ne l'attendait, le roulis ayant sans doute agi sur la maman.

« Mais, dis-je au brave homme qui tenait la petite créature avec toute la gaucherie d'un homme en semblable cas, ne redoutez-vous pas pour cette si petite le froid du pont ?

– Le froid, madame ? Bah ! les enfants des malheureux ne le craignent pas... Ils sont solides, allez ! J'en avais déjà cinq ; celle-ci fait le sixième, et jamais je n'en ai eu un de malade une seule minute.

– Alors, vous allez chercher fortune en Amérique ?

– Il le faut bien. En France je n'arrive plus à nourrir mon monde, et ma femme ne peut faire autre chose que de s'occuper de sa couvée. Quand j'ai de l'ouvrage, je gagne trois francs par jour ; mais il y a les chômages... C'est pourquoi je pars pour tâcher de faire mieux. Mais il m'en coûte, allez ! »

Et deux grosses larmes roulèrent dans ses yeux.

Tout le monde s'occupant de la petite, chacun lui souhaitait chances et prospérités de toutes sortes, et pour lui faciliter le chemin dans la vie, qu'on lui souhaitait si heureuse, l'idée vint de lui dorer un peu l'avenir au moyen d'une petite dot qu'une collecte réunirait. Accueillie avec enthousiasme, elle fut aussitôt mise à exécution. Peu ou beaucoup, tout le monde donna, et la somme produite fut à tel point rondelette que lorsque le capitaine la remit au père, celui-ci, tout ému, hésita à l'accepter.

Heureux de la joie, de l'allègement procurés à ces pauvres gens, tout le monde se sentait mieux disposé que d'ordinaire ; il y eut musique, et tous les jeux de cartes, de loto, d'adresse furent ce jour-là en grand honneur.

Mais, dès le lendemain, l'ennui redevint maître ; le temps semblait d'autant plus long qu'on commençait à espérer la terre, et l'impatience me gagnait aussi. Cependant, le ciel, à vrai dire, nous favorisait, car un nouvel incident vint rompre la monotonie du voyage en accélérant encore notre marche.

Depuis le petit jour, un grand navire nous fournissait une course endiablée. Dépassé par nous durant la nuit, il voulait regagner son avance. Les saluts avaient été échangés de part et d'autre, ainsi que différents signaux aériens, mode de conversation de nos capitaines respectifs. Ce bateau, aussi grand et aussi beau que le nôtre, était un navire allemand : le *Bismarck* [3]. Parti de Hambourg trois jours avant nous, il devait nous précéder d'une journée en son arrivée à New York, et de gros paris avaient été engagés en Amérique et en Allemagne sur cette course maritime des deux navires.

Au courant de la situation, la fièvre nous gagna tous. Les lorgnettes se braquaient sur le *Bismarck* perdant de plus en plus sa distance, et ce fut un véritable enthousiasme à notre bord quand il devint absolument certain qu'il ne pouvait plus nous dépasser. Les dames elles-mêmes battaient des mains, et je constatai que même les Américains partageaient franchement notre joie. À vrai dire, tout le monde, profitant de cette circonstance, avait lieu de s'en montrer satisfait. Le plus surprenant de l'aventure, c'était d'avoir aperçu notre adversaire dans cette voie si large que s'y rencontrer est un extraordinaire hasard, et personne ne quittait le pont.

3. Marie Grandin confond avec un autre bateau, car le *Bismarck*, parti de Hambourg le 15 juillet 1892, arriva à New York le 23, le jour même où *La Touraine* quittait Le Havre.

La mer, en ce jour-là, était superbe, le temps splendide, le ciel radieux, la mer aussi bleue que le ciel ; des plantes marines traînaient aux flancs de notre navire, et au large, d'instant en instant, les poissons volants venaient dorer leur gros dos au soleil.

Mais subitement, vers la nuit, la température changea, des nuages épais s'étant amoncelés au-dessus de l'horizon déchiré de larges éclairs. L'atmosphère s'alourdit d'orage, lequel se déchaîna, mêlé de pluie.

Nous n'étions plus qu'à quelques heures du port. Tout à coup, la pluie cessant, des feux s'allumèrent sur le navire, et dans la masse noire, en face de nous, d'autres feux apparurent, ceux des phares, faibles d'abord comme de vacillantes lanternes puis rayonnants et de plus en plus puissants.

C'était le port !

À l'arrière du navire, un marin sondait le fond. Une manœuvre fut commandée, l'ancre jetée. Le bateau, un peu incliné sur le flanc, demeura immobile.

Nous étions arrivés. Point encore tout à fait au port, mais au service sanitaire. D'ailleurs, l'équipage et les passagers étant en parfaite santé, nous n'avions pas de quarantaine à subir mais la simple visite du docteur [4]. L'attendant pour le lendemain matin, nous n'avions qu'à nous coucher, et dans la tranquillité du bateau cette dernière nuit passée à bord fut la meilleure du voyage.

Au réveil, un radieux et féerique décor s'étalait devant nous. En face, la terre bordée de chalets qu'ombrageaient de luxuriantes verdures ; dans la baie immense que formait l'océan, une multitude innombrable de bateaux de toutes espèces qui se croisaient en

4. Depuis le 1er janvier 1892, Ellis Island était avec ses services d'immigration la « porte d'entrée » des États-Unis, mais les passagers de première et deuxième classe étaient examinés à bord des bateaux.

tous sens et, sur le côté dominant la mer, la colossale statue de « la Liberté éclairant le monde », du sculpteur Bartholdi.

Déception, pourtant, à l'égard de cette statue. En dépit de ses gigantesques proportions, elle ne paraissait que de très ordinaire grandeur, ne produisant guère plus d'effet que sa réduction érigée chez nous sur la Seine, à la pointe de l'île aux Cygnes. L'endroit ici était si vaste qu'une statue, pour énorme qu'elle fût, devait s'y perdre ; il fallait y apporter une montagne.

La visite du docteur subie, le navire reprit sa marche. Encore une heure à peine et nous allions être au point terminus de notre voyage [5]. Rapidement, notre bateau franchit le court espace nous séparant du quai de débarquement, évoluant au milieu d'autres navires qui me frappaient d'étonnement par leurs singularités.

D'abord, le sifflement particulier adopté par tous ; non point, comme chez nous, la stridence horrible au tympan d'un aigu déchirement d'air mais la vibration prolongée, en tierce, de deux notes, et qui ne manquait pas d'harmonie. Mais, plus encore que mes oreilles, mes yeux s'étonnaient ! Parmi toutes sortes d'embarcations filaient d'étranges bateaux *(ferry-boats)* tels que je n'en eusse jamais imaginé, à roues, qu'une sorte de grand balancier faisait mouvoir ; ils transportaient des chevaux et des voitures, tout attelés, et même des trains de chemin de fer.

Contemplant, mais distraitement, le spectacle et trépidants d'impatience, tous les passagers sur le pont échangeaient des poignées de main, des adieux, avec la

5. Atteint le 30 juillet 1892 à 12 h 30, selon le *New York Clipper Annual*, qui précise que depuis Le Havre *La Touraine* avait mis 6 jours, 19 heures et 26 minutes pour atteindre la baie de New York, la nuit précédente. C'était d'ailleurs à l'époque le paquebot le plus rapide de la Compagnie générale transatlantique.

familiarité de vieux amis habitués à vivre côte à côte, destinés à se retrouver la semaine suivante en une intime réunion.

Nous touchions enfin au quai de débarquement, grand hangar tout semblable à celui du Havre. Là, nous devions être attendus par des parents de mon mari. Mais celui-ci ne les ayant pas vus depuis le bas âge, j'étais, je l'avoue, assez inquiète de savoir comment ils arriveraient à se reconnaître.

En France, dans le tohu-bohu qui règne au débarqué, cela eût été réellement chose impossible. À New York, cela s'effectua tout naturellement grâce au bon ordre dans lequel tout se passe. Le long du quai, les murs sont divisés en grandes cases, alphabétiquement marquées ; l'on transporte les colis de chaque voyageur sous l'initiale de son nom et rien n'est plus simple que de retrouver ses bagages.

Sous la majuscule G, nous trouvâmes donc et nos malles et les membres inconnus de notre famille. Les photographies respectivement envoyées y aidant, les présentations en ce milieu étrange furent vite faites et la familiarité des relations promptement établie.

C'était chez ces parents tout aimables et charmants que nous allions séjourner avant de pousser sur Chicago. Au courant des usages, ils nous aidèrent à expédier toutes les formalités de douane et autres, puis, notre bagage chargé, il ne nous resta plus qu'à nous rendre chez eux.

CHAPITRE II

Première impression. – Tramways et chemin de fer. – Les quartiers de la ville. – Le quartier juif. – Le quartier chinois. – Les quais. – Les promenades. – Les tabliers blancs. – Les cireurs. – Les arts et les artistes. – Théâtre américain. – La charité. – La vie à Morissania. – Cuisine indienne.

Ma tête, lorsque je repense à cette première vision de New York, ma tête se remplit à nouveau de toute la cacophonie des bruits infernaux, des apparitions fantastiques qui la bourrelèrent à ce prime instant.

Devant moi, à la sortie des docks, une vilaine rue étroite, longue jusqu'à l'infini, flanquée de phénoménales maisons démesurément hautes, uniformément rouges, épouvantablement laides et que bordaient, l'étrécissant encore, de grands poteaux soutenant la trame épaisse et serrée des fils télégraphiques. Point de ciel : un immense viaduc parallèle à la rue. Dessus, le roulement des trains lancés à toute vapeur. Dessous, celui des voitures et des tramways, avec un indescriptible hourvari de chocs, de cris, de sonnailles, dont ne s'émeuvent nullement les passants qui circulent sur le trottoir, non point dans le pittoresque pêle-mêle de Paris qui fait se coudoyer le manœuvre en cotte et le boulevardier, la petite ouvrière en cheveux et la très élégante mondaine : tous corrects, eux, de tenue, d'allure, et presque semblables les uns aux autres ; tous grands, tous minces, tous soignés, tous rasés, tous pressés.

Nous montons dans un tramway et nous filons sous le viaduc, dont la fonte vibre et retentit terriblement pour mes oreilles. Avec cela, les chevaux de notre véhicule, ceux aussi des autres tramways portent des colliers de grelots, et l'employé chargé de recevoir l'argent est muni d'un compteur qui s'étale sur sa poitrine et qui résonne de la plus désagréable façon à chaque nouveau voyageur qu'il inscrit.

Le tramway est bondé d'individus mâles auxquels il serait bien difficile d'assigner, à première vue, leur âge réel, fût-ce approximativement ; car sans barbe ni moustaches ils donnent tous, de prime abord, l'impression de jeunes gens. D'une tenue irréprochable, d'ailleurs, sans paraître, comme les Anglais, guindés et raidis dans leur col.

Descendus du tramway, nous montons sur le pont de fer pour prendre le train aérien que nous n'avons pas à attendre longtemps, car il en passe toutes les trois minutes.

Wagons confortables et bien installés, avec la possibilité de circuler d'une extrémité à l'autre du train ; les wagons reliés entre eux par de petites plates-formes et aménagés dans leur longueur avec des sièges disposés sous les fenêtres, sauf au centre où les sièges, placés deux à deux en travers, forment des espèces de petits salons.

Par les vitres je plonge dans l'intérieur des maisons qui bordent le chemin de fer ! Quel plaisir ce doit être, pour les habitants de ces immeubles, d'avoir à subir de trois en trois minutes l'examen de toutes sortes de gens dont le regard curieux ou distrait pénètre forcément chez eux ! Avec cela, la fumée noire et grasse envahit les appartements chaque fois que l'on en ouvre les fenêtres, salissant tout, sans reparler de l'infernal tapage dont il faut être de jour et de nuit assourdi. Est-il possible que l'on ait voulu orner Paris d'une horreur semblable ? Certes, je ne cherche pas à contester la commodité de l'*elevated railroad*, mais déclarer que cela puisse être joli, jamais ! Et je suis certaine que chez nous ses plus zélés admirateurs sont ceux qui ne l'ont point vu [1].

Descente du train, mais à un embranchement, pour reprendre une autre direction ; et après une heure et demie de voyage en tramway et sur deux lignes de chemin de fer, nous arrivons enfin à la propriété de nos parents [2].

Ah ! devant elle je me réconcilie déjà avec New York. C'est dans une grande et large rue plantée de deux rangées de grands arbres qu'est située cette propriété, en un quartier calme et fleuri comme ceux voisins de notre bois de Boulogne, avec de fort jolies maisons enfoncées dans des parcs ombreux.

Nous stoppons devant la barrière de bois qui clôt un grand jardin anglais ; sur les pelouses, deux petites chèvres blanches qui s'ébattent et une vache superbe qui broute paisiblement nous regardent arriver. Entre deux arbres un hamac se balance et, là-bas, se dresse la grande, la gracieuse, la vraie maison américaine, en bois peint, toute couverte de l'ombre des grands arbres, avec des rosiers et des chèvrefeuilles grimpant autour des colonnes qui soutiennent une espèce de

1. À Paris, la polémique opposait partisans du métro aérien et du métro souterrain ; or la perspective de l'Exposition universelle de 1900 rendait indispensable ce moyen de transport. Les huit premières stations de la ligne 1 (souterraine) n'ouvrirent que le 19 juillet 1900. Si 7 kilomètres de viaducs aériens furent construits jusqu'en 1909, le métro parisien est à plus de 90 pour 100 souterrain. À New York, la première ligne souterraine ouvrit en 1904, mais le premier tronçon de chemin de fer aérien datait de 1868.

2. Dans le « village » de Morissania (sud-ouest de l'actuel Bronx).

véranda, le *stoop*, et la floraison merveilleuse de son escalier garni à chaque degré de plantes vertes.

On nous a vus. La porte s'ouvre, et c'est tout un tohu-bohu charmant de cousins, de cousines, grands et petits, qui se précipitent, apportant les souhaits, les baisers de bienvenue ; famille d'inconnus, mais déjà sympathique et prenante, et qui nous sera dès demain aussi chère que les amis de toujours.

Jouissant d'une large aisance, nos parents ne sont pourtant point des millionnaires. Leur situation est celle de commerçants, d'industriels, les uns honorablement retirés des affaires, les autres dirigeant encore une fabrique, un magasin, ou exerçant une profession libérale. C'est la bonne bourgeoisie comme la nôtre.

Mais quelle différence entre leur existence et celle menée chez nous dans d'analogues conditions ! Combien plus intelligemment entendue est la leur ! Au lieu du luxe prétentieux et étriqué de nos maisons bourgeoises, tout est donné au confort, à la fantaisie. C'est un contraste qui s'impose au seul aspect de la maison et surtout de l'ameublement si bien compris, depuis le vaste lit, le grand fauteuil berceur, jusqu'à l'agencement du cabinet de toilette : non point un placard exigu comme ceux ménagés dans les appartements parisiens, étroites armoires où l'on a à peine de quoi se remuer, mais une vaste et claire pièce avec le grand lavabo aux immenses cuvettes, aux robinets d'eau froide et chaude, la baignoire et toutes les ressources de l'hygiène.

Les salons sont également bien supérieurs à la généralité des nôtres, et par les dimensions et par la décoration, sans recherche jamais du « parallélisme » et du « pendant ». Mais, à la vérité, le vrai salon américain, du moins durant les beaux jours, n'est point à l'intérieur de l'habitation. C'est le stoop, où l'on passe de délicieuses soirées.

Le surlendemain de notre arrivée, un jour de repos et l'aise dans laquelle nous mit notre charmante famille ayant réparé les fatigues du voyage, ma cousine et mes cousins se mirent à ma disposition pour me servir de cicérones à travers la ville, et Dieu sait si, dès lors, j'abusai de leur complaisance !

Capitale intellectuelle de la nation américaine, New York n'est point, n'est plus, du moins, la plus belle ville des États-Unis, dépassée en cela par Chicago. Sauf quelques très belles rues comme Broadway et la Cinquième Avenue, toutes ses voies sont étroites et, à cause des très hautes maisons qui les bordent, sont assombries, privées en tout temps d'air et de soleil. L'armée des poteaux, les nuages de fils télégraphiques et les immenses ponts de fer de l'elevated achèvent d'enlaidir le décor.

Construite sur la presqu'île de Manhattan, la ville, peu large, s'étend sur une telle longueur que dans ce sens il serait, je crois, impossible de la traverser à pied en un jour. La disposition symétrique des voies permet de se diriger beaucoup mieux qu'à Paris : les avenues sillonnent en long la presqu'île et les rues leur sont transversales, le numérotage des maisons commençant toujours de l'extrémité de la presqu'île, les avenues dénommées, les autres numérotées. Deux lignes de chemin de fer élevé suivent les principales avenues.

New York se divise en quartiers ; il y a le quartier italien, le quartier français, etc. Certains peu intéressants, d'autres, au contraire, fort curieux, et parmi ceux-ci le quartier juif et surtout le quartier chinois.

Des plus malpropres, le quartier juif est aussi des plus peuplés de New York. Une seule religion y domine, mais les différents types de tous les pays du monde s'y coudoient, et de très vieilles familles y résident depuis la fondation de la ville. Misérables, les Juifs vivent de toutes sortes de commerces. Le bric-à-brac ne contribue pas peu à la malpropreté pittoresque de l'endroit – amas de loques et de haillons au milieu desquels surgissent parfois de ravissantes silhouettes d'enfants et de jeunes filles, pareilles, en la fierté de leur pur profil, à quelque Rachel biblique. Race tout à fait méprisée d'ailleurs à New York que celle des Israélites ; et c'est avec un inexprimable dédain que tout Américain dit, parlant d'eux : « C'est un Juif ! »

Très différent, le quartier chinois. Propre comme une jatte de porcelaine ; et sauf l'aspect des maisons, à ne voir que ces longues faces jaunes, ces queues pressées, ces robes asiatiques, on se pourrait croire à Pékin.

Isolés dans le calme et la routinière minutie au milieu même de l'affairement américain, les Chinois vivent en ce quartier comme en leur patrie, obstinés à ne modifier aucune de leurs coutumes, pétrifiés dans leur civilisation, sans vouloir jamais rien s'assimiler d'une autre. En ce quartier, tous les commerces d'étoffes, d'ustensiles, de chaussures, etc. sont exclusivement chinois ; dans les restaurants mêmes la cuisine est chinoise et l'on y mange dans des assiettes de poupée en remplaçant la fourchette par les traditionnels bâtonnets. Ces habitants ont même avec eux des prêtres et des juges, ceux-ci, en cas de délit ou de crime, révisant selon les lois du Céleste Empire les jugements des tribunaux américains.

Par antagonisme de race, l'une en tout si opposée à l'autre, les Américains détestent les Chinois. Haine et mépris que ceux-ci silencieusement leur rendent, ne séjournant en Amérique que de façon passagère et dans le seul but de s'enrichir.

Exerçant en général la profession de blanchisseur, ils ramassent l'argent américain mais jamais ne le hasardent dans une entreprise américaine ; pièce à pièce ils l'entassent, et dès que l'un d'eux possède la somme nécessaire pour aller finir sa vie en son pays, possesseur d'une cabane de bambou et d'un champ de riz, il se sauve comme un voleur avec son trésor. Ceux mêmes qui, moins heureux, meurent sur la terre américaine n'y restent pas pour dormir de leur dernier sommeil. Des navires spéciaux les conduisent reposer éternellement en la terre de la patrie.

De temps à autre les Américains essaient d'enrayer cette orientale invasion, expulsant les Chinois en grand nombre ; mais en dépit de tous les décrets et de toutes les précautions, passant on ne sait par où ni comment, sans trêve, ceux-ci affluent et l'importance de leur quartier ne décroît point.

Un autre endroit de la ville fort curieux également est le Bowery, le plus ancien quartier de la cité new-yorkaise. Situé à l'extrémité de la presqu'île, il renferme une population des plus interlopes, et l'on ne saurait s'y aventurer le soir que sous risque de désagréables aventures. Les lieux de plaisir, théâtres, concerts, bals, y foisonnent, mais fréquentés par une seule espèce de monde.

La plus vieille église de New York s'élève, entourée encore de son cimetière, dans le Bowery. Ce cimetière, au milieu d'une pareille agglomération de monde, m'étonnait. J'ai vu depuis pareille chose dans d'autres villes des États-Unis. C'est un trait estimable du caractère américain que le respect de ses morts contrebalance en lui jusqu'à son amour de la spéculation, et, quoique le terrain en cet endroit atteigne des prix fort élevés, la ville reculerait devant l'idée de chasser de la place qu'ils occupent les ancêtres endormis.

Ceinturant presque complètement la cité, les quais de New York, en toute leur immense étendue, présentent un tumultueux grouillement. Derrière l'encombrement des bateaux, la forêt des mâts et des voiles, la mer n'est même plus visible, et des docks aux steamers, des steamers aux docks et des docks aux maisons de gros installées dans ces parages, comme à Paris autour des Halles, c'est un va-et-vient continu, un encombrement perpétuel de marchandises de toutes sortes, productions de toutes les contrées du globe : sacs de café, balles de coton entassées devant les magasins ou charriées d'un endroit à l'autre par des hommes de toutes races mais surtout des Noirs. Ni de jour ni de nuit le quartier ne se repose ni ne se tait, et les bars, on le devine, ne désemplissant pas non plus, ajoutent le tumulte de l'ivresse au tapage du travail.

Mais ce n'est point seulement sur les quais que la population de New York apparaît sous un aspect composite et hétérogène. Dans les rues, dans les promenades, les gens croisés sont, à la lettre, de toutes les couleurs, et les dames à visage de chocolat ou de bronze ne se comptent plus. Ce qui est très amusant, c'est la préférence unanimement donnée par ces noires personnes aux blanches toilettes. À vrai dire, ces robes blanches sont d'un port général à New York ; à l'intérieur on est ainsi vêtu eu toutes saisons et, l'été, toutes les femmes, vieilles ou jeunes, arborent dans la rue ce virginal costume.

Un autre détail de féminine toilette est le tablier blanc que beaucoup de dames portent chez elles et que certaines gardent à la ville. Très coquets, faits de très fine mousseline, ornés de dentelles ou de broderies, ces tabliers n'en font pas moins très vilain effet, portés avec le chapeau et les gants, et je pris d'abord les dames ainsi parées pour des femmes de chambre ou des bonnes d'enfants ayant conservé sur l'endimanchement de leurs atours l'insigne distinctif de la domesticité.

Sans doute, les personnes ainsi accoutrées n'étaient pas, je me plais à le croire, des femmes du monde, mais le grand nombre de celles rencontrées me fait supposer que cet usage est de mode parmi la classe moyenne qui répond à notre bourgeoisie.

Il est de ces riens, du reste, inaperçus des indigènes et que remarque, pour sa plus grande joie, l'étranger. Un de ces riens, par exemple, c'est l'enseigne des débits de tabac. Elle consiste invariablement en une statue de carton-pâte grossièrement moulée et représentant, grandeur nature, un Indien dans son costume de plumes ou une femme peu vêtue, d'une main offrant un paquet de cigares, de l'autre indiquant la porte du magasin.

Aussi nombreux que ces débits de tabac sont les cireurs. Le cireur est un véritable industriel à New York et doit certainement faire fortune en peu de temps. Son installation n'est point, comme à Paris, toute modeste et primitive. À chaque coin de rue s'élève une sorte d'estrade sur laquelle s'aligne une rangée de fauteuils d'apparence assez confortable. Les clients, assis, prennent patience en lisant leur journal tandis qu'agenouillé à leurs pieds, sur un petit degré de bois, le cireur s'évertue à faire reluire comme une glace les bottes qui lui sont confiées. Pour cette opération on doit cinq sous ; plusieurs fois par jour l'Américain, très soigneux, fait ainsi lustrer sa chaussure, et du matin au soir les fauteuils ne désemplissent pas.

Outre ces établissements de premier ordre, on rencontre dans toutes les rues des gamins portant sur le dos une boîte de bois dans laquelle sont leurs brosses et leur vernis, et qui remplissent le même office pour une plus modique rémunération. Il est vrai que le fauteuil manque !

La presqu'île de Manhattan où s'est élevée New York s'est agrandie, en quelque sorte, à l'ouest de Jersey City, à l'est de Brooklyn, et quantité de grands industriels ont leur résidence particulière soit dans l'un de ces deux endroits, soit à Morissania, commencement terrien de la presqu'île, site charmant que baignent les eaux de la belle rivière d'Hudson.

C'est au moyen des ferry-boats que Jersey City communique avec New York. Toutes les cinq minutes, un de ces bateaux fait le trajet, emportant les voyageurs à pied, à cheval, en voiture et même en chemin de fer. Néanmoins, ce moyen de communication ne laisse pas d'être incommode et insuffisant, en hiver surtout, quand les glaces viennent arrêter parfois complètement le service des bateaux, et il est question de creuser un tunnel sous-marin qui relierait Jersey City à New York [3].

Quant à Brooklyn, sa réunion avec la ville est complète grâce à un pont suspendu, merveille de génie et d'audace que seuls les Américains pouvaient concevoir et exécuter [4]. D'un seul jet il traverse un bras de mer de neuf cents mètres de large, en une telle courbe qu'il permet aux plus hauts navires de passer sous son arche unique et majestueuse. Sur ce pont s'élève encore un viaduc où les trains filent sur deux voies, et devant cette hardie construction, presque un défi de l'homme à la nature, le plus ignorant en la matière éprouve une sensation de profonde admiration.

Des monuments de New York peu de chose à dire. De vastes dimensions, d'architecture assez fantaisiste, ils sont en somme de peu d'intérêt artistique. L'art n'est pas en général le propre de cette intelligente nation, et les habitants de New York montrent volontiers leurs plus hautes maisons comme nous montrons nos plus merveilleuses cathédrales.

3. Le Lincoln Tunnel, dont la première galerie ouvrit en 1937, la deuxième en 1945 et la troisième en 1957.

4. Le majestueux pont de Brooklyn (1 825 mètres de long) avait été inauguré le 24 mai 1883.

Ces maisons, certaines hautes de quinze étages, appartiennent pour la plupart aux journaux comme *The World*, *The Tribune*, *The Times*. Toutes, d'ailleurs, construites sur le même modèle, à quelques détails près. De haut en bas et de bas en haut fonctionnent incessamment trois ou quatre ascenseurs dirigés par des domestiques noirs, avec une vertigineuse rapidité. À chaque étage sont installés des bureaux de banque de commerce, des cabinets d'avocats, de médecins, de dentistes. Toute la journée, l'animation de ces maisons est des plus grandes, mais dès le soir l'immense caserne se déserte. Établissements uniquement consacrés aux affaires et que personne n'habite, sauf les veilleurs de nuit.

Un des endroits les plus jolis de New York est Central Park, immense jardin avec des avenues de grands arbres, des massifs de fleurs superbes et une terrasse où l'on vient entendre de la musique. Beaucoup d'équipages sur cette promenade, mais plus encore de ces petites voitures à deux places rappelant notre cabriolet ou plutôt le léger pousse-pousse des Annamites.

C'est dans Central Park que s'élève le musée des Beaux-Arts. Pauvre, le musée. On y trouve, il faut l'avouer, de rares dentelles, des verreries de Bohême, des porcelaines chinoises, de précieuses antiquités, mais les beaux-arts à proprement parler, sculpture et peinture, n'y figurent que peu. Il est vrai qu'il est de création récente, et cette actuelle pauvreté ne prouve rien[5]. D'ici peu, si les Américains le veulent, je ne doute pas qu'ils n'y puissent rassembler des chefs-d'œuvre de toutes époques.

5. Le Metropolitan Museum of Art, fondé en 1870 par un groupe d'hommes d'affaires, d'intellectuels et d'artistes influents, avait été installé à Central Park en 1880.

Il faudra néanmoins du temps avant que ce musée puisse rivaliser avec certaines collections particulières, celle, par exemple, que le richissime Vanderbilt a su réunir pour sa personnelle jouissance et celle de ses amis. Pour sa seule jouissance, non. Mr. Vanderbilt, il faut le déclarer, n'est point un égoïste et, une fois par an, le vendredi saint, sa galerie merveilleuse est ouverte au public moyennant cinquante cents d'entrée par personne. Oui, tel est le tarif obligatoire fixé par ce milliardaire, probablement pour que le total des entrées lui permette l'acquisition d'un nouveau joyau que sans cela il ne saurait s'offrir [6]. Mais, toute ironie à part, quand bien même la recette ainsi tombée de l'escarcelle du populaire ne s'en irait pas se perdre, infinitésimale goutte d'or, dans le pactole de la caisse Vanderbilt, quand bien même la somme produite serait versée aux indigents, le fait en lui-même n'en est pas moins d'une inconvenante ladrerie qui nous révolterait en France.

Dans Central Park s'érige un autre musée que je préfère à celui des Beaux-Arts : le musée d'Histoire naturelle. Plus que les choses d'art, l'Américain apprécie d'instinct celles de la nature, et l'on n'a reculé

6. Mort en 1885, William Henry Vanderbilt, magnat des chemins de fer et fils du fondateur de la dynastie, avait été un grand collectionneur d'art, beaucoup de ses trésors ayant été rassemblés dans sa demeure de la Cinquième Avenue. Son fils aîné, Cornelius Vanderbilt II (1843-1899), possédait sur cette même avenue (entrée principale sur la 57e Rue) une maison qu'il fit agrandir en 1892-1893 pour la transformer en véritable palais inspiré du château de Blois. À la faveur de ces travaux et contrairement à l'usage, c'est dans la nouvelle salle à manger et pas dans une *picture gallery* que furent accrochés les plus beaux de ses tableaux (Turner, Constable, Corot, Greuze...). En 1926, après la vente de l'édifice et juste avant sa démolition, la veuve de Cornelius l'ouvrit durant quelques jours au public moyennant cette même somme de 50 cents par personne, mais cette fois l'argent était destiné à des œuvres de charité.

devant aucune dépense pour entasser là les productions les plus variées, les plus curieuses des quatre règnes. Une des plus jolies collections est celle des pierres précieuses, extraites en partie du sol américain et recueillies puis ordonnées avec amour.

Dans les jardins de Central Park, dans d'autres et en divers points de la ville s'élèvent des statues, de jour en jour plus nombreuses, édifiées à la gloire des grands hommes américains. Beaucoup sont dues à des artistes d'Europe, mais certaines, et non des moins bonnes, sont l'œuvre de sculpteurs américains.

Américains de naissance, mais d'éducation artistique toute française, car c'est à Paris qu'ils viennent étudier et vivre de longues années, c'est en France qu'ils produisent les œuvres destinées à leur pays. Quelques-uns retournent dans leur patrie, mais bien plus fixent chez nous leur résidence habituelle, effectuant seulement, de temps à autre, un voyage dans la contrée natale pour regagner ensuite, avec d'autant plus de bonheur, leurs ateliers parisiens. Une accusation d'indifférence patriotique serait fausse, pourtant, à leur égard. Cet exil volontaire ne résulte que du manque des moyens d'étude en Amérique : point de grandes écoles, point de musées documentaires ; l'art ou du moins les facilités du développement artistique y sont encore en leur enfance.

Pour l'art dramatique, d'ailleurs, aussi bien que pour la statuaire ou la peinture, et c'est surtout sur notre répertoire théâtral, promené là-bas par nos artistes en vogue, que vivent les Américains. On joue pourtant des pièces soi-disant américaines, mais toujours plus ou moins taillées, pillées parmi les nôtres. Pendant notre séjour, l'époque n'étant pas celle des grandes tournées, il fallait bien se rabattre là-dessus, et je préférais beaucoup, du reste, savourer cet échantillon de la littérature nationale que de réentendre Sarah Bernhardt ou Coquelin dans un drame de Sardou [7].

La pièce en vogue était alors *Le Voyage en Chine.* Rien de commun avec l'opéra-comique de François Bazin [8] ! Une quelconque bouffonnerie, un vaudeville dans le genre d'Hennequin ou de Bisson, assez peu intéressant d'intrigue mais suffisamment pimenté [9].

Or nous y étions « en famille », accompagnés de personnes fort dévotes, les autres loges contenant des jeunes filles en compagnie de leurs parents, de leurs amis. Dans ce pays où l'on est si soigneux de ses expressions, je fus fort étonnée de voir les miss, jeunes et vieilles, ainsi que les dames prudes et respectables

7. Le très populaire Benoît Constant Coquelin, dit Coquelin Aîné (1841-1909), qui tout comme Sarah Bernhardt s'était produit aux États-Unis, avait joué en 1891 dans la création à la Comédie-Française de *Thermidor*, de Victorien Sardou (1831-1908), pièce très critique sur la Terreur et presque aussitôt interdite. En octobre 1893 à Paris sera donnée pour la première fois une autre œuvre de Sardou, autrement plus célèbre : *Madame Sans-Gêne.* Quant à Coquelin, il créera en 1897 le rôle de Cyrano de Bergerac dans la pièce d'Edmond Rostand.

8. La pièce *A Trip to Chinatown*, de Charles Hale Hoyt, fut créée le 9 novembre 1891 au Madison Square Theater, où elle tint longtemps l'affiche (657 représentations). Le compositeur François Bazin (1816-1878), professeur au Conservatoire de Paris, est notamment l'auteur de divers opéras-comiques, tel *Le Voyage en Chine* qui connut plus de succès que *Le Malheur d'être jolie*, *Les Désespérés* ou encore *L'Ours et le pacha.*

9. Des noms de dramaturges aujourd'hui oubliés mais célèbres en leur temps. Il y eut deux Hennequin. Le père, Alfred Néoclès (1842-1887), écrivit entre autres *Bébé*, *Niniche*, *La Femme à papa*, *Nounou*, *Lili*, *Cherchez la femme* ; la construction et les ingrédients de ses vaudevilles, baptisés « hennequinades », inspirèrent Feydeau, Labiche ou encore Meilhac et Halévy. Le fils, Charles Maurice (1863-1926), prit le relais après avoir cosigné une pièce avec son père : *Trop de vertu !* Quant à Alexandre Bisson (1848-1912), il écrivit le livret d'un opéra-comique avec Hennequin père *(Ninetta)* et une comédie avec Hennequin fils *(Le Terre-Neuve).*

sourire sans la moindre gêne aux plus croustilleux endroits.

Une scène entre autres n'eût certes pas été acceptée à Paris du public sans soulever de scandale. Scène d'amour entre deux jeunes gens ! Chez nous, de tels aveux s'assaisonnent généralement de baisers plus ou moins passionnés, échangés devant les spectateurs ; mais, là-bas, pour se livrer à ce tendre exercice, les amoureux passent derrière un paravent. On ne voit rien ! On entend tout ! Et cette façon d'entendre sans rien voir m'a semblé plus choquante que le dialogue le plus relevé. Il est vrai que les miss qui se trouvent là, en société de leurs amies et de leurs amis, sont initiées aux familiarités anodines du flirt et, sans doute, ne pensent rien qui ne soit à penser.

Un autre spectacle tout américain encore, mais qui me plut bien davantage, fut la pantomime que l'on donnait alors au Casino. C'est un vaste établissement placé non point au centre de la ville mais du côté de Jersey City, et qui compose à lui seul une presqu'île ceinturée de rochers où l'on accède par le ferry-boat [10].

Dans ses immenses jardins sont dispersés des restaurants, des bals, des concerts, des théâtres et des hippodromes, dont un le plus vaste du monde où j'ai vu évoluer trois mille figurants et où l'on ne donne naturellement, par suite de l'énormité des dimensions, que des pantomimes. Dans cette salle de forme à peu près rectangulaire, les spectateurs, installés sur des gradins, occupent trois des côtés du quadrilatère, deux petits, un très long, et parallèlement à ce dernier s'étend la scène, le fond recevant les décors.

10. En réalité, le Casino Theatre était situé à Broadway (39e Rue). C'est au Saint George Theatre qu'était donné le spectacle *The Fall of Babylon* (monté par le Hongrois Imre Kiralfy) auquel songe Marie Grandin ; or cette salle ne se trouvait pas à Jersey City mais sur Staten Island.

La pantomime que j'ai vu jouer était *La Prise de Babylone*, et j'ai gardé de cette représentation une impression ineffaçable. La mieux machinée de nos féeries, le plus gracieux de nos ballets ne sauraient soutenir la comparaison avec ce spectacle : ces légions d'hommes et de femmes s'agitant en des mêlées confuses et cependant en un ordre parfait ; ces ballerines aux gracieux et légers costumes que nuançaient de mille reflets étranges des jeux de lumière électrique, rayonnement d'arc-en-ciel au milieu duquel l'étoile chorégraphique mimait une danse bizarre et charmante, analogue à celle importée à Paris par la Loïe Fuller [11] ; ces chars traversant la piste dans le galop effréné d'une fuite éperdue, pendant que dans l'incendie final flambait Babylone ; toute la somptueuse cité évoquée, ressuscitée avec le grouillement de son peuple, la splendeur de ses orgies, le tumulte de son effondrement.

Le dénouement était aussi imprévu que fantaisiste, et je n'en ai jamais connu les raisons : au milieu du rougissement des feux de Bengale apparaissaient tout à coup, émergeant de tous les côtés de la Babylone incendiée, des buffalos chassés par des Indiens ! En ce temps de symbolisme à outrance, j'ai pensé qu'il y avait peut-être un secret rapport entre l'Amérique, la ville assyrienne, les bisons et les Peaux-Rouges ; mais, trop profane, je n'ai pas su percer le mythe.

Autre lieu de plaisir : le Madison Concert, monument d'architecture agréable avec ses galeries que soutiennent d'élégances colonnettes. Il occupe à lui seul, dans le plus beau quartier de New York, tout un bloc, c'est-à-dire un pâté de maisons, et se compose de

11. Née près de Chicago, admirée par Mallarmé, Rodin et Toulouse-Lautrec, la danseuse Loïe Fuller (1862-1928) s'était rendue célèbre en 1892 aux Folies-Bergères par ses étranges chorégraphies faites de jeux de lumière sur les voiles des costumes.

trois étages [12]. Au premier, une salle où Barnum et le tireur Cody ont donné des représentations ; au deuxième, un théâtre ; au troisième, espèce de terrasse à ciel ouvert et surmontée d'une tourelle qui sert d'observatoire, le concert dont il est question.

Du programme de ce concert je ne dirai pas grand-chose : des chansons, des tours de force et d'équilibre, des saynètes, comme dans les cafés-concerts des Champs-Élysées, avec le même public fort mêlé. Mais quel charme que cette terrasse fleurie comme un jardin ! Quel panorama féerique, du haut de l'observatoire, que le lumineux déroulement de New York, avec le pont de Brooklyn scintillant de mille lumières et l'océan majestueux fermant l'horizon !

Tous les spectacles, commencés vers sept heures du soir, ne finissent guère plus tardivement que onze heures, probablement à cause des distances qu'il y a toujours à parcourir, distances si longues que l'on arrive rarement chez soi avant une heure du matin. Les moyens de locomotion ne manquent pas cependant, et c'est d'abord l'elevated, dont il me faut bien constater le parfait fonctionnement. De dix en dix rues sont établies des stations que dessert un double escalier, côté montant, côté descendant. Nul encombrement, nulle attente, grâce à la fréquence, à la régularité des trains qui se remplissent de voyageurs sans qu'il soit question de se trouver assis ou debout ; ils en emportent le plus qu'ils peuvent et, comme l'essentiel est de regagner son chez-soi, on préfère avoir moins ses aises et arriver plus vite.

Si les lieux de plaisir abondent à New York, les institutions charitables n'y font pas non plus défaut,

12. Après la démolition d'un premier Madison Square Garden, un nouveau avait ouvert au même endroit en 1890 (Madison Avenue/26e Rue), proposant théâtre, musique, compétitions sportives, etc. Le bâtiment sera détruit à son tour en 1925.

mais nullement municipales, toutes dues à l'initiative privée. Ce sont d'abord un grand nombre de maisons de refuge où les malheureux sont hospitalisés le temps qui leur est nécessaire pour se procurer un emploi, puis quantité de maisons d'éducation pour les enfants des familles pauvres.

J'ai visité entre autres le Juvenile Institute, et je ne saurais trop prôner cette maison qui contient plusieurs milliers d'élèves appartenant à des familles d'émigrés. L'ordre, la propreté, la décence qui y règnent, la bonne tenue de ces pauvres enfants, les soins dont ils sont l'objet sont dignes de tous éloges. Mais le plus grand qui soit à donner, ce qui rend cette œuvre éminemment noble entre toutes, c'est qu'en ce lieu fondé par l'Église épiscopalienne et vivant de ses dons la liberté de conscience est absolue. Contrairement à ce qui se passe en d'autres pays, le bienfaiteur n'amoindrit pas son bienfait en imposant sa foi à ceux qui le reçoivent. Nul contrat de temps passé non plus entre le protecteur et l'obligé. Les enfants restent dans la maison jusqu'à la fin de leurs études ; on ne les renvoie que pour de graves motifs, mais ils sont, eux, libres de partir à leur gré dès que leurs familles les demandent.

Les professeurs qui enseignent dans cet institut ont l'ordre de se montrer vis-à-vis d'eux pleins de douceur et d'égards. La tâche, cependant, doit être lourde, car ils s'adressent à toutes sortes d'éducations et de caractères, les enfants rassemblés là venant de tous les points de l'Europe Le résultat, m'assure-t-on, est en général des plus satisfaisants, et tous ceux qui sont sortis après un plus ou moins long séjour de cet établissement sont devenus de bons et honnêtes Américains prêts pour les affaires.

Ces excursions à droite et à gauche ne m'empêchaient pas de savourer à Morissania toutes les douceurs de cette vie américaine, dont le charme ne saurait être plus grand qu'en cette aimable famille dont nous faisions maintenant tout à fait partie. Je m'y sentais si bien, si parfaitement heureuse, que les jours, à mon gré, coulaient trop vite.

Dès le matin, la maison s'animait de la jolie turbulence des enfants ; nous organisions, en petite caravane, des promenades à cheval dont on se délassait l'après-midi par de paresseuses siestes dans le bercement du hamac, par des parties de tir à la cible et de football, ce dernier sport, je l'avoue, n'arrivant pas à me passionner. Le soir, tous les cousins revenus de leurs affaires, on se réunissait à la grande table, servie comme pour un festin. Le repas terminé, on passait sur le stoop où s'organisait un concert intime.

Accompagnés du violon, de la mandoline et du banjo, nous chantions de vieux airs français, et c'était pour nous une joie tout à fait exquise que de rester là de longues heures, dans ce jardin plein de parfums, baigné par la lune d'une lumière bleuâtre que le vol des mouches phosphorescentes rayait tout à coup de traits d'or.

Pourtant il nous fallait partir, gagner Chicago où nous devions être à époque fixe, et pour l'une des dernières soirées de notre séjour mes cousins imaginèrent de nous donner un régal indien.

Dès le matin, tous les cousins, petits et grands, s'en allèrent à la cueillette d'algues ; puis dans une partie du jardin on disposa quantité de pierres sur lesquelles un grand feu fut allumé. Les pierres rougies, on mit dessus un lit d'algues et sur ces algues des clams. Les délicieux clams !

Je ne sais s'il s'en trouve en France ? Je n'en ai jamais vu. C'est tout simplement un coquillage à peu près de la grosseur d'une huître moyenne mais dont la forme se rapproche plutôt de celle des coques et qui, comme goût, participe de ce mollusque, de l'huître et de la moule, mais avec une saveur particulière et des plus fines. On en mange beaucoup à New York, en soupes, en omelettes, en gâteaux ; et de toutes façons, c'est un mets excellent, mais inférieur comme délicatesse à cet accommodement que je vais dire.

Les clams recouverts d'algues, on plaça sur cette nouvelle couche des homards, encore un lit d'algues, des poulets, toujours un lit d'algues, et sur ce dernier, des plus épais, un amas de pierres brûlantes. Cuisson de plusieurs heures, avec émanation d'appétissants effluves et pendant laquelle nous prîmes des vues photographiques de la maison, de ses alentours et de ses hôtes. Enfin, l'on défit le pâté d'algues : tout se trouvait cuit à point et l'on servit sur l'herbe, où nous étions étendus, ce repas qui, préparé à la mode des sauvages, devait être consommé de même.

Ah ! l'excellent poulet, bon comme je n'en ai jamais mangé d'autre, les homards, les clams, à ravir le plus subtil des gourmets ! Quel singulier coup d'œil nous présentions, groupés en cercle autour de ce tas d'algues fumantes ! Quelle gaieté, quels bons rires qui, de bien loin maintenant, résonnent toujours à mes oreilles !

CHAPITRE III

Les rives de l'Hudson. – Buffalo. – Les chutes du Niagara.

C'est par la ligne du Michigan Central avec arrêt à Niagara que nous nous rendons à Chicago, emportés dans cette direction par le très confortable Palace Car, dont les wagons ne ressemblent en rien aux nôtres [1]. Très hauts, très larges, très bien décorés, aérés par de grandes fenêtres, ils sont disposés en espèces de salons et garnis de fauteuils berceurs qui, comme ceux des paquebots, pivotent sur eux-mêmes, permettant ainsi aux voyageurs de se tourner selon leur guise, pour leur commodité.

Merveilleux voyage, de ceux que l'on rêve, à travers toutes les magies d'une féerique nature. Nous avons à longer d'abord et longtemps les bords de la rivière d'Hudson, adorable vallée enfermée à droite et à gauche d'assez hautes montagnes n'offrant point la massiveté d'une chaîne continue mais irrégulières, étagées elles-mêmes et coupées de gorges profondes.

S'abaissant parfois presque subitement, montrant dans cette sorte de trouée la blancheur d'une jolie ville, la montagne, en d'autres moments, s'élève altière et presque à pic. Ses flancs sont couverts de la verdure d'impénétrables forêts. Ailleurs encore,

1. Les wagons-salons et les wagons-lits de la Pullman's Palace Car Company. Voir note 1, p. 224.

abrupte et rocailleuse, formée de pierres aux nuances violacées, de rochers rougeâtres et de rocs jaune violet, elle reluit dans le soleil avec des resplendissements d'or, d'améthyste et de rubis que reflètent les limpides eaux de la rivière.

Puis le décor change, les collines s'étalent, et dans le gris du crépuscule nous traversons de larges marais, bientôt suivis de forêts. C'est Buffalo, le pays des bisons qui vivent dans ces bois et ces plaines à l'état sauvage, et nous approchons de la ville.

Vingt-cinq minutes d'arrêt : nous aurons le temps de dîner, et nous nous précipitons vers le buffet. Des petites tables, garnies de grands ventilateurs qui s'agitent au-dessus d'elles comme de larges papillons noirs, sont installées, attendant les consommateurs ; chacune d'elle est entourée de quatre grands Noirs armés d'immenses éventails.

Nous prenons place, et à tour de bras les Noirs agitent au-dessus de nous leurs rafraîchissants instruments. Que ne servent-ils à refroidir les mets ! Tout ce que l'on nous apporte est si brûlant que nous n'y pouvons toucher sous peine de nous dépouiller le palais et l'œsophage. Le train prêt à repartir, nous nous levons sans avoir pu avaler une cuillerée, une bouchée de quoi que ce soit. Coût : quatre dollars, soit vingt francs, pour n'avoir rien mangé du tout ; il est vrai que du côté de l'éventement nous n'avons pas eu à nous plaindre.

Nous reprenons nos places dans notre wagon, disposés à nous assoupir un peu dans nos fauteuils jusqu'à Niagara, où nous passerons la nuit et la journée du lendemain. Nous coucherons au moins à l'hôtel ; j'ai préféré cela à la promiscuité du sleeping-car.

Nous sommeillons donc jusqu'à Niagara, où le train arrive à une heure sonnante avec soixante minutes de retard. Nous voilà donc en pleine nuit dans la ville, à la recherche d'un gîte. En pleine nuit, mais non pas en pleine obscurité, car la cité est plus brillamment éclairée qu'en plein jour. En Amérique, les magasins ne ferment pas de nuit leurs volets mais demeurent ouverts, largement éclairés par le gaz ou la lumière électrique, et sous la surveillance de veilleurs de nuit.

Rien ne nous est donc plus facile que de distinguer les hôtels ; mais dans les deux premiers où nous nous adressons, impossible de trouver place : toutes les chambres, nous affirme-t-on, sont prises ! Peut-être aussi notre manque absolu de bagages – car nous avons tout laissé en consigne pour plus de commodité – n'inspire-t-il que médiocre confiance. Enfin, un troisième hôtel nous ouvre ses portes.

Nous sommes arrivés, sans nous en douter, à l'hôtel des Chutes, et en conséquence nous payons pour cette seule nuit un prix exorbitant. Si encore nous pouvions dormir pour notre argent ! Mais comme nous avons l'avantage d'être logés près de la cataracte, son bruit effrayant nous empêche pendant deux heures de fermer l'œil, nous énervant d'autant plus que, ignorant où nous nous trouvons, nous ne pouvons comprendre la cause de ce tapage.

Au matin, nous partons visiter les chutes, et je n'entreprendrai point de décrire cet écrasant spectacle. C'est la plume d'un écrivain comme Chateaubriand qui seule peut évoquer ces effrayantes merveilles, ce cataclysme unique parmi tous les phénomènes de la création. Mais une profanation, un sacrilège que je veux hautement révéler, appelle sur une telle atrocité l'anathème : c'est le cadre que l'on a osé fabriquer à ce prodigieux chaos.

Un jardin anglais ridicule et prétentieux enclôt du côté américain les cataractes. Un jardin anglais avec des plates-bandes bordées de buis, des massifs proprets et des ponts rustiques, cela en face de ces rochers accumulés comme par la main des Titans, d'où surgit, avec le bruit du tonnerre, une montagne d'eau sous laquelle, à distance même, on craint d'être englouti !

En face de la roche des Âges et de la cave des Vents, on loue des vêtements de caoutchouc destinés à vous préserver des éclaboussures quand vous passez sous l'arc immense de cette voûte liquide. N'est-ce pas déshonorer le sublime, le grandiose de cette nature devant laquelle on se sent anéanti ?

Reliant le territoire américain au territoire canadien, un long pont suspendu est jeté au-dessus de la rivière, gâtant lui aussi le paysage ; mais de ce pont auquel on n'accède qu'en payant la vue de toutes parts est splendide. On découvre en entier le fer-à-cheval des chutes américaines. La poussière de l'eau s'élève, l'écume bouillonne avec fracas, formant des trous et des sillons profonds dans la masse des ondes qui, un peu plus loin, coulent transparentes et paisibles.

Angoissée encore plus qu'extasiée par ces trop puissantes manifestations de la nature, prise d'effroi devant ce sublime, ce que je trouve surtout admirable ce sont les rapides : ces mille courants tournant à la fois de tous les côtés pour se diriger sur tous les points, avec un brisement continuel de vagues heurtées par des vagues ; çà et là, la crête d'un rocher perçant l'écume, toute cette masse d'eau vertigineusement mobile et bruissante jusqu'à l'assourdissement. Cette vision demeure en mon souvenir comme une beauté sans pareille, de celles que j'ai le mieux senties.

Du côté canadien, nous montons sur la tour Victoria, embrassant de là le panorama général des rapides canadiens – moins tumultueux, moins beaux, à mon avis, que ceux américains – et l'oasis des îles des Trois Sœurs. Elles verdoient au milieu de la rivière qui a repris son cours paisible et qui, au-delà des cataractes, continue de se dérouler calme et riante comme auparavant.

Les trop brèves heures de halte écoulées, nous avons repris place dans un wagon ; un sleeping-car, cette fois, car il nous fallait, bon gré, mal gré, y passer la nuit. Quittant Niagara, nous avions à franchir les grandes plaines, et le jour qui n'était point encore tombé nous permit de jouir de cette traversée.

Désert non de sable mais de verdure, glauque mer étendue à l'infini, dont les herbes au souffle du vent ondulaient comme des vagues. Pas un arbre, grand ou petit ; de l'herbe toujours, tantôt haute et serrée comme des nappes de fougères, tantôt rase comme le gazon, parfois marécageuse et parfois desséchée, mais partout habitée d'immenses troupeaux de grands bœufs, de moutons et de porcs, surtout, des porcs noirs qui se sauvaient à l'approche du train. Le bétail était comme parqué dans ces herbages, selon la nature de végétation. Parfois la prairie se changeait en marécage, en flottante île de boue. Peu d'animaux alors et des planches de place en place pour permettre de traverser le marais et de gagner le chemin de fer. Pas de gares, des haltes simplement vis-à-vis des établissements d'élevage.

La nuit, pendant ce trajet, s'était faite peu à peu et chacun arrangeait sa couche. C'est pour moi une gêne atroce que les nuits passées en ces sleepings ; hommes et femmes ont leurs lits les uns contre les autres, au hasard des places accaparées, un simple rideau protégeant des regards indiscrets.

Très à l'aise malgré cela, et comme chez eux, les voyageurs des deux sexes procédaient à une toilette de nuit en règle, n'hésitant point à ne garder que le « simple appareil » pour se glisser dans leur lit. Moi qui ne suis pas prude, j'étais scandalisée véritablement par une telle désinvolture, et je me gardai bien, on s'en doute, de l'imiter. Toute vêtue, je me jetai sur mon lit ; mon mari, installé en face de moi, fit de même, et, très fatiguée, je finis par m'endormir, bercée par les respirations plus ou moins sonores de nos compagnons de dortoir.

Un choc, au milieu de la nuit, me réveilla brusquement. Puis plus rien. Au lieu de la trépidation du train, un calme, un silence si profonds que je m'en épeurai et, sautant du lit, me précipitai hors du wagon.

« Admire ! me dit mon mari, que je trouvai debout devant moi. Nous voilà en bateau ! »

C'était vrai, nous glissions sur les eaux. Mon époux, qui avait assisté à toute la manœuvre exécutée avec une rapidité extraordinaire, me l'expliqua. Le train s'était arrêté devant un ferry-boat qui l'attendait. Un tiers du convoi et la machine avaient pris place sur le bateau, puis le second tiers avait été rangé parallèlement à cette portion, le troisième tiers de même, et le bateau, démarré, avait filé à toute vapeur sur les ondes [2].

Nuit superbe, coup d'œil splendide, calme délicieusement doux ! Descendant du train, je visitai les lieux. Au bout d'une demi-heure à peine de navigation, nous touchions à nouveau le bord, et une manœuvre pareille à celle qui nous avait amenés de terre au bateau nous remit du bateau sur nos rails.

La fin de la nuit se passa sans autre incident. Le lendemain, quand je me réveillai, nous longions un nouveau lac aux vastitudes de mer : le lac Michigan. C'est-à-dire que nous approchions de Chicago, car la ville est limitée au sud et à l'est par ce lac, tandis qu'au nord et à l'ouest une infecte rivière la borde, venant mêler ses eaux fangeuses à celles si limpides du Michigan. Cette embouchure sert de port et de chenal aux nombreux bateaux qui viennent par le lac commercer avec l'immense cité.

2. Non pas d'un lac, comme on pourrait le croire, mais de la Detroit River, qui relie le lac Sainte-Claire au lac Érié et sert de frontière entre le Canada (Ontario) et les États-Unis (Michigan).

C'est par le sud que nous pénétrâmes dans Chicago, le train parcourant une grande étendue de la ville avant d'atteindre son point terminus, et j'ouvris d'abord d'énormes yeux à l'aspect des maisons plus hautes encore qu'à New York.

Nous traversâmes les travaux de l'Exposition universelle, très peu avancés encore à cette époque [3].

De place en place, le train coupait une rue ou des voitures, des promeneurs, des enfants circulaient, tous écartés simplement et sans peur au passage du convoi, dont rien ne les protégeait que leur propre prudence ; la voie ferrée aussi libre que celle des tramways, nulle barrière, nulle garde, une simple cloche placée à l'avant de la locomotive avertissant seule les passants d'avoir à se garer. Les accidents, cependant, ne sont pas plus nombreux que chez nous, où il semble que chacun doive s'occuper de la sûreté de son voisin. Là-bas, c'est le pays du « garde-toi, je me garde », et ce dicton égoïste a du bon dans ses résultats.

À l'extrémité de la ligne tout le monde descend, et c'est en pleine rue que l'on met pied à terre. Pas de portes fermées par une rigoureuse consigne et derrière lesquelles il faut se presser les uns derrière les autres en moutons de Panurge, attendant que le bon plaisir de l'administration vous veuille bien mettre dehors. Le nombre des formalités et des employés est réduit à sa plus simple expression, ce dont tout le monde se trouve bien.

3. Les Grandin arrivèrent à Chicago en août 1892, mais la World's Columbian Exposition n'ouvrit au public que le 1er mai 1893. (Voir aussi notes 6, p. 91, et 1, p. 115.)

CHAPITRE IV

À la recherche du « home ». – La « boarding-house ». – Vêtements d'été pour hommes et chevaux. – La domesticité américaine. – Coutumes locales. – Bals nautiques. – Les Indiens soumis. – Le régime de la tempérance. – Les horreurs de l'affamement.

Nous étions dans State Street, et le seul aspect de cette première rue me stupéfia, me donnant de l'immensité de Chicago, de la grande échelle où tout devrait s'y trouver, une idée que la suite de notre séjour ne démentit pas.

On ne saurait imaginer la largeur de cette voie ni surtout l'originalité et la hauteur des maisons qui la bordent, produits d'une architecture fantaisiste dont l'originalité confine au délire. Pas une seule de ces habitations ne ressemble à une autre ; c'est un mélange sans nom de tous les styles, de toutes les époques, les unes aux allures de châteaux forts avec des tours à créneaux, les autres flanquées de tourelles en poivrière, certaines construites exprès pour défier en apparence les lois de l'équilibre et inclinées à droite ou à gauche, ainsi que la tour penchée de Pise.

Comme élévation, New York est dépassée. Dans State Street, le temple maçonnique qui s'y érige a vingt étages, et à côté de lui un grand nombre d'autres constructions atteignent le respectable chiffre de dix-sept à dix-huit étages.

D'avance, par l'intermédiaire d'amis et par correspondance, nous avions pris pension dans une honorable famille américaine, et, aussitôt descendus du train, notre première préoccupation fut de nous mettre au plus vite à la recherche de notre *home*, recherche qui ne nous paraissait pas des plus commodes ni des plus agréables. Nous étions aux premiers jours d'août ; le thermomètre Fahrenheit, le seul usité en Amérique, marquait une température de cent à cent dix degrés, soit trente-huit à quarante-trois degrés centigrades. Chicago est, en étendue, cinq fois plus grande que Paris, et les indications que nous possédions sur notre *boarding-house* (pension) nous apprenaient seulement qu'elle se trouvait sur Ellis Avenue, dans le sud de la ville.

Pour plus amples informations, nous prîmes le parti de nous adresser à un policeman, sorte d'hercule dont l'uniforme baroque pourrait certainement s'utiliser dans une opérette, à la plus grande joie des spectateurs : pantalon noir, redingote noire serrée à la taille par un ceinturon de cuir jaune, tout à fait à la Crispin [1], étoile de métal blanc décorant à gauche la poitrine comme le crachat de la Légion d'honneur, casque de feutre gris de la forme des casques allemands, sans la pointe, et, à la main, comme arme et insigne distinctif de son autorité, un énorme gourdin enrubanné rappelant tout de suite aux cerveaux parisiens les rossées de Guignol au commissaire.

Fort au-dessous, évidemment, de la distinction d'allure de nos gardiens bottés, martial corps d'élite que l'Europe nous envie, ce brave policeman possédait du moins une complaisance, une politesse inconnues à ceux-ci ; et après avoir, pour nous mieux renseigner, fouillé dans ses nombreuses poches et

1. Valet de comédie (né dans la commedia dell'arte).

exhumé un indicateur, il put nous déclarer enfin que l'avenue que nous cherchions se trouvait, ce que nous savions aussi bien que lui, dans le sud de la ville. (C'est une habitude américaine de se servir des points cardinaux pour indiquer le chemin et même la place d'une maison.)

Munis de ce précieux renseignement, il ne nous restait qu'à monter dans un tramway se dirigeant de ce côté, tramway que nous attendîmes simplement sur le trottoir, car les bureaux de stationnement, les numéros d'ordre et surtout l'important personnage qui les délivre sont, pour leur bonheur, inconnus aux Américains.

Sans chevaux ni machines, simples funiculaires comme celui de Belleville [2], avec cette différence qu'ils marchent parfaitement, ces tramways s'arrêtent à chaque place où les voyageurs les attendent, excepté naturellement aux intersections de rues. Bien conçus, comme tout ce qui est américain, ils se modifient selon la saison, couverts simplement l'été à leur partie supérieure et ouverts latéralement pour laisser pénétrer l'air, avec la garantie de grands rideaux qui se tirent à volonté afin de protéger de l'ardeur du soleil, de la poussière ou des pluies d'orage.

Au bout de trente minutes à peu près nous descendions, arrivés à proximité de notre demeure, nos dernières recherches facilitées par le voisinage des travaux de l'Exposition. Ellis Avenue nous fut cette fois exactement indiquée, et nous nous trouvâmes enfin dans cette immense voie qui ne compte pas moins de cinq mille numéros.

C'était le « 3700 » qu'il nous fallait ! Nous n'en étions heureusement pas fort éloignés. Longeant des maisons tout aussi originales que celles de State

2. En service de 1891 à 1924, ce funiculaire reliait la place de la République à l'église Saint-Jean-Baptiste-de-Belleville.

Street – chalets de bois, pour la plupart, avec devant eux la verdure peu gaie de carrés de gazon encadrés de pierre blanche, semblables aux entourages de tombes de nos cimetières parisiens, et auxquels il ne manquait qu'une petite grille pour en donner tout à fait la triste idée –, nous arrivâmes enfin devant l'habitation cherchée.

Très jolie, elle faisait le coin d'Ellis Avenue et d'une des rues transversales [3]. Devant sa porte s'étendaient toujours les deux funèbres carrés de gazon, mais du moins, de leur extrémité, s'élançaient de jolies plantes grimpantes cachant les lugubres parpaings et venant enguirlander de leur feuillage le porche de la maison surélevé de sept ou huit marches, suivant la coutume générale.

Nous fûmes reçus d'abord par un domestique, et le salon où il nous introduisit renouvela l'impression que j'avais déjà éprouvée à New York. Nous avons déjà depuis longtemps, à Paris, rompu avec la vieille mode d'aligner en rang d'oignons chaises et meubles le long des murs ; nous affectons dans leur disposition un apparent désordre, au fond très voulu et tout artistique. Mais quelle différence avec le libre cours que se donne la fantaisie américaine ! Les pièces, il est vrai, le permettent davantage, n'apportant jamais la gêne de l'exiguïté et d'une monotone régularité de construction. Très vastes et très hautes, toujours, autant que les grands ateliers de nos peintres et de nos sculpteurs, elles ont comme ceux-ci un escalier, une sorte de galerie menant à l'étage supérieur, et dans cet immense hall, au milieu des tentures les plus originales, les meubles les plus variés se débandent follement, à l'aventure, dans le plus séduisant imprévu.

3. Cette maison située à l'angle d'Ellis Avenue et de la 37e Rue n'existe plus.

Un frou-frou de robe, nous tirant de notre examen, nous levâmes la tête et aperçûmes, se détachant au haut de l'escalier, la silhouette de notre hôtesse, qui descendit vers nous élégante et gracieuse, sa svelte taille moulée dans une robe de légère batiste rose. Mais sur ce gracile corps de jeune fille, en contraste avec la jeunesse de la tournure et la fraîcheur de la toilette, quel visage ! Celui d'une vieille fille de cinquante ans aux traits méchants et froids dans leur anguleuse distinction, éclairés par deux terribles yeux noirs, d'un noir de charbon, sous la mousse neigeuse des cheveux coquettement torsadés.

D'une voix aigre et maniérée, comme toute sa physionomie, Miss Flack commença par nous apprendre que nous allions nous trouver chez elle avec des personnes de la plus haute respectabilité, ordinaires commensaux de cette maison qu'elle tenait avec sa mère. Légère déception : nous nous croyions acceptés comme pensionnaires par une famille dont le métier n'était nullement de tenir banale table d'hôte, et nous étions tombés dans une boarding-house de distinction, ce que nous allions payer fort cher de toutes les façons.

Pour l'instant, cependant, nous n'en induisions rien de trop désagréable. Nous n'avions qu'un désir et qu'une hâte : prendre possession de notre chambre, vaquer à des premiers soins de toilette et déjeuner, car notre estomac criait famine.

À ce mot de « déjeuner », Miss Flack, l'air tout à fait étonné, se mit à nous déclarer que l'heure en était passée et que le premier devoir des pensionnaires était de savoir s'astreindre aux habitudes de la maison. Cependant, tout considéré, comme il n'était que midi et demi et que le dîner ne se servait qu'à six heures, comme c'était notre jour d'arrivée et qu'il n'avait point dépendu uniquement de nous de nous soumettre à la règle rigidement établie par notre charmante hôtesse, elle voulut bien, pour cette fois, y déroger, consentit à donner des ordres pour qu'un lunch nous fût servi et, en attendant, nous mena elle-même à l'appartement qui nous était réservé.

Il se composait d'une grande pièce, d'une section de tourelle, d'un cabinet noir et d'une petite salle avec baignoire et lavabo. Assez vaste, la pièce principale tenait du salon et de la chambre à coucher : de la chambre par différents meubles tels qu'une commode très élégante destinée à recevoir notre linge, une toilette et une armoire à glace énorme (on verra les raisons de sa dimension), et du salon par la totale absence de lit. Où diable pouvait-il être ? Car on n'en voyait de trace nulle part, ni dans le cabinet noir, ni dans le cabinet de toilette, ni dans la tourelle.

Pour le moment, toutefois, le lit n'étant pas indispensable, je cessai de m'en préoccuper et, notre toilette rapidement faite, nous descendîmes, mon mari et moi, dans la salle à manger.

Miss Flack et le lunch nous y attendaient, celui-ci très élégamment servi sur une nappe éblouissante, dans des plats de la plus fine porcelaine, merveilleusement décorée. Mais dans ce plat, oh ! les pauvres petites tranches de jambon, si minces, si minces, qu'à moi seule je les eusse expédiées toutes ! Et nous étions deux ! Et nous ne voulions pas passer pour de boulimiques estomacs ! J'espérais du moins, après le jambon, quelque chose de plus substantiel ; mais, sur un autre plat non moins merveilleux, d'aussi minces tranches de gâteau nous furent présentées, le tout arrosé d'un verre de belle eau pure. En quittant la table, j'avais juste un peu plus faim que lorsque je m'y étais mise, l'appétit m'étant venu en mangeant.

J'en pris cependant assez vite mon parti en pensant que ce goûter n'était point un repas régulier, que, Miss Flack n'ayant point été avertie de notre arrivée, il ne s'était rien trouvé de préparé à la maison et que le dîner compenserait la maigreur de cette frugale collation. Imposant silence à mon estomac, je passai cette première journée à ouvrir nos malles, à installer nos affaires, et ce fut en les rangeant que sur le soir nous fîmes la découverte de notre lit.

Il se trouvait dans l'armoire, cette armoire à glace dont la grandeur m'avait étonnée ! La glace, en s'abaissant, formait le fond du lit ; deux pieds destinés à le soutenir se tiraient aux extrémités ; la couche apparaissait garnie d'un sommier à ressorts et d'un très mince matelas. C'est le *folding-bed*, très en usage là-bas et qui permet de transformer tour à tour la même pièce en salon et en chambre à coucher, chose commode dans bien des cas.

En tous les endroits où je dois séjourner, je choisis du premier coup d'œil ma place favorite. Sur le bateau ç'avait été la pointe d'extrême avant, chez ma cousine un rocking-chair sur le stoop ; ici, ce fut la tourelle construite comme une sorte de belvédère avec vue de tous les côtés, sur les rues et sur le lac. Vraie mer que ce lac aux couleurs incessamment changeantes, si beau que mes regards ne s'en pouvaient détacher et qu'il fallut la sonnerie de cloche annonçant le dîner pour me tirer de ma contemplation.

Miss Flack présidait, bien entendu, le repas et tout de suite, avant que de s'asseoir, présenta ses nouveaux pensionnaires aux anciens. Ceux-ci n'étaient pas nombreux : un monsieur canadien parlant français, à notre grand plaisir, aussi correctement que nous-mêmes ; sa femme, charmante personne, ne sachant malheureusement pas un mot de notre langue ; puis un Américain, vieux célibataire, fort aimable, en adoration perpétuelle devant Miss Flack. C'était tout. À ajouter encore pourtant à la liste des convives la maîtresse de maison, Mrs. Flack ; mais la chère dame ne comptait guère, complètement effacée par sa fille, ce qui est d'ailleurs une habitude américaine. Au contraire des parents européens, ceux de là-bas n'occupent souvent qu'une situation très secondaire dans leur maison, le respect n'étant point entendu de même façon des deux côtés de l'Atlantique.

Le dîner devait faire s'envoler les illusions que j'avais nourries jusqu'à cette heure, ou qui plutôt m'avaient nourrie. Très correctement servi comme le lunch, il était, comme lui, des plus chiches. Les tranches de viande s'amincissaient jusqu'à la transparence et l'œil noir de Miss Flack flamboyait d'une foudroyante colère lorsqu'on acceptait son offre de revenir au plat.

Mon mari et moi échangions des regards de détresse. Nous faudrait-il, en payant horriblement cher notre pension, mourir de faim ? Mr. Pitcher, le Canadien, avec qui nous avions lié tout de suite connaissance et qui se lamentait lui aussi de ce régime diététique, nous consola d'étrange manière en nous affirmant que nous risquions de subir le même sort dans toutes les maisons de ce genre, lesquelles pourraient, au surplus, n'être point si convenables que la pension de Miss Flack.

Je fus à même, plus tard, de contrôler la vérité de son assertion. Le mal généralisé est supporté comme une irrémédiable endémie et provient surtout de deux causes : l'insouciance et le dégoût des femmes américaines pour tous les soins du ménage et de l'intérieur, et l'extrême cherté des domestiques.

On paie couramment les bonnes cinq à six dollars par semaine, soit vingt-cinq ou trente francs, et encore est-on forcé d'ajouter à ces prix toutes sortes d'égards. Dans le plus simple des intérieurs, deux domestiques suffisent à peine pour le service, celle qui se charge de la cuisine ne consentant jamais à se mêler d'autre chose et réciproquement. À huit heures du soir elles s'en vont ou reçoivent chez vous leurs amis sans que vous ayez le droit d'y trouver à redire.

Le dimanche, à deux heures, elles doivent être libres, et si vous tenez à dîner, vous devez vous occuper de cela vous-mêmes. Arriver à se faire servir en de telles conditions exige presque de la fortune, et l'on préfère se débarrasser de tous ces ennuis en allant vivre en pension à l'hôtel.

Mourant de faim, nous faudrait-il encore mourir de sommeil ? J'eus à le craindre dès ce même soir en nous insérant dans le folding-bed, notre armoire à dormir. À travers la minceur du matelas, les ressorts du sommier nous devinrent un supplice horrible, meurtrissant tous les points de notre corps, et je me levai, après la torture de cette nuit, de fort méchante humeur.

Assez matinalement aussi, car on devait descendre à sept heures du matin pour le déjeuner. Fatigués de la nuit précédente, nous eussions volontiers dormi davantage ; mais il n'y fallait pas songer et nous n'avions, au contraire, qu'à vivement nous apprêter.

La veille au soir, nous avions déposé nos chaussures à la porte de notre chambre, comptant les y retrouver propres le lendemain. Erreur ! Nulle main ne les avait brossées. Mon mari, pensant que c'était un oubli, sonna pour qu'on eût à le réparer. Aussitôt arriva une bonne à qui il montra avec un geste de reproche lesdites chaussures. La mine tout interloquée, la fille ramassa les bottines et demeura là, bouche bée, ne sachant que faire. Mimique expressive de mon époux pour lui faire comprendre ce qu'on réclamait d'elle. Ouvrant de grands yeux, ébahie et scandalisée tout ensemble, la fille avait déjà laissé retomber les chaussures sur le parquet et redescendait au galop, furieuse.

Quelques minutes ne s'étaient pas écoulées que Miss Flack venait nous avertir qu'il n'était point d'usage en Amérique que les domestiques cirent les bottes de leurs maîtres, qu'elle était tout à fait contrariée de cet incident, non pour nous mais pour sa bonne, extrêmement fâchée, qu'elle redoutait de voir s'en aller après une pareille algarade ! Un peu plus, elle nous aurait demandé de lui faire des excuses ! Cela n'eût paru, je crois, que naturel dans ce pays où il faut prendre toutes sortes de formes pour parler à sa bonne sans l'offenser [4]. Pour ce qui était de nos chaussures, mon mari avait, comme tous les messieurs, la ressource du cireur et de son estrade, et je devais, ainsi que toutes les femmes américaines, brosser moi-même chaussures et vêtements.

Dès le lendemain je commençai à faire mes visites aux personnes à qui j'étais adressée, et cette première journée dans Chicago ne fut pour moi qu'une série d'étonnements presque tous amusés.

4. Beaucoup de voyageurs européens du XIXe siècle commentent les relations entre maîtres et domestiques aux États-Unis. Ainsi Alexis de Tocqueville : « Dans les démocraties, les serviteurs ne sont pas seulement égaux entre eux ; on peut dire qu'ils sont, en quelque sorte, les égaux de leurs maîtres. [...] À chaque instant, le serviteur peut devenir maître et aspire à le devenir. [...] Le maître juge que dans le contrat est la seule origine de son pouvoir, et le serviteur y découvre la seule cause de son obéissance. » L'auteur précise qu'aux États-Unis cela ne vaut bien sûr pas pour le Sud esclavagiste et que dans le Nord « la plupart des serviteurs sont des affranchis ou des fils d'affranchis. Ces hommes occupent dans l'estime publique une position contestée : la loi les rapproche du niveau de leurs maîtres ; les mœurs les en repoussent obstinément. Eux-mêmes ne discernent pas clairement leur place, et ils se montrent presque toujours insolents ou rampants. [...] Mais, dans ces mêmes provinces du Nord, particulièrement dans la Nouvelle-Angleterre, on rencontre un assez grand nombre de Blancs qui consentent, moyennant salaire, à se soumettre passagèrement aux volontés de leurs semblables ». *De la démocratie en Amérique*, 1835-1840, Troisième Partie (« Influence de la démocratie sur les mœurs proprement dites »), chap. V (« Comment la démocratie modifie les rapports du serviteur et du maître »).

Au mois d'août la chaleur est insupportable. Les femmes, pour y remédier, portent comme chez nous des toilettes d'étoffe légère de nuance très claire, blanches même, généralement ; quant aux messieurs, ils prennent le très simple parti de retirer tout bonnement leur veston qu'ils portent sur le bras, et tranquillement ils déambulent en pantalon et en chemise, sans gilet, celui-ci remplacé par une large ceinture comme celles que l'on a tenté d'introduire à Paris ces étés précédents, et presque tous coiffés du chapeau haut de forme.

Accoutrement bizarre mais qui ne vaut pas celui des chevaux, porteurs, eux, d'immenses chapeaux de paille ! Au fond de ces couvre-chefs, comme aussi au fond des tuyaux de poêle masculins, sont placées des éponges mouillées qui garantissent des insolations les crânes humains et chevalins, ces messieurs remplaçant parfois l'éponge préservatrice par une large feuille de chou.

Tous les chevaux sont munis de ces panamas protecteurs, mais il en est dont l'habillement est encore plus compliqué. Il m'est arrivé d'en rencontrer un ayant les deux jambes de devant enfilées dans un pantalon de toile bleue, le cou et le dos couverts d'une housse également de toile et la tête ornée, bien entendu, de l'immense chapeau attaché sous son cou par des brides ! C'était si cocasse que je ne pus m'empêcher d'éclater d'un fou rire, au grand scandale de mes voisins et surtout du conducteur de la voiture que traînait le cheval. On m'apprit qu'un si grand luxe de costume provenait de ce que l'animal avait sans doute des plaies et qu'on le protégeait ainsi contre les insectes et les moustiques, dont les morsures sans cela l'eussent affolé.

Si les chevaux sont ainsi prémunis, il va sans dire que les cochers ne sont pas exposés tout vifs aux ardeurs du soleil ; toutes les voitures sont pourvues de larges parasols blancs fixés au dossier du siège. Malgré toutes ces précautions, les insolations sont fréquentes, surtout pour les chevaux qui s'abattent net dans la rue, où ils demeurent jusqu'à ce qu'une voiture spéciale les vienne enlever.

Autre fléau de l'été : les insectes, très redoutables et en si grand nombre que pour se garantir de leur invasion à l'intérieur des appartements on garnit toutes les fenêtres de châssis de toile métallique au réseau très serré, les portes étant également précédées d'une porte métallique. Cela donne aux maisons l'aspect d'immenses garde-manger, chose préférable, quoique le coup d'œil y perde, à la présence de ces intolérables moustiques. L'on peut encore s'imaginer d'ailleurs, lorsqu'une jolie personne féminine paraît derrière ce grillage, que c'est quelque Rosine jalousement cloîtrée par son farouche Bartholo [5].

L'un des détails les plus répugnants de la rue américaine consiste dans l'affreuse habitude de se passer de mouchoir. La première fois que je vis tout près de moi un monsieur se livrer à ce digital exercice, j'éprouvai une telle indignation, un tel écœurement, que je fus sur le point d'invectiver le coupable. J'ai depuis, devant la généralité du procédé, tâché de n'y plus prêter attention. Cette si déplorable coutume provient probablement de la cherté du blanchissage, car ceux qui se servent de mouchoirs en arborent d'épouvantablement noirs, et le linge de corps, même celui de gens convenables, est souvent, trop souvent, d'une blancheur plus que douteuse.

Ce manque de propreté n'est malheureusement point le seul défaut des Américains ; ils en possèdent un autre qui l'égale. Pendant longtemps, j'avais constaté dans tous les salons la présence d'un petit

5. Deux personnages du *Mariage de Figaro*, de Beaumarchais (1784).

vase de porcelaine plus ou moins bien décoré et dont je ne pouvais deviner le particulier usage. J'avais bien remarqué avec dégoût, dans les tramways et les chemins de fer, des hommes mâchant ce quelque chose si cher à nos marins et crachant continuellement, mais je les supposais appartenir tous aux basses classes de la société, regrettant que les gens de mauvaise éducation fussent en si grand nombre, lorsque dans le salon même de la distinguée Miss Flack je vis un jour un gentleman d'une insuspectable respectability introduire dans sa bouche ce paquet de tabac, cette chique, puisqu'il faut l'appeler par son nom, dont rougissent chez nous ceux-là mêmes qui la mâchent. Et ce vice est général, gagnant peu à peu toutes les classes, tous les rangs ; les femmes mêmes mastiquent toute la journée une sorte de gomme à l'insupportable odeur, certaines arrivant à ne plus s'en contenter et lui substituant sans gêne l'horrible tabac.

La compensation de ces tares, je dois du moins le déclarer, est la supériorité des Américains sur les Français en matière de complaisance et de respect vis-à-vis de la femme, de quelque rang, de quelque âge qu'elle soit. Dans les tramways, jamais un homme ne verrait une dame debout sans lui offrir immédiatement sa place, complaisance si naturelle que la dame étonne tout le monde lorsqu'elle remercie ; dans la rue, jamais il ne laisserait porter à une femme, fût-elle domestique, un fardeau quelconque, embarrassant ou lourd.

Les jours, depuis ma première sortie dans Chicago, s'étaient rapidement succédé et j'avais fait chez Miss Flack, où le régime de la tempérance ne recevait toujours aucun adoucissement, plus ample connaissance avec nos compagnons de pension, et principalement avec Mrs. Pitcher.

C'était une jeune femme tout aimable, très douce et mignonnement jolie. Son mari occupé toute la journée, elle sortait fort peu, demeurant dans sa chambre à lire ou à broder toutes sortes de choses destinées à Mr. Pitcher, et ayant pour compagnon un petit oiseau rouge, un cardinal.

On vante l'intelligence de nos moineaux, mais je ne crois pas que leur petite cervelle puisse être mieux organisée que celle de ce petit cardinal. Apprivoisé par Mrs. Pitcher et bien vite familiarisé avec moi, il m'étonnait véritablement par ses façons d'être. Réfugié sur l'épaule de sa maîtresse, il l'agaçait de petits coups de bec jusqu'à ce qu'elle l'eût embrassé, transportait pour se distraire toutes les épingles d'une pelote, une à une dépiquées, dans une coupe, mais aussitôt que Mrs. Pitcher lui ordonnait de les rapporter, preste il les remettait à leur place primitive, semblant comprendre tout ce qu'on lui disait.

Adorant sa maîtresse, il la contemplait de longs moments, lui adressant de petits cris de joie et d'admiration, ne mangeant rien de bon, fruit ou gâteau, sans venir aussitôt lui en fourrer une miette entre les lèvres, et le drôle était quand, ayant réussi par hasard à attraper une mouche pénétrée dans l'intérieur, malgré le châssis métallique, il tenait à toute force à faire profiter Mrs. Pitcher de cette délicate proie.

Les chaleurs, avec le mois de septembre, s'étaient peu à peu apaisées, et les soirées en cette fin d'été devenaient d'une douceur exquise. C'est le moment des plus délicieuses promenades au bord du lac et sur ses eaux, et rien n'est plus agréable que celles faites sur les jolis bateaux du lac Michigan, surtout le samedi soir.

C'est une coutume là-bas de commencer dès la veille le repos du dimanche. L'austérité avec laquelle se chôme le jour dominical, la rigidité des pratiques religieuses qui proscrivent ce jour-là toute distraction profane, le bal principalement, ennuient fort les jeunes gens, et ils tournent la difficulté en dansant le samedi soir. Dès quatre heures tous les magasins ferment. La jeunesse, abandonnant les affaires, court promptement à ses plaisirs, et les mœurs américaines donnant aux jeunes hommes et aux jeunes filles toute liberté d'action et d'allure, ce ne sont partout que couples joyeux, bandes rieuses envahissant les jardins, les promenades et les bateaux du lac Michigan.

Plus grandes et plus élevées surtout que celles qui circulent sur la Seine, ces embarcations. Sur le pont est installé un assez passable orchestre, une grande place est laissée libre : c'est le parquet de la danse. Tout autour sont rangées des chaises. Les gens graves ou misanthropes n'ont qu'à se réfugier dans l'ombre de l'entrepont. Le bateau s'éloigne de la rive, l'orchestre lance la note éclatante de ses cuivres, et aux premiers accords les couples s'élancent en foule pour tourbillonner gracieusement.

Car on danse très bien en Amérique ; l'art chorégraphique n'y est point comme chez nous méprisé du sexe fort. Tous les jeunes gens l'étudient, et loin de considérer ainsi que nos élégants l'obligation de danser avec une jeune fille comme une pénible corvée, ils n'y trouvent qu'une distraction des plus agréables. Aussi, même en des bals forcément mêlés comme ceux des bateaux du lac, la tenue de tous est-elle pleine d'aisance en même temps que de correction. En ce bal « public » il ne se passe rien dont puisse se scandaliser même la plus prude des Anglaises. On ne danse que pour danser.

Ces promenades sur le lac durent généralement deux heures ; c'est une petite excursion au large, comme sur la mer, car, sauf la salure des eaux, c'est une véritable mer que le lac Michigan. Il en a la beauté et l'étendue (Saint Joseph, situé en face de Chicago, en est à une distance de huit heures, traversée plus longue que celle de Dieppe à Newhaven, quoique accomplie à toute vitesse) ; il en a aussi les colères, les tempêtes, terribles par la soudaineté avec laquelle elles se déchaînent. À chaque automne s'enregistrent des sinistres, nombre de victimes sont comptées ; aussi, dès la mauvaise saison, les bateaux de plaisance cessent-ils leurs voyages.

Une autre excursion nautique faite volontiers par les habitants de Chicago est le parcours des cinq lacs communiquants, Michigan, Supérieur, Huron, Érié, Ontario. L'aller et le retour durent trois semaines, et rien n'est plus merveilleux que les rives de ces lacs, riches de productions végétales et de toutes sortes de gisements métallifères. Le pittoresque y est réhaussé par des résidences d'Indiens conquis. Il y a ainsi toute une agglomération de ces pauvres aborigènes, vivant là à leur guise et selon leurs antiques coutumes, mais surveillés – en un emprisonnement plus large que celui d'un cachot mais qui est toujours la privation de l'indépendance, de la liberté.

C'est une chose inouïe, quand on y songe, que cet envahissement d'un pays par une race étrangère dépossédant les populations autochtones, légitimes propriétaires du sol cependant et qui, ne pouvant défendre leur patrie, succombent sous le nombre et la force, réduits contre toute justice, contre tout droit, à une sorte d'esclavage dans ce pays qui est le leur. On comprend vraiment leurs révoltes, les atrocités commises. Gardant leur fierté, leur orgueil d'hommes libres, ils sont traqués comme des bêtes fauves. La douceur, la longanimité les eût domptés plus facilement. L'Américain si avide d'indépendance eût dû comprendre à quel point l'Indien tenait à la sienne, le traiter non pas en bétail soumis mais comme un frère encore ignorant et barbare susceptible de se développer, de s'élever. L'Indien est doué de brillantes facultés : il est brave, artiste, industrieux, s'instruit très vite ; et cette civilisation d'une race sauvage, prête maintenant à disparaître, eût été chose noble et de plus profitable à la prospérité du pays.

À cette époque, les travaux de l'Exposition étaient au plein de l'activité, tous les bâtiments devant être terminés pour les fêtes anniversaires du quatrième centenaire de la découverte de l'Amérique [6], et toute cette partie de Chicago présentait une animation extraordinaire : un monde d'ouvriers travaillant sans relâche sur cet emplacement si vaste qu'à lui seul il semblait une ville sortant peu à peu de terre. Presque magiquement, de grandioses palais s'élevaient ; des canaux amenant dans toutes les parties de l'Exposition les eaux du lac se creusaient, se bordaient de parapets, de talus, de jardins ; les sculptures décoratives s'exécutaient dans des ateliers immenses ; la fontaine monumentale érigée à la gloire de l'Amérique et dont toutes les parties venaient d'arriver de France se montait, déjà imposante [7].

Dans cette hâte de l'achèvement, dans cette fièvre d'activité, les précautions malheureusement n'étaient point suffisamment prises. Le gain du temps prime chez l'Américain le souci des existences, et chaque jour augmentait le nombre des victimes de ce colossal travail [8]. Des voitures au sifflet lugubre parcouraient sans cesse les chantiers, recueillant les blessés et les morts. Je tremblais à considérer les frêles échafaudages où des vingtaines d'ouvriers grimpaient, se

6. Après l'Exposition, les bâtiments furent détruits, à l'exception du Palace of Fine Arts (Jackson Park), transformé en musée d'Histoire naturelle puis des Sciences et de l'Industrie, et du World's Congress Auxiliary Building (Grant Park), dont il était prévu dès le départ qu'il accueillerait l'Art Institute après 1893.

7. Voir note 1, p. 249, et description, p. 266.

8. Il y aurait eu en réalité près de 700 accidents, dont 18 mortels.

balançaient pareils à des singes. D'énormes édifices tenaient comme par miracle, et il en était beaucoup où je me promettais de ne pas mettre les pieds lorsqu'il y aurait foule, dans la peur d'un effondrement, craintes qui n'étaient que trop fondées et qui en maints endroits se sont malheureusement réalisées.

À cause du voisinage du lac, presque toute l'Exposition était construite sur pilotis. Des arbres entiers avaient été employés à cet usage ; dans l'humidité du sol, leurs troncs mutilés vivaient quand même, poussant de jeunes rameaux, et la grande galerie des Arts libéraux, non encore recouverte de son parquet, semblait être posée sur la cime d'une forêt.

Libre de mon temps, j'en passais la plus grande partie dans l'Exposition, amusée par son éclosion et par tout ce peuple d'ouvriers. Le matin, les hommes arrivaient apportant leur lunch dans une boîte de fer-blanc que tout de suite ils mettaient à l'abri du soleil, sous l'amas de leurs vêtements quittés ; car l'ouvrier, là-bas, ne traverse pas la ville avec ses vêtements de travail : il les abandonne chaque soir, les laissant au chantier, à l'usine, où il les reprend chaque matin. Tous sans exception se devaient munir de leur repas, car il n'y avait quoi que ce fût pour se rien procurer, ni cantine ni débit d'aucune boisson, rien que des fontaines contenant de l'eau glacée et placées en abondance sur tous les points. Pour introduire quelques bouteilles de bière, il fallait des autorisations et des formalités à n'en plus finir, non point par rigorisme des entrepreneurs mais parce que l'Exposition se trouvait située sur des terrains appartenant au régime de la tempérance.

C'était autrefois une petite ville, Hyde Park, dont les habitants, tous adeptes de la tempérance, prohibaient sur leur territoire toutes les boissons fermentées. En s'agrandissant, Chicago engloba Hyde Park ainsi que d'autres cités, mais en laissant aux annexés tous leurs anciens droits et coutumes, et il fallut, à l'ouverture de l'Exposition, des règlements spéciaux pour que cette interdiction des boissons fût levée.

Ce régime de tempérance est du reste très à l'honneur en Amérique. Dans un voyage de trois ou quatre jours en chemin de fer, on peut très bien se trouver pendant vingt-quatre heures et davantage dans l'impossibilité d'obtenir du vin ou toute boisson autre que l'eau pure, le territoire traversé appartenant à la tempérance. Une pareille loi soulèverait en France des tempêtes. Je suis bien loin de la juger déplorable : l'alcoolisme est le fléau de tous les grands centres, et jamais on ne le combattra assez énergiquement. L'eau est adoptée comme boisson par la généralité de la population américaine, et personne ne s'en trouve mal.

Quoique la maison de Miss Flack ne fût nullement placée sur un territoire de tempérance, nous y étions soumis aux jeûnes les plus rigoureux. La nourriture devenait tellement insuffisante que nous nous sentions pris d'affaiblissements et de vertiges. Pareil régime n'était plus supportable ; à tout prix il nous fallait trouver mieux. Mais où aller ? Tous les établissements de ce genre se ressemblaient ; beaucoup pires que le nôtre sous d'autres rapports, nous affirmaient ceux qui en avaient essayé plusieurs.

Que faire ? Je songeai, bien que cela me parût fort difficile et m'effrayât beaucoup, à nous installer dans un vrai chez-nous. Comme j'étais encore hésitante, un incident acheva de nous décider.

C'était un dimanche, et Dieu sait la tristesse de ce jour ! Rien à visiter, tous les magasins fermés, nul endroit où pouvoir passer quelques heures, sauf les églises. Pour compléter, les repas sont placés de la plus sotte façon. Comme les domestiques veulent être libres l'après-midi de chaque dimanche, on dîne, pour leur commodité, à une heure, et il faut, à ce repas, faire provision de nourriture pour jusqu'au lendemain matin. Obligation à laquelle on n'eût pu que difficilement satisfaire chez Miss Flack !

On y servait chaque dimanche des poulets rôtis tellement secs qu'ils semblaient de carton peint, et arracher de ces os une apparence de viande constituait si pénible tâche que l'on n'avait nulle envie de répondre affirmativement au « Un peu plus de viande ? » de notre hôtesse, offre gracieuse accompagnée d'un si terrible regard qu'il vous eût coupé votre acceptation comme d'un coup de stylet. Invariablement, ces fameux poulets étaient accompagnés d'une légion de petits récipients – « baignoires d'oiseaux », disait mon mari – contenant qui une pomme de terre dans sa robe de chambre, qui deux ou trois tranches de concombre, des tomates crues, du melon, vert comme il est impossible à un melon d'être plus vert, et toutes sortes de condiments de ce genre. La seule chose agréable du menu, c'était l'*ice-cream*, c'est-à-dire des sorbets délicieux, comme partout dans ce pays, mais guère substantiels.

À six heures du soir il y avait une espèce de souper froid qui, ce dimanche-là, se composa uniquement d'une tranche de gâteau et de quelques mûres. Cette fois ce n'était plus supportable, et dans notre indignation j'annonçai immédiatement à notre trop économe hôtesse qu'à la fin du mois, payé d'avance, nous quitterions sa maison.

Où s'installer ? Je trouvai vite, par bonheur, à nicher dans la maison d'une jeune femme, quitte à chercher plus tard un autre asile. Veuve, elle tirait parti de l'habitation en louant les chambres meublées, et elle offrait de m'en céder une avec permission de me servir de sa cuisine pour préparer nos repas et de sa salle à manger pour les prendre, se chargeant en outre de toutes les basses besognes qu'il m'eût été fort désagréable d'exécuter moi-même. Ce n'était pas tout à fait l'arrangement que j'eusse souhaité, mais cette jeune dame montrait un tel désir de m'être agréable, une si sincère amabilité que, toute réflexion faite, j'acceptai.

Le déménagement ne fut ni long ni difficile à effectuer, et à la fin du mois, ainsi que je le lui avais déclaré, nous prîmes sans regret congé de Miss Flack.

CHAPITRE V

La maison de Mrs. A. et ses locataires. – Éducation américaine. – Le blanchissage à Chicago. – Mrs. H., agent électoral. – Triomphe de la cuisine française et propagation du pot-au-feu. – Des voleurs que l'on ne gêne pas. – Un émule de Fra Diavolo.

Sortie de la boarding-house de la rapace demoiselle, j'éprouvai d'abord une espèce de plaisir à ce changement. La maison dans laquelle nous habitions était beaucoup moins jolie que celle de Miss Flack et le quartier moins élégant. C'était une rue commerçante, très mouvementée, animée encore par une école que nous avions juste comme vis-à-vis.

Construite depuis à peu près une dizaine d'années, la maison, très convenable mais très simple, ne possédait ni tourelles ni ornements d'aucune sorte, à l'exception de son escalier extérieur. C'est encore une particularité des habitations de Chicago que cet escalier plus ou moins beau sur les degrés duquel on vient le soir prendre le frais et se distraire au contact de la rue, comme font les bons bourgeois de nos vieilles provinces. Les deux petits carrés de gazon ne manquaient pas non plus, mais égayés de fleurs (dahlias, chrysanthèmes et autres) poussant follement, à l'aventure, et plus jolies dans leur désordre qu'en un correct arrangement.

J'étais logée au rez-de-chaussée, dans une grande et belle pièce qui aurait dû être le salon sur la rue, car la disposition de toute maison américaine comprend deux salons : l'un sur le devant, l'autre sur le derrière, *front-parlor* et *back-parlor*.

Très confortable, ma chambre était garnie d'abord d'un de ces beaux tapis qui sont un des conforts américains – tapis épais, moelleux, d'une haute et douce laine, et auxquels ne sauraient se comparer nos sèches moquettes – puis de différents meubles : un folding-bed possédant sur celui de Miss Flack la supériorité d'un vrai matelas ; une sorte de commode en bois sculpté, meuble américain également et donnant à peu près l'idée d'un petit chiffonnier posé sur une commode basse ; une grande glace articulée comme une psyché et agrémentée de grosses fleurs en papier clouées sur le cadre, qui semblaient faire les délices de ma propriétaire ; une toilette dérobée derrière un paravent japonais qui ne manquait point de caractère ; deux tables, enfin, dont une très belle de marbre, recouvertes toutes deux de nappes de toile brodées de fleurs de soie aux nuances éclatantes. S'ajoutaient à cela un canapé et des *rocking-chairs*, tous garnis, comme les tables, de voiles d'étamine brodée, et partout, de-ci de-là, jetées au hasard sur les meubles et retenues par un vase ou un bibelot quelconque, des bandes d'étoffe soyeuse aux violentes couleurs.

C'est le genre américain, vieux déjà d'une vingtaine d'années, que cette profusion décorative de bibelots, de pièces d'étoffe et de fleurs en papier. Bien que d'un goût douteux parfois – ainsi les fleurs en papier que je supprimerais volontiers –, cet arrangement n'est pas sans charme ; ce multicolore pavoisement, ces notes vives éclatant partout mettent dans les pièces de gaies clartés, un air de joie et de confort.

Autre luxe américain cher encore à la bourgeoisie : les grands rideaux blancs des fenêtres, ceux de tapisserie ou d'autre étoffe étant inconnus presque partout, sauf dans les très riches demeures.

Outre les deux salons et le vestibule, le rez-de-chaussée comprenait encore différentes pièces dont la disposition se répétait au premier étage et au second. Le grenier, divisé également en petites chambres, et tous ces appartements, sauf celui que se réservait Mrs. A., la propriétaire, étaient occupés par différents locataires, gens dans de différentes situations, les uns de position aisée, d'autres très humbles. Leur connaissance, que je cultivai à dessein, me fut du plus grand intérêt. Je m'initiai aux détails intimes de cette existence américaine si différente de la nôtre, et j'appris dans ce milieu un peu hétérogène mille choses que la seule fréquentation de la société élégante ne m'eût point enseignées. Ne fût-ce que pour cette raison, je ne regrette point le temps passé chez la bonne Mrs. A.

Cette excellente petite femme n'était âgée que d'une trentaine d'années, de physionomie agréable, veuve depuis quatre ans et mère de deux fillettes, Eva et Alice, l'une de huit ans, l'autre de cinq. Sa sympathie pour moi, si promptement, si chaudement déclarée, venait de ce que j'étais française. Cas exceptionnel, car en général nous ne sommes pas adorés à Chicago, la majeure partie de la population étant allemande. Mais Mrs. A. était elle-même d'origine française par son père. Orpheline de très bonne heure, elle n'avait pu étudier notre langue, et c'était son grand désespoir que de ne pouvoir lire les beaux livres que son père lui avait laissés. Aussi, quand je lui eus promis de lui apprendre le français, ce fut une joie d'enfant.

Du vivant de son mari, elle avait vécu, comme toutes les femmes de sa nation, dans une incroyable oisiveté, ne s'occupant même point de son intérieur, installée avec sa famille dans une boarding-house afin d'avoir moins de soucis. Le mari mort accidentellement, il avait bien fallu s'arranger autrement.

Le produit des loyers lui procurait en somme une assez large aisance. Très adroite, elle confectionnait pour elle-même et ses enfants de très jolies toilettes avec fort peu de choses, mais toutes ses féminines qualités étaient gâtées par un inconcevable désordre. C'était dans la maison un abandon inouï, un gâchis en tout ! D'un caractère assez fantasque, Mrs. A. passait des pleurs aux chansons, s'en tenant le plus souvent à ces dernières. *My Country*, cette mélodie nationale si douce, si pleine de poésie, était son chant de prédilection [1]. Elle s'en berçait avec ses deux fillettes, assises sur ses genoux, et c'est d'elle que je l'appris.

Adorant ses enfants, elle les élevait d'une façon qui, les premiers temps surtout, me stupéfiait, renversant toutes mes idées d'éducation. Point de gronderie, à peine de reproches, une affectation d'indifférence dont se révoltait ma sensibilité française.

Un jour, partie en classe à neuf heures comme d'habitude, Eva ne rentra pas déjeuner. Je crus que la mère, comme les nôtres, allait courir, affolée, à la recherche de sa fille. J'étais moi-même d'une angoisse fébrile ; j'eusse donné je ne sais quoi pour savoir où était l'enfant. Mrs. A. ne bougea pas. Sur les quatre heures seulement, la sortie des classes n'ayant point ramené l'enfant, elle se rendit à l'école, où on lui apprit que la fillette n'était pas venue de la journée. Rentrée à la maison avec cette nouvelle, elle se remit paisiblement à ses occupations, et comme, plus inquiète qu'elle d'apparence, je la questionnais sur les parents, les amis chez qui la petite avait pu se rendre :

« Elle reviendra, m'affirma-t-elle avec tranquillité. Elle a de l'argent dans sa poche. »

1. Il était de tradition que *My Country, 'Tis of Thee*, dont les paroles avaient été composées en 1831 sur la mélodie de *God Save the King*, serve d'hymne national américain, avant qu'en 1931 le Congrès n'adopte officiellement *The Star-Spangled Banner*.

Sur les sept heures du soir la fillette revint en effet, assez penaude. J'imaginais qu'une sévère réprimande allait l'accueillir. Point !

« D'où viens-tu ? lui dit simplement sa mère. Tu m'as fait de la peine ! »

De la peine ! Je ne m'étais pas aperçue qu'elle en eût. Mais, sachant sa sincérité, je ne mis pas en doute sa parole ; il était évident, puisqu'elle le disait, qu'elle avait éprouvé un chagrin dont Eva non plus ne douta pas, car à ces seuls mots de sa mère elle éclata en sanglots. Puis, jetée dans les bras tout de suite ouverts de Mrs. A., elle raconta qu'avec des amis, fillettes et garçons, elle avait joué toute la journée au parc Washington. Explication que la maman accepta comme toute simple et sans plus aucun reproche sur cette école buissonnière, qu'Eva, j'en suis sûre, renouvellera, mais en prenant soin, j'en suis également sûre, d'en épargner à sa mère l'inquiétude.

Défendre à l'avenir pareille escapade, Mrs. A. n'y songeait point. Défendre quelque chose à leurs enfants, leur imposer la volonté paternelle, c'est un droit que les Américains ne se reconnaissent pas. Il faut laisser l'enfance libre d'agir à ses risques et périls afin qu'elle apprenne la vie, car ce n'est qu'à ses propres dépens et jamais en écoutant autrui qu'on acquiert l'expérience. Préceptes logiques, mais que nous serions incapables d'appliquer en France.

Combien de fois me suis-je précipitée au secours du bébé Alice dégringolant du meuble où elle était juchée ! Sa mère, qui l'adorait pourtant, ne bougeait pas ; et pour que le bébé criât en se relevant de sa chute avec des bosses ou des bleus, il fallait que le mal fût grand.

Mrs. A., bien entendu, la pansait, mais avec cette unique parole de consolation :

« Je t'avais prévenue, Alice. Je t'avais dit que tu te ferais du mal. J'espère que cette fois tu t'en souviendras. »

Alors Alice, renfonçant ses plaintes, embrassait sa mère et courait continuer son apprentissage de l'existence.

Cette éducation à la Jean-Jacques [2] est le fond de l'éducation américaine, et si elle a comme tout système de mauvais côtés, les bons, je crois, sont en plus grand nombre. La tendresse des mères peut en souffrir, mais les enfants y gagnent de savoir par eux-mêmes se tirer d'affaire. Ils sont rarement peureux, ne craignent ni chats ni chiens mais ne sont point non plus taquins envers ces pauvres animaux, ils savent que ceux-ci ont griffes et crocs pour se défendre et que si Minet, tiré par la queue, s'avisait de les égratigner, c'est à Minet que l'on donnerait raison. Aussi la douceur des animaux domestiques est-elle si grande que ce fut une des premières choses que je remarquai, et elle résulte certainement de la conduite que tous, petits et grands, tiennent envers eux. Les oiseaux, de même, sont si familiers qu'il serait aisé de les saisir, mais je n'ai jamais vu un enfant essayer de le faire ou s'évertuer à les pourchasser et à les atteindre à coups de pierre, jeu favori de beaucoup de nos petits polissons. On a dit à l'enfant américain que les oiseaux étaient de précieux auxiliaires qu'il fallait ménager et protéger, et comme on ne lui ment jamais, il le croit et agit en conséquence.

Si l'on n'essaie pas de lui mentir, lui ne ment jamais non plus. Et pourquoi mentirait-il puisqu'il est libre de ses actions ? Cette franchise manque souvent à nos enfants, rendus hypocrites par la peur du châtiment ; je la leur voudrais voir au même degré que chez les

2. Allusion à l'*Émile* de Jean-Jacques Rousseau (1762).

petits Américains, et c'est de nous, en réalité, que cela dépend.

C'est à tous égards, d'ailleurs, que les enfants sont plus heureux là-bas que chez nous. Débarrassés de toute contrainte, ils vivent ensemble et non pas de la vie des grandes personnes. Jamais on n'a ce spectacle d'un pauvre petit bonhomme de quatre ou cinq ans emmené en visite par madame sa mère et, guindé dans ses beaux vêtements, les menottes emprisonnées dans des gants étroits, obligé de demeurer assis sur sa chaise à écouter – combien de temps ! – la conversation peu intéressante pour lui, et quelquefois pour d'autres, des grandes personnes. Même avant mon voyage en Amérique, je trouvais ridicule et odieux d'imposer à ces mignons un pareil supplice, et j'avais soin d'avoir chez moi des joujoux que je mettais très vite à leur disposition, au grand mécontentement parfois de la maman désireuse de montrer la parfaite éducation de bébé, capable de demeurer de longues heures dans l'immobilité et le mutisme d'une statue.

Les petits Américains font cependant des visites, mais à leurs petits amis, et il n'est pas rare de rencontrer dans la rue un bambin de la hauteur d'une botte se rendant tout seul chez un camarade pour accomplir ce devoir de civilité.

C'est un fait tout naturel, d'ailleurs, que la présence des enfants dans la rue, allant et venant sans être surveillés. C'est dans la rue, sur le large trottoir, qu'ils jouent tous, sans distinction de classes ni de situations sociales, et sans que cela implique comme chez nous des idées d'abandon, de misère ou de mauvaise éducation. Livrés à eux-mêmes, sans l'avertissement des parents ou des domestiques, ils savent très bien se prémunir contre les accidents du froid ou de la chaleur, ne se font pas écraser sous les pieds des chevaux et prennent parfaitement soin de leur individu, cette obligation d'avoir à veiller sur eux-mêmes développant de très bonne heure en eux l'observation et la réflexion, deux qualités précieuses que nous affaiblissons chez nos enfants à nous en nous obstinant à penser et à prévoir pour eux.

Éducation toute contraire à la nôtre, au physique comme au moral ; nulle gêne apportée à la croissance de l'esprit pas plus qu'à celle du corps, libre dès sa naissance des entraves du maillot. Les petits Américains ne sont point gâtés non plus de la même façon que nos marmots. Si les parents ne châtient pas, ils ne plaisantent pas non plus ; laissant rire les enfants ensemble, on rit beaucoup moins avec eux, et les paroles du père ne peuvent jamais être prises comme une plaisante boutade dont il n'y a point à s'occuper.

Donnés et non imposés par les parents, les conseils ont, par cela même, plus de chance d'être suivis. On respecte le père et la mère, mais, je l'ai dit, point à notre aveugle façon ; et dès avant que de connaître ses devoirs envers la famille, l'enfant connaît les devoirs de sa famille envers lui. Il sait que ses parents lui doivent, selon leur position, les moyens d'existence et que sous aucun prétexte ils ne peuvent se livrer vis-à-vis de lui à la moindre voie de fait, la justice interdisant de frapper les enfants, sous peine d'emprisonnement. Mais il n'ignore pas non plus que les parents ont le droit de se défaire des jeunes indociles, ce qui est de poids dans sa petite cervelle.

Deux rêves obsèdent tout garçon américain : l'espoir de devenir un jour président de la République et l'ambition, moins haute mais plus réalisable et aussi plus enracinée, d'arriver à une grande fortune. L'amour du gain est un des premiers instincts qui se font jour en lui, et cette soif du lucre que nous détesterions voir en nos enfants lui fait imaginer toutes sortes de moyens ingénieux, mais honnêtes, d'en acquérir ou d'en épargner.

Lorsque l'enfant est considéré par ses parents comme ayant atteint l'âge de raison, une somme lui est mensuellement servie pour qu'il l'emploie à son entretien. C'est une façon de lui enseigner l'administration de son revenu ainsi que l'économie ; or il est très fréquent de rencontrer des jeunes garçons marchant pieds nus, les chaussures sur l'épaule afin de ménager celles-ci. J'en ai vu d'autres, appartenant à des familles aisées, employer toutes leurs vacances à vendre des journaux. Un gros paquet de feuilles imprimées sous le bras, ils s'en allaient dès le matin offrir le newspaper, sautant avec une agilité étonnante dans les tramways en marche pour placer là leur marchandise. Les bénéfices ainsi réalisés par l'épargne ou par le commerce leur appartiennent en propre, et tous les enfants se font de la sorte un petit pécule dont ils disposent à leur fantaisie.

Vis-à-vis de notre chambre, le back-parlor était occupé par deux jeunes filles. Ni sœurs ni même parentes, camarades simplement qui s'étaient réunies pour supporter en commun les frais du logement, et employées toutes deux à l'empaquetage dans une grande blanchisserie.

Il existe à Chicago plusieurs de ces blanchisseries, vastes usines merveilleusement installées et où tout se fait à la machine, lavage, séchage et repassage. Comme blancheur et comme lustre, le résultat est superbe ! Au point de vue économique, c'est différent, mais il vaut encore mieux y avoir recours plutôt qu'au blanchissage à la main exécuté en général par des Chinois, lesquels ont la détestable habitude de sortir de leur bouche le liquide nécessaire à l'humidification du linge trop sec.

Ces usines de blanchissage ont chacune trois ou quatre installations dans la ville, un nombre considérable de chevaux et de voitures, pour les besoins du service, ainsi qu'une grande quantité de dépôts.

Ceux-ci se trouvent dans des boutiques de boulangerie, papeterie et autres, car à Chicago, le loyer des magasins étant fort élevé, plusieurs industries, souvent fort différentes, se réunissent dans un même local. Tout près de la maison de Mrs. A., une de ces boutiques, ou *stores*, était occupée par un laitier, un boulanger, le télégraphe et un de ces dépôts de blanchisserie en question.

Les clients de ces dépôts sont généralement des employés, hommes ou femmes, qui partent dès le matin de leur domicile et qui n'ont personne pour s'occuper de ces détails ménagers, les concierges qui chez nous s'en chargent volontiers étant inconnus en Amérique. Quant à ces voisines aimables qui dans la classe ouvrière se rencontrent facilement, elles ne sauraient exister bien entendu dans ce pays du « chacun pour soi ». Donc, les clients du dépôt y apportent, avec leur nom, leur adresse et une liste détaillée, leur linge bien empaqueté et ficelé dans une enveloppe de papier.

Dans les maisons particulières, c'est également dûment empaqueté et ficelé que le linge doit être remis à l'employé de l'usine, celui-ci n'acceptant pas un paquet mal fait, et ce sont toujours dans des paquets minutieusement confectionnés que l'usine renvoie le linge blanchi. Un très grand nombre de femmes sont donc employées à cette besogne de l'empaquetage, y gagnant, comme mes jeunes voisines, le salaire raisonnable d'un dollar par journée.

Au premier étage, dans la chambre juste au-dessus de la mienne, vivait un ménage. Le mari, Mr. H., inspecteur de la Compagnie des eaux, était un grand gaillard à moustaches énormes, sec comme un Américain, la figure balafrée d'un coup de sabre. Officier dans l'armée volontaire, il se montrait joyeux comme un enfant à l'idée de parader aux grandes fêtes du Quatrième Centenaire, superbe dans son bel uniforme et sur son cheval. D'ailleurs, le meilleur homme du monde, d'une conversation très agréable, d'une politesse exquise, adorant sa femme et l'entourant d'une aimable sollicitude inconnue aux époux français.

Mrs. H. méritait cette adoration, charmante femme d'au moins dix années plus jeune que son mari (lequel semblait avoir trente-cinq à trente-six ans), petite et douce, d'un léger embonpoint rare chez ses compatriotes. Son visage, quoique régulier, exprimait une telle énergie que sans ses atours féminins on l'eût volontiers prise pour un jeune homme ; et masculine aussi dans son caractère et ses aptitudes intellectuelles, cette jeune dame n'était rien de moins qu'un agent électoral des plus recherchés et des plus influents.

À l'époque dont je parle, l'élection présidentielle était proche [3]. Amie zélée et admiratrice convaincue d'Harrison, Mrs. H. se démenait furieusement, car les partisans de Cleveland devenaient chaque jour de plus en plus nombreux. Ce n'étaient que réunion sur réunion dans lesquelles Mrs. H. se prodiguait, oratrice brillante et écoutée, la parole abondante, colorée et charmeuse. Son mari, le plus fidèle et le plus fervent de ses auditeurs, me montrait avec enthousiasme les bouquets dont la jeune femme avait été fleurie au cours de ces réunions, glorieux trophées, préludes, se flattait-il, du définitif triomphe.

3. Le démocrate Stephen Grover Cleveland (1837-1908) avait été élu une première fois à la Présidence en 1884 puis battu en 1888 par Benjamin Harrison (1833-1901), qu'il battit à son tour en 1892. La question du vote des femmes fut l'un des thèmes de cette campagne électorale, car en 1890 le territoire du Wyoming avait été admis comme État dans l'Union sans renoncer à sa loi de 1869 autorisant le suffrage féminin. Si quelques autres États et Territoires l'instaurèrent par la suite, il fallut attendre la ratification du 19e amendement en 1920 pour l'étendre au pays tout entier.

Mais quelle horrible vie, fatigante et fiévreuse, que celle de cette pauvre femme : toute la journée consacrée aux correspondances télégraphiques et téléphoniques, à la rédaction de ses discours, à la recherche d'arguments contre des interpellations prévues.

La somme de toutes les forces physiques et cérébrales qu'il lui fallait dépenser me stupéfiait. Je comparais l'activité qui l'animait, le courage et l'ardeur qu'elle apportait dans cette lutte en faveur de son cher Harrison avec le scepticisme, la mollesse et le relâchement de la plupart de nos hommes politiques, même des plus distingués, lorsque, à l'époque des élections législatives, il leur faut en des réunions publiques soutenir non point les intérêts d'autrui mais les leurs. Mrs. H. n'avait pourtant rien d'une énergumène, n'étant, contrairement à certaines de nos conférencières, aucunement chercheuse de scandale et de tapage. Parlant avec dignité, elle était écoutée de tous avec respect.

Au moment où l'on procéda à l'élection, je l'avais déjà perdue de vue. Passionnée par la politique, l'échec subi l'a sans doute navrée, mais il n'a point éteint sa fougue. Elle est de ces natures que la défaite n'abat point et qui cherchent immédiatement la revanche. Je la crois de toute façon femme d'avenir.

Au même étage que les H. habitaient encore une dame et sa petite fille. Abandonnée par son mari, ce qui se voit rarement là-bas, la pauvre femme, qui semblait avoir occupé une brillante position, en était réduite à gagner péniblement sa vie et celle de son enfant. Très triste et d'une santé débile qu'un travail trop assidu affaiblissait encore, la malheureuse m'apitoyait extrêmement. J'eusse voulu leur être utile, à elle et à sa fillette, mignonne créature de huit ans, chétive et mélancolique également, semblant comprendre le chagrin de sa mère et le partager. La jeune femme, employée quelque part dans la ville, s'absentait toute la journée. La petite Edwige s'en allait en classe et, aussitôt rentrée de l'école, vaquait, adroite et raisonnable, aux soins du ménage ou bien, sagement, lisait son journal ; car il existe là-bas une masse de publications à la portée de tous les âges, celles destinées à l'enfance étant généralement dirigées par des femmes, et très souvent fort bien.

Jouant peu, Edwige causait volontiers et très sérieusement. La gaieté bruyante des filles de notre hôtesse semblait la fatiguer. On sentait chez cette petite la gêne d'une enfant changée de milieu, supérieure à ses compagnes et devinant l'espèce de jalousie instinctive dont elle était l'objet de leur part. J'aurais voulu la choyer et la distraire. Elle avait un peu étudié le piano autrefois et, dès qu'elle entrait dans ma chambre, tapotait sur le mien. Malheureusement, aussitôt qu'elles savaient Edwige chez moi, les filles de ma propriétaire arrivaient à leur tour. Eva s'emparait de mes albums, et pour sauver ma chambre du pillage il me fallait les renvoyer toutes trois, à moins de les emmener promener, m'amusant de leur caquetage, sur Drexel Boulevard, délicieux endroit quelque peu semblable à nos Champs-Élysées.

Nous étions souvent accompagnées de Gyp, jolie petite chienne noire de race anglaise, la favorite de Mrs. A. Je me donnais quelquefois avec cette bête très intelligente une amusante comédie : celle de lui parler français. L'étonnement, l'impatience, la colère de ce petit animal, à l'audition de ce langage incompréhensible, était chose réjouissante, ainsi que sa joie délirante quand, cessant de l'énerver, je lui adressais en anglais mes amitiés.

En somme, presque tous les locataires de la maison me plaisaient et m'intéressaient, exception faite d'un jeune homme habitant une des chambres du dernier étage. Se destinant à l'état ecclésiastique, il suivait les cours du séminaire protestant et, pendant les jours d'hiver, plutôt que d'étudier dans sa chambre venait s'installer bien au chaud dans la salle à manger de Mrs. A. Dieu sait comment il pouvait étudier là ! Car c'était un va-et-vient continuel de fournisseurs et de voisins, un remue-ménage d'enfants.

Tête étrange que celle du futur pasteur : très laid, avec des traits heurtés et comme mal équarris, des petits yeux qui ne regardaient jamais en face, l'air à la fois gêné et honteux, deux expressions bien rares en Amérique. Aussi n'était-il point américain mais allemand, venu très jeune à Chicago [4]. Il me détestait, à n'en pas douter, et je le lui rendais cordialement. Nous nous adressions la parole fort rarement, mais c'était alors un échange de particulières aménités. Sa haine de notre France éclatait dans ses moindres mots :

« Tous les Français sont des diables, me disait-il en anglais, mais avec son mauvais accent tudesque. Leur impiété sera cause qu'ils disparaîtront de l'Europe, anéantis par la pieuse Allemagne, car ils sont un scandale pour l'univers. »

Ah ! si j'avais été homme, comme je lui aurais renfoncé dans la gorge ses odieux et stupides propos ! Je lui ripostais du moins vertement, le félicitant avec raillerie de l'esprit de charité que la religion lui mettait au cœur.

J'ai dit que la salle à manger m'était commune avec notre hôtesse et que c'était dans sa cuisine que je préparais nos repas. Obligée de les confectionner moi-même, il me fallait aussi aller en personne aux provisions, ce qui ne m'amusait guère ; mais j'en avais

4. Vers 1890, 78 pour 100 des habitants de Chicago étaient de parents étrangers. Parmi les immigrants, les Allemands constituaient le groupe le plus important, suivis par les Irlandais et les Scandinaves.

bravement pris mon parti, faisant contre mauvaise fortune bon cœur. Je m'en allais donc, toujours munie de mon dictionnaire ou exposée, quand je l'oubliais, à demander de l'« intelligence » de veau au lieu de cervelle [5]. Le boucher, par bonheur, gai et complaisant, riait de mon ignorance au lieu de s'en impatienter et s'évertuait de son mieux à me comprendre.

Il n'y a pas à Chicago de marchés comme à Paris et dans toutes nos villes de France, mais dans la même boutique on peut faire presque toutes ses emplettes. En face de ma maison était un magasin décoré du titre pompeux d'Empire Grocery et où l'on se pouvait approvisionner d'épicerie, de fruits, de légumes, de pain, de poisson et de viande de boucherie. Chacun de ces commerces tenait une partie distincte de la boutique, avec la boucherie au fond. Fait exceptionnel, toute cette maison était d'une extrême propreté, la partie réservée à la boucherie étant privée de lumière sans être privée d'air pour empêcher des légions de mouches de s'abattre sur la viande.

Dans une autre boucherie où de telles précautions n'étaient pas prises, j'achetai un jour un morceau de bœuf, le quartier de l'animal tiré, pour me servir ce que j'en demandais, de l'énorme garde-manger où la viande est toujours et partout enfermée. Rentrée chez moi, je trouvai, en le développant, mon bifteck littéralement couvert sur toutes ses faces de mouches écrasées : le peu de temps pris pour le couper, le peser et le préparer avait suffi pour qu'elles s'y collent ainsi.

La nourriture, principalement la viande, est à Chicago moitié moins cher qu'à Paris. Tous les produits importés d'Europe sont également à très bas prix, sauf certaines denrées d'épicerie. Quant au vin, il s'en faut passer. La Californie en produit bien, que l'on vend cinq

5. *Mind* au lieu de *brains*.

francs le gallon, mesure d'environ quatre litres, mais il est désagréable au goût, trop chargé d'alcool. Pour avoir du vin de France il le faut payer deux dollars la bouteille ; encore n'est-il que de très médiocre qualité.

Les boissons ordinaires sont l'eau pure et le lait. Cependant, Chicago fabrique en grande quantité une bière excellente consommée dans toute l'Amérique, et Milwaukee, située à cinquante milles, en brasse encore davantage. La grande quantité d'Allemands établis dans ces deux villes explique, je crois, l'excellence de ce produit vendu à un prix très modique et absorbé en énormes quantités par l'élément cosmopolite des villes américaines.

En Amérique, comme partout ailleurs, les Français ont une réputation de fins gourmets et de cuisiniers éminents. J'étais donc, lorsque je me livrais à mes travaux culinaires, entourée de spectatrices curieuses d'assister à mes préparations, et je n'oublierai jamais leur étonnement lorsque je fis le pot-au-feu.

Ce mélange d'eau, de viande et de légumes leur paraissait tout à fait étrange, et leur surprise fut au comble quand, à l'aide d'un morceau de sucre et d'une cuiller, je confectionnai le caramel destiné à colorer mon bouillon. On prépare cependant là-bas une sorte de bouillon de veau, mais tout à fait incolore et fade. Le seul potage que l'on consomme se fait avec des extraits concentrés, excellents, mais que l'on ne sait pas accommoder. Les émanations de mon pot-au-feu impressionnaient agréablement l'odorat de ces dames, et lorsque mon bouillon fut à point, je leur en offris à toutes. Il y eut unanimité pour le déclarer exquis, et il fut décidé que dès le lendemain Mrs. A. exécuterait sous ma direction un pot-au-feu comme le mien. Mon nom fut même, par reconnaissance, attaché à ce mets que l'on me devait, et la recette de la Mrs. Grandin's soup circula dans tout le quartier. Flatteuse admiration qui ne laissa pas que d'être bientôt gênante : tous mes ragoûts découverts étaient goûtés par ces dames sans ma permission, et cela devint bientôt si insupportable que pour m'y soustraire je dus à nouveau me décider à changer de pénates.

Dans les dernières semaines de notre séjour, la maison fut une nuit bouleversée par la visite d'un voleur. Il essaya de s'introduire dans l'habitation par la fenêtre d'une des chambres du rez-de-chaussée, celle justement où couchait notre hôtesse.

Heureusement, elle ne dormait pas et, grâce à la clarté de la lune, aperçut l'indiscret personnage au moment où il tentait de soulever le châssis à guillotine.

Épouvantée, elle appela de toutes ses forces à l'aide. Dès le premier cri, le coquin, qui n'était pas sourd, déguerpit prudemment, et quand les hommes de la maison arrivèrent sur le théâtre de ses exploits, il était loin déjà, s'il courait toujours.

D'ailleurs, aucun des survenants n'était armé, et la surprise que j'exprimai parut les surprendre à leur tour.

« Être armés ? Pourquoi ?

– Mais pour tirer sur cet affreux coquin ! »

La notion scandalisa tout à fait ces braves gens. Le voleur n'ayant pas paru en vouloir à leur vie mais simplement à leur bourse, ils ne se jugeaient pas en droit de l'atteindre dans son existence. Quant à s'en rendre maîtres autrement pour le livrer à la justice, cela ne leur semblait guère plus utile, ledit voleur, dès le lendemain, pouvant être sous caution rendu à la liberté. On avait donc agi pour le mieux, je fus forcée d'en convenir, en l'obligeant simplement à la fuite, et on n'essaya même point de le gêner dans sa retraite.

On s'aperçut le lendemain que le cambrioleur, en s'esquivant, s'était nanti de différentes pièces de linge étendues sur des cordes dans la cour, telles que gilets de coton, chemises, chaussettes, laissant, il est vrai, le linge de femme et d'enfant qui lui aurait été inutile

– délicatesse insigne dont on lui sut gré. Avec une telle bénignité de la part des habitants et des lois, les vols, on le devine, ne sont pas rares à Chicago, et les voleurs deviennent de jour en jour d'une audace capable de rivaliser avec celle des classiques brigands calabrais.

À cette même époque où nous eûmes cette alerte, un fait qui mérite d'être cité comme exemple se produisait dans une boarding-house de Wabash Avenue, endroit tout proche de notre maison. Un soir, à l'heure où tous les pensionnaires étaient réunis dans la salle à manger pour le dîner, une bande de dix individus masqués fit irruption dans la maison, revolver au poing. Ils commencèrent par débarrasser les dames de leurs bijoux, puis, en un clin d'œil, avant que l'on fût revenu de l'abasourdissement premier causé par leur soudaine apparition, ils repartirent comme ils étaient venus, traversant les étages supérieurs et s'emparant en chemin de tous les objets de valeur qu'ils y trouvèrent. Pas un seul de la bande ne fut d'ailleurs arrêté !

Un bandit d'une hardiesse plus étonnante encore avait opéré tout le précédent hiver dans Chicago et d'autres villes du Nord. Monté sur un vigoureux cheval et armé d'un revolver, il battait les routes, arrêtait les équipages, dévalisait les dames et repartait comme un éclair. Il fallut, pour s'en rendre maître, lancer à ses trousses tout un régiment de policemen, à cheval eux aussi, et la chasse dura plusieurs jours.

De temps en temps, il arrive même que des trains soient arrêtés, assaillis et pillés.

CHAPITRE VI

Les fêtes du Quatrième Centenaire et la dédicace de l'Exposition.

Dès le 10 octobre 1892, Chicago se parait magnifiquement pour les fêtes solennelles du Quatrième Centenaire. Les immenses maisons étaient pavoisées de haut en bas, décorées à profusion du drapeau national et d'oriflammes multicolores écussonnés çà et là du portrait de Christophe Colomb, dont l'étendard flottait aussi à travers les larges rues. De tous les points de l'Amérique les citoyens arrivaient en foule pour ces fêtes qu'allait rendre encore plus solennelles la dédicace de l'Exposition [1].

Je ne sais pourquoi il s'est trouvé un aussi grand nombre de détracteurs de cette Exposition : c'est à juste titre que les Américains s'en peuvent montrer fiers, car elle doit être considérée comme la merveille du siècle. Les sommes d'argent, d'intelligence, de travail et de volonté qu'elle a coûtées ne sauraient être évaluées. Sa situation seule sur ce majestueux lac

1. Son inauguration, le 21 octobre 1892, ne signifiait pas son ouverture au public (1er mai 1893, voir chap. XIII) : elle marquait l'achèvement des bâtiments et le début de l'installation des diverses expositions. Quant à la célébration, ce même jour, du quatrième centenaire de la découverte de l'Amérique, elle tenait compte du décalage entre calendriers grégorien et julien. Selon ce dernier, c'est le 12 octobre 1492 que Colomb avait foulé le sol d'une île des actuelles Bahamas.

Michigan vous transportait d'admiration. L'enthousiasme des Américains, en la voyant achevée du moins dans presque toutes ses parties extérieures, ne se pouvait décrire ; les fêtes en prenaient un caractère plus grand de joie et d'orgueil. Les enfants plus que tous exultaient, dépensant sans compter leur épargne pour contribuer à la décoration des maisons, des écoles ; on ne les rencontrait plus que porteurs de drapeaux de toutes tailles qu'ils achetaient par paquets de douze.

C'est une coutume là-bas de s'envoyer entre amis, à l'occasion de fêtes ou de voyages, un étendard national, et je reçus, quoique étrangère, de la part d'une jeune fille qui avait étudié en France et dans la famille de laquelle j'avais été adressée, un ravissant drapeau de soie aux couleurs américaines, délicate attention qui me fit grand plaisir.

Le 21 octobre, la ville se réveilla toute vibrante d'enthousiasme et saluée par un soleil radieux. Partout ce n'était que banderoles flottantes, oriflammes, vélums tricolores tendus au-dessus des rues, ciel glorieux parsemé comme l'autre de brillantes étoiles.

Je me rendis, avec la famille de la demoiselle de ma connaissance, à l'église presbytérienne où se célébrait, comme dans toutes les églises de Chicago, un office solennel. Le discours du pasteur, plein de patriotisme, glorifia avec respect et gratitude la mémoire de Colomb ; mais ce qui m'émut davantage, ce furent les chants sacrés entonnés à l'issue de la cérémonie, celui surtout de *My Country*, hymne à la fois religieux et national. Ce chant, dont les paroles sont fort belles et dont la mélodie exhale un charme infini, m'impressionna presque jusqu'aux larmes, émotion complexe où les souvenirs de la patrie, évoquée depuis le matin par ces couleurs américaines qui sont aussi les nôtres, entrait bien un peu.

On devait, ce même jour, inaugurer la statue de Colomb. Érigée dans un petit parc au centre de la ville, elle était l'œuvre d'un artiste américain [2]. Mais au lieu de me rendre à cette cérémonie, je préférai assister à celle qui se passa dans l'école publique située vis-à-vis de notre demeure [3]. Rien n'est plus facile que de visiter les écoles américaines, et il n'y a qu'à en demander l'autorisation au directeur ou à la directrice, lesquels satisfont, de la meilleure grâce du monde, votre désir, vous conduisant dans toutes les classes.

Ce jour-là, jour exceptionnel, tout le monde y pouvait pénétrer. Depuis le rez-de-chaussée jusqu'au quatrième étage, l'édifice était décoré de draperies et de drapeaux ; la porte principale était ornée d'un grand navire en papier construit par les enfants en souvenir de l'équipage qui amena Colomb en Amérique.

Dès une heure, garçons et filles s'étaient rendus à l'école drapeau en main, et à deux heures la foule des parents et des amis y pénétrait, tous arborant également l'étendard national. Les portes des classes étaient ouvertes et les enfants occupaient leurs places habituelles, un drapeau déployé flottant au-dessus de chaque tête blonde ou brune. Derrière les maîtresses se massaient également des faisceaux de drapeaux.

Dans une sorte de préau, vaste vestibule sur lequel donnaient toutes les classes, un buste de Colomb avait été érigé sur un piédestal tout orné de bannières tricolores. Classe par classe, les enfants défilèrent devant l'image du héros en chantant et en agitant leurs drapeaux. Un garçonnet de douze ans environ, se détachant des rangs, vint se placer auprès du buste,

2. Richard Henry Park (1832-1902).

3. Première des nombreuses écoles visitées par Marie Grandin, qui avait reçu une formation d'institutrice.

ému tout à la fois de timidité et d'orgueil. Il avait l'insigne distinction – méritée, je pense, par sa bonne conduite – de prononcer le discours en l'honneur de Colomb ; en excellents termes, il retraça l'histoire de la découverte de l'Amérique et proclama la reconnaissance profonde, éternelle de tous les Américains envers ce grand et courageux homme à qui ils devaient leur glorieuse patrie.

Le discours achevé, il entonna de sa voix claire et sonore l'hymne national, immédiatement repris en chœur par toute l'assistance, puis déposa en hommage son drapeau au pied du buste de Colomb. Alors tout le monde défila de nouveau, chacun jetant son étendard sur l'amas des autres. C'était un spectacle émouvant dans sa simplicité que cette démonstration accomplie par tous ces adultes et ces enfants, avec un mélange d'enthousiasme et de gravité où l'on sentait l'amour profond de leur patrie, glorieux pays, en effet, terre de l'intelligence hardie, de la science et de la liberté. À la sortie, les maîtresses, en souvenir de cette fête, nous gratifièrent tous d'un large ruban de soie sur lequel se détachaient le drapeau national et une sorte de médaillon figurant l'arrivée de Colomb sur le sol d'Amérique.

Le soir du même jour nous étions invités au grand bal de l'Auditorium, que les notabilités de l'Exposition et de Chicago donnaient à tous les représentants des États-Unis et des puissances étrangères.

L'Auditorium est un des plus vastes édifices de Chicago. Il est situé au sud-ouest de la ville et a sa façade principale sur Michigan Avenue, superbe voie bordée d'un seul côté par des maisons et de l'autre par le lac. C'est un immense cube entièrement construit avec une pierre américaine d'une couleur violacée et surmonté d'une massive tour carrée. Il contient un théâtre qui sert de salle de fêtes et de réceptions, le plus grand hôtel de la ville, des établissements industriels et jusqu'à une école, institut de langue française.

La salle de spectacle est considérée par les Américains comme la rivale de notre Opéra. À vrai dire, il me semble que les proportions gigantesques de l'édifice enlèvent toute idée de comparaison. En outre, l'élément décoratif, peinture et sculpture, si abondant, trop abondant même en notre académie de musique, fait ici complètement défaut, nudité qui d'ailleurs ajoute extérieurement au typique caractère de ce colossal bâtiment. De quelques marches seulement plus élevée que le trottoir, la porte se trouve écrasée par la lourdeur de l'édifice et ne donne à l'entrée aucune majesté.

À l'intérieur, c'était, sauf quelques détails, la somptuosité de tous les galas officiels, qu'ils se passent à Chicago ou à Paris : l'accumulation des fleurs et des plantes vertes se mêlant au velours des tentures et se massant le long des larges escaliers de marbre ; le jaillissement des lumières se reflétant dans les glaces et les ors polis ; les uniformes chamarrés d'or, constellés de plaques et de décorations, tranchant avec la note sombre des habits noirs ornés d'une fleur ou d'une minuscule brochette ; les toilettes éblouissantes des femmes resplendissant toutes à vous en aveugler de constellations de pierreries et de diamants. Des princesses souveraines ne sauraient lutter de magnificence avec ces femmes de milliardaires. Sur les épaules nues, dans les cheveux bouclés, dans les ruches des corsages et jusque dans les souliers de satin, c'était Golconde [4] qui ruisselait. Profusion aussi de fleurs garnissant toutes les loges, les festonnant de guirlandes de roses et de lilas.

4. Ancienne ville indienne (près de l'actuelle Hyderabad), aujourd'hui en ruine mais jadis centre de production et de taille de diamants.

Sur le parquet, tendu comme chez nous de la scène aux loges, on valsait, on bostonnait[5] avec une grâce et un entrain charmants. Ce n'était plus le froid glacial, l'allure compassée et assommée de nos bals. J'ai dit combien l'Américain aimait et cultivait la danse ; cela donnait à la fête une animation de vrai plaisir que n'ont pas les nôtres.

Buffets installés de place en place, assiégés, cela va sans dire, mais sans l'encombrement, le désordre qui se produisent presque toujours chez nous. Excellent souper servi par petites tables, ce qui est encore la plus agréable des façons, et à la sortie service des voitures très pratiquement organisé.

Presque tous des équipages, ces voitures ; car à Chicago, dès que la fortune est établie, les chevaux et la voiture sont indispensables, s'en procurer de louage étant chose peu facile et très coûteuse surtout. Il n'existe pas de fiacres et les cabs, qui sont fort nombreux, ne sont point acceptés comme une voiture convenable pour conduire une dame au bal ou au théâtre ; il faut prendre des voitures analogues à nos voitures de grande remise, dont le prix varie selon la distance qu'elles ont à parcourir, tarifées d'ailleurs au gré de leur propriétaire qui n'exige pas moins de vingt à vingt-cinq francs pour vous conduire au théâtre et vous en ramener. Il est vrai que l'on y peut largement prendre place à quatre personnes.

Malgré leur prix élevé, ces voitures ne manquent pas de clients. Il est parfaitement admis qu'une jeune fille se rende au théâtre ou en soirée en la seule société d'un jeune homme de ses amis. Mais cette faveur accordée oblige ledit jeune homme à venir chercher en voiture sa compagne et à la ramener de même, à lui offrir aussi les fleurs nécessaires à sa

5. On dansait le boston, alors très populaire en Amérique.

parure et le bouquet réglementaire qu'elle ne quitte pas. On imagine après cela l'accaparement des véhicules obligatoires ! Quant aux fleurs, c'est avec surabondance que la demoiselle s'en pare. On les emploie beaucoup comme garniture de corsage, mais pas à notre mode, en touffes ou en grappes piquées à la poitrine ou à l'épaule ; on leur conserve leurs feuilles vertes sur toute la longueur de leur tige, et le corsage s'en trouve parfois complètement recouvert.

Cette coutume de laisser ainsi les jeunes filles librement sortir avec les jeunes gens semble en France plus qu'étrange, pleine d'inconvenance et de danger. Ce danger pourtant est moindre qu'on ne le pense. Il y a sans doute des abus, mais c'est l'exception à la règle. Le jeune homme n'est que le protecteur de la jeune fille, à la façon de nos anciens chevaliers dévoués à leurs dames – race malheureusement disparue pour l'espèce française, tenant à honneur de mériter la confiance placée en eux et non d'en mésuser. Même passionnément épris de son amie, il ne risquera pas un mot qui la puisse gêner, et elle saurait d'ailleurs réprimer ou punir sa hardiesse.

Puis il faut admettre la camaraderie de longue date établie entre garçons et filles, élevés ensemble toujours. Dès les bancs de l'école, le devoir d'un *good boy* américain est d'être le protecteur des *little girls* ; et ce titre, que gamin il est fier de porter, il le revendiquera toute sa vie.

Le premier article des lois américaines c'est la protection de la femme, et c'est cette protection déclarée, ordonnée, qui affirme, j'ose le dire, la supériorité morale de l'Américain sur ses frères d'Europe [6].

6. Marie Grandin songe à l'Equal Protection Clause, c'est-à-dire au premier article du 14e amendement à la Constitution américaine (ratifié le 9 juillet 1868), lequel assure l'« égale protection des lois » à « toute personne née ou naturalisée aux

C'est par le profond sentiment de sa dignité qu'il se constitue le soutien de la femme, et c'est le fait d'un être supérieur de tout protéger autour de lui.

Il n'admet pas qu'il puisse devoir quelque chose à une créature plus faible et moins bien douée que lui : c'est elle qui lui devra tout. Jeune homme, son but, en entrant dans les affaires, sera de gagner une somme suffisante pour lui permettre d'épouser la femme qu'il aime et de lui assurer ainsi qu'à leurs enfants une existence heureuse et facile. Marié, pour continuer de procurer l'aisance toujours plus large à la famille qui s'accroît, son existence sera vouée à un incessant labeur. À lui seul les affaires, et leurs calculs et leurs tourments ; à l'épouse la douce vie du home, où le mari n'apportera même point les tracas de son commerce.

Quand il se choisit une femme, c'est selon son cœur, sans souci de la fortune et de la situation de sa fiancée. Quelle différence avec le Français, uniquement occupé de la dot ! « J'entre dans le commerce ou l'industrie. Il me faut un bon mariage pour me payer mon établissement ! Je fais des études qui me tireront de l'obscurité, j'ai des aptitudes artistiques qui vont illustrer mon nom, c'est une célébrité qui me permettra d'épouser une héritière. » La dot paie le fonds de l'épicier, la charge du notaire, les dettes du débauché. Quel est l'homme en France qui se dit avec joie : « Ma fortune va me permettre d'épouser une fille sans le sou » ?

Même chez les ouvriers, en Amérique, classe où les mariages se font à peu près comme dans la nôtre, la seule où le mot « dot » ne vienne pas sonner, il y a cependant cette énorme différence qu'une fois marié

États-Unis ». Mais il fallut attendre 1971 pour que la Cour suprême confirme que cette égalité concernait aussi les femmes (affaire Reed contre Reed).

l'homme ne permet plus à la femme de travailler de son côté ; pour qu'il le tolère, et combien à regret, il faut des cas de force majeure. L'aide soit d'argent, soit de travail apportée par l'épouse au mari est considérée comme une déchéance morale, presque comme une infamie.

Et ce respect, cette adoration de la femme n'est point, qu'on le sache bien, de ces belles théories qui se déclament, comme il en est chez nous, mais que l'on n'applique guère, paroles pompeuses que démentent les actions. Les faits, là-bas, corroborent les mots. Toute infraction aux lois protectrices de la femme est punie des plus rigoureuses peines, celles du moins que l'Américain trouve telles, car elles touchent à son argent. S'il a des enfants d'une femme, ce n'est pas parce qu'il n'aura pas épousé la mère qu'il ne devra pas les élever. De par la loi, qu'il soit célibataire ou déjà marié lui-même, il y sera contraint. C'est matière à réflexion, et si, par nature, il n'est point meilleur que son frère d'Europe, par raison et force il le deviendra, s'élevant de jour en jour en moralité comme en intelligence, tandis que les autres, fatalement, descendront.

Le lendemain du bal, la fête se continuait par des parades à travers la ville ; on nomme ainsi des défilés militaires et civils. À deux heures, très exactement, le vice-président de la République (remplaçant le président Harrison retenu au chevet d'agonie de sa femme), les représentants des États et différents grands personnages acclamés par une foule immense prirent place dans des landaus venus les chercher à l'Auditorium, où presque tous descendaient, et les parades commencèrent.

Depuis plusieurs jours déjà Chicago avait reçu une innombrable masse de soldats, sinon tous les régiments des États, au moins des détachements de tous les régiments. Ces détachements précédaient et suivaient les voitures, chacune arborant et le drapeau de l'État et le drapeau étoilé de la République, étendard surmonté de l'aigle. Pendant quatre heures, au milieu des applaudissements et des hourrahs, au claironnement des cuivres, au rythme des marches jouées par les musiques militaires, le défilé s'effectua, faisant se succéder sans trêve les uniformes de toutes couleurs – bleus, blancs, verts, rouges –, les fantassins, les cavaliers, les artilleurs passant dans les nuages de poussière que soulevaient les pieds des chevaux, les roues des caissons et des canons.

Se rapprochant plus ou moins des nôtres par la coupe et par la couleur, les uniformes en différaient par la coiffure, presque toujours empanachée de plumes tantôt frisées, tantôt longues, souples, changeantes et fort jolies, un peu comme le plumet du bersaglier. Les gants aussi différaient des nôtres : jaunes au lieu d'être blancs. Si les coiffures des simples soldats étaient déjà empanachées à plaisir, que dire des plumes des généraux ? À côté d'eux nos conventionnels paraissaient sobres.

Tous les détachements étaient, cela va sans dire, accueillis par de retentissants bravos, mais les salves les plus nourries saluèrent le corps des Indiens. En un ordre parfait, sous un costume bleu foncé rappelant un peu celui de nos chasseurs à pied, ces hommes s'avançaient, calmes, rigides ; leur haute stature, leur longue figure sévère, leurs yeux noirs si brillants, si énergiques, leur donnaient un aspect réellement imposant. Des acclamations frénétiques les accueillirent, mais aucune impression bonne ou mauvaise ne passa sur leur placide visage. J'aurais voulu une lueur, fût-ce de colère, dans ces prunelles sombres !

Après l'armée américaine défilèrent les délégations étrangères, quelques-unes précédées de chars, les délégations d'Espagne et d'Italie ouvrant la marche en l'honneur de Colomb. La délégation allemande était de toutes la plus nombreuse. Les enfants des écoles suivaient en bon ordre et les chars allégoriques des lettres, des sciences et des arts terminaient le cortège, chacun escorté de membres de ces différentes facultés.

Cette espèce de procession parcourut toutes les rues de la ville, stoppant aux principaux monuments, et le lendemain, dès dix heures du matin, elle se reforma, se dirigeant vers l'Exposition pour procéder à la dédicace. Le pavillon des Arts libéraux avait été choisi à cause de ses dimensions pour cette cérémonie. Entièrement construit en fer, c'était le plus grand de l'Exposition et, affirmait-on, du monde entier : sa superficie totale atteignait quatre mille mètres carrés.

Au centre, sur une estrade, prirent place les représentants du gouvernement, des États, des puissances étrangères, etc. Derrière, dans une tribune, cinq mille choristes appartenant à toutes les sociétés chorales des États-Unis étaient installés. Des bancs et des fauteuils disposés par carrés étaient réservés aux invités, les invitations envoyées se montant à cent cinquante mille – public qui se grossit encore de toute la foule qu'on ne put empêcher d'entrer et qui envahit jusqu'aux combles de l'immense vaisseau.

L'hymne patriotique ouvrit la cérémonie, suivi d'une prière dite par un pasteur ; puis les discours s'enchaînèrent, tous à peu près analogues comme en ces circonstances : joie et fierté de la réussite, grandeur du pays et remerciements à tous ceux qui avaient apporté leur concours à cette œuvre grandiose, etc., etc. Le Vice-Président avait le premier pris la parole ; d'autres orateurs plus ou moins brillants lui succédèrent, parmi lesquels Mrs. Potter Palmer, dont le discours d'une éloquence vraiment remarquable obtint un véritable triomphe [7].

Mrs. Palmer a été l'initiatrice et l'organisatrice à Chicago de l'exposition des Femmes. C'est grâce à elle, à son infatigable persistance, qu'une place spéciale fut consacrée aux travaux féminins. Son nom est fort connu à Paris, où lors de son dernier voyage elle a charmé et étonné par son entente des affaires et sa fine diplomatie [8]. En Amérique, elle est admirée et adorée. Son immense fortune lui sert à faire partout le bien dans une large et intelligente mesure ; mais, femme, c'est surtout aux femmes qu'elle s'intéresse et se dévoue, et sa haute protection est d'avance acquise à toutes les œuvres tendant à l'amélioration du sort des femmes, à la progression, chez elles, de la culture scientifique, littéraire et surtout artistique.

En des termes énergiques et vibrants, étalant les résultats déjà obtenus, elle proclama, devant cette assemblée presque uniquement composée d'hommes, l'égalité de la femme et de l'homme dans le travail, réclama l'appréciation équitable de ce travail accompli par la femme, revendiquant pour elle un comité féminin : la femme jugée par la femme, comme l'homme est jugé par l'homme.

7. Bertha Palmer (1849-1918) avait grandi à Chicago et y avait épousé Potter Palmer, lequel avait fait fortune dans le commerce et l'immobilier. Elle-même femme d'affaires avisée mais en même temps philanthrope et passionnée d'art, elle fut aux États-Unis une figure majeure à la fois pour la promotion des femmes et pour la peinture impressionniste, qu'elle collectionnait avec foi (voir note 5, p. 159).

8. En 1891, Bertha Palmer était en effet venue à Paris pour y promouvoir la future Exposition universelle de Chicago. Lors de son séjour, elle acquit des toiles impressionnistes qui y seraient exposées au palais des Beaux-Arts et commanda à Mary Cassatt et Mary MacMonnies (voir notes 3, p. 240, et 4, p. 241) des peintures murales pour le pavillon de la Femme.

Les discours achevés, les chants également, l'évêque protestant et l'archevêque bénirent chacun son tour l'Exposition, et une dernière prière fut dite par le pasteur. Après quoi, on n'avait plus qu'à s'éparpiller à travers la White Town, la Ville blanche, comme les Américains nomment l'Exposition.

En gagnant la sortie, nous passâmes près d'un groupe formé par quatre généraux en leur uniforme de gala, tout empanachés, chamarrés d'or et constellés de décorations. Ils causaient avec une animation des plus grandes et je m'arrêtai quelques instants à les considérer, mon attention fixée surtout sur l'un d'eux, grand bel homme d'allure et de physionomie des plus distinguées, quand subitement l'objet de mon admiration se retourna, hélas ! juste de mon côté ; appuyant son index sur sa narine, dans un geste que je n'oublierai jamais, il se débarrassa de l'excédent de mucus qui probablement le gênait. Clouée sur place, j'eus à demi-voix un cri d'indignation dont la naïveté m'amusa moi-même : « Oh ! un si beau général ! » Le si beau général, nullement ému de l'action qu'il venait de commettre, sortait maintenant de sa poche un élégant petit mouchoir et se le passait sous le nez en une légère caresse, trop tardivement, combien trop tardivement...

Il fallut, pour m'en remettre, la vue du lac si limpidement bleu, si superbe en son immensité. Pour s'harmonier à sa grandeur, il fallait bien d'aussi vastes palais que ceux qui se disséminaient sur la rive. Les petites constructions qui devaient s'annexer aux grandes n'étaient point encore commencées, mais l'aspect n'était que plus imposant et harmonieux. Les immenses façades se développaient sans être coupées ni partiellement masquées par les bâtisses secondaires. Dans leur inachèvement, certains monuments avaient une beauté sévère que des ornements d'un goût douteux leur ont fait perdre ; d'autres, sans doute, y ont gagné, mais tels qu'ils se trouvaient tous alors, l'ensemble était admirable.

C'était dans ces édifices encore vides intérieurement qu'étaient campés presque tous les détachements militaires venus à Chicago, recevant là de nombreuses et sympathiques visites. Les soldats américains ne sont point, comme les nôtres, astreints au service obligatoire ; c'est volontairement qu'ils s'enrôlent, par amour du métier des armes. La vie qui leur est faite est relativement large, la solde est assez forte, ils peuvent se marier et vivre en famille. La guerre, il faut le dire, ne les réclame que rarement, par bonheur pour eux et pour la prospérité du pays, et ils ne sont guère occupés que par les révoltes des Indiens.

C'était surtout dans le campement des soldats peaux-rouges que se précipitait la foule. Quoique regardés sous le nez, ces pauvres Indiens ne bronchaient pas plus qu'à la parade, mais dans leur froide impassibilité quelques-unes de ces figures étaient terribles.

Peu parmi eux parlent anglais ; ils conservent entre eux leur langage et pourtant apprennent avec grande facilité l'idiome de leurs vainqueurs. Le métier militaire est un des moyens de civilisation qui réussissent avec eux : le brillant de l'uniforme leur plaît ; ils ont des armes à manier ; de plus, les loisirs nombreux des soldats conviennent à leur nature, à la fois brave et paresseuse, et l'autorité qu'ils se sentent les flatte en leur orgueil. On n'ose point cependant ouvrir les cadres de l'armée à un grand nombre d'entre eux ; le danger que cela présenterait est trop compréhensible pour qu'il soit besoin de l'indiquer.

L'instruction, également, a sur eux assez facile prise : aussitôt qu'une tribu d'Indiens est soumise et parquée dans le territoire qui lui est accordé, une école s'y fonde et, sans contrainte, ceux qui le veulent la fréquentent. Beaucoup de pasteurs assument la belle et méritoire tâche d'éducateurs, et ils y réussissent très bien. Installés au milieu des Indiens avec leur famille, ils sont aimés et respectés d'eux.

Mais il est un fléau de la civilisation qui circule chez les Peaux-Rouges plus rapidement que ses bienfaits : c'est l'alcool. Les Américains, qui s'efforcent par tous les moyens de combattre l'alcoolisme, le propagent presque volontiers chez ces malheureux, peut-être comme le procédé de destruction le plus rapide et le plus commode. Si rapide que cette race qui, avant la conquête, fut glorieuse et puissante s'appauvrit de jour en jour, proche de la complète extinction. Et pourtant, par reconnaissance, les Américains ne devraient-ils pas laisser à ce pays qui leur donne si libéralement la vie, la richesse et le bonheur quelques-uns de ses véritables enfants ?

Le soir de cette journée d'inauguration, la ville s'illumina de feux d'artifice jaillis de partout. Celui que l'on tira sur le lac fut superbe entre tous, les lueurs, les embrasements reflétés par l'immense nappe liquide semblant s'étendre avec elle jusqu'aux extrémités du monde.

Toute la journée, les tramways, les trains, les bateaux n'avaient cessé d'amener à l'Exposition un nombre incroyable de visiteurs ; on s'imagine donc la cohue du retour, les dernières fusées éteintes. Les tramways étaient si bondés qu'ils ne pouvaient avancer, et les plus raisonnables devaient descendre pour permettre à la voiture de marcher. Dans les bateaux, également, l'affluence était telle que pour rien au monde je n'eusse consenti à m'y aventurer : il semblait imminent que sous une pareille charge ils couleraient à fond. Au chemin de fer, même foule : tassés les uns contre les autres dans les wagons sans la possibilité de s'asseoir, on pouvait à peine respirer, et préparer sa sortie quand on approchait de la station de descente, s'extirper de cet entassement humain n'était pas chose facile.

Personne ne se plaignait, tout le monde considérant que le plus important n'était point d'avoir ses aises mais d'arriver à son domicile. Les trains, du reste, circulèrent sans qu'il fût question d'heures réglementaires, jusqu'à ce qu'il ne demeurât plus personne, et bien des tickets ce soir-là, pour le profit des voyageurs, ne furent pas pointés.

Les tickets à Chicago ne se délivrent pas dans les gares : ils se vendent dans des *ticket-offices* et dans presque toutes les boutiques. On les achète par cartes de vingt-cinq, cinquante ou cent, à un prix d'autant plus minime que le nombre en est élevé. L'abonnement avec sa photographie et ses formalités ridicules est donc parfaitement inconnu, remplacé par ce bien plus pratique système. À chaque voyage la carte est pointée, à moins d'une impossibilité matérielle peu fréquente comme en cette soirée mémorable ; mais quelle que puisse être la quantité des omissions, le bénéfice de la compagnie en une telle circonstance est encore formidable, et elle peut faire ce petit cadeau aux voyageurs favorisés.

Ceux qui ne sont point munis de cartes paient simplement leur place à l'employé pointeur, lequel leur délivre un petit papier détaché d'un carnet à souche, les talons restant pour établir le compte des sommes ainsi versées. Ce mode de paiement est toutefois l'exception, le voyageur payant alors sa place beaucoup plus cher que lorsqu'il achète une feuille de tickets.

CHAPITRE VII

Cuisine française. – Campagne et mascarades électorales. – Une ville en flammes. – Cimetières américains. – Agapes funéraires. – Le respect des morts.

Tout s'était éteint, flambeaux et musique. La ville avait repris son ordinaire aspect et chacun était retourné à ses occupations suspendues pendant trois jours, chômage exceptionnel en ce pays d'activité.

Ces fêtes de l'Exposition avaient amené à Chicago deux de nos amis, et nous avions grand désir de les traiter chez nous comme si nous eussions tous été en France ; mais pour cette réception, si intime qu'elle fût, s'éveillaient des difficultés sans pareilles. J'avais d'abord cherché à commander dans un hôtel un dîner que l'on eût servi chez moi, mais cette chose, anormale là-bas, fut déclarée de la plus malaisée exécution. En conséquence, on exigeait des prix exorbitants, tout en nous réduisant à la cuisine américaine : légumes cuits à l'eau et préparés sans la plus petite parcelle de beurre, ce qui ne me séduisait qu'à demi ; viandes rôties et très bien rôties, j'en conviens, mais rien que rôties, uniformité d'accommodement qui ne me plaisait guère non plus.

Toute réflexion faite, je pris donc bravement le parti de devenir moi-même le cordon bleu chargé d'exécuter mon festin. Cela non plus n'allait pas m'être commode : je ne possédais aucun des instruments nécessaires à ces savantes préparations, les ustensiles de ma propriétaire étant réduits à un très petit nombre et d'une extrême simplicité. Tant bien que mal, je pouvais à la rigueur me contenter de ses primitives marmites, mon industrie suppléerait l'imperfection ; mais il était tout à fait impossible de servir ce dîner dans la salle à manger de notre hôtesse. Tous les habitants de la maison y eussent fait irruption pour contempler le spectacle de quatre Français festinant. J'y parai en dressant le couvert dans notre chambre, sur une table que j'obtins de Mrs. A. ainsi que le linge indispensable pour la garnir ; je louai la vaisselle et les couteaux, et quand l'ordonnance de la table fut complète, je me décernai à moi-même un sincère satisfecit. Mes curieuses voisines, ayant bien trouvé, on s'en doute, le moyen de s'immiscer chez moi pour admirer de tous leurs yeux ces préparatifs, s'étonnèrent surtout de me voir fleurir d'une rose le verre de chaque convive.

Quant à mon dîner, je tiens à proclamer tout de suite qu'il fut des plus réussis : consommé délicieux ; comme entrée, un superbe poisson du lac assaisonné d'une sauce blanche, un triomphe pour moi ; seconde entrée de filet de bœuf où le whisky, en remplacement du madère, fut déclaré une innovation des plus heureuses ; pois de Californie pour légumes, assaisonnés de beurre sans ménagement, à la française ; salade et poulet rôti. Quant aux hors-d'œuvre et aux desserts, fruits de toutes sortes et pâtisseries, je n'avais pas eu à m'en inquiéter : ils sont consommés en grande abondance en Amérique, et nulle part on ne confectionne de plus exquises sucreries.

La chose que j'eus le plus de peine à me procurer, ce fut, nos cuisinières en riront, du persil ! Il m'en fallait pour dresser mon poisson, et cette herbe odorante est peu commune là-bas. Mrs. A. et ses bonnes amies ne pouvaient admettre que je dépense tant de cents pour cette verdure qui ne servirait qu'à parer mon plat. Elles ne pouvaient comprendre non plus que l'on passât un aussi long temps à surveiller la cuisson des ragoûts, à tourner les sauces, juraient que pour rien au monde elles n'auraient cette patience et concluaient à la gourmandise effrénée de nous autres Français.

Un thème, cette gourmandise, dont s'empara M. le pasteur, lequel avait cependant goûté les sauces maudites, et particulièrement celle au whisky, ce qui ne l'empêcha pas de déblatérer contre notre nation corrompue, si infestée de tous les vices capitaux et qui expierait certainement dans les abîmes de l'enfer sa sybaritique dépravation. Saint emportement qui me fit simplement sourire ; j'en devinais la valeur et savais que M. le pasteur ne dénigrait ma cuisine qu'à la façon du renard de la fable.

Faute d'une femme spéciale, que je n'avais pu avoir, Mrs. A. avait bien voulu nous servir à table, autant, je crois, par curiosité que par complaisance, et sa mine ahurie en face de tous les menus détails du repas nous avait tous amusés.

Je me figurais par instants, au milieu de ce dîner à notre bonne mode de France fait avec ces amis de Paris, que c'était bien dans mon petit chez-moi que je les traitais ; et nous étions tous les quatre en train d'évoquer la chère vieille cité, de nous entretenir de ces mille choses dont se préoccupent seuls les Parisiens, quand un bruit assourdissant de tambours et de trompettes interrompit notre causerie, nous attirant tous à la fenêtre.

Une sorte de procession grotesque, composée d'une foule d'hommes porteurs de parapluies tricolores, défilait dans la rue, bande très compacte précédée d'un groupe d'individus munis de torches de résine. Une musique d'enfer accompagnait ce défilé digne d'une soirée de mardi gras.

Les parapluies grands ouverts de ces messieurs me semblaient, par ce temps superbe, manquer d'emploi. Pas du tout ! Ils déployaient les couleurs du parti républicain représenté par Harrison. Derrière la longue théorie de ces porteurs de parapluies apparaissait un énorme transparent brillamment éclairé et sur lequel se détachaient ces mots : « Votez pour Harrison », le nom de l'honorable candidat accompagné des qualificatifs les plus ronflants. Suivaient encore, closant le cortège de même qu'ils le commençaient, des porteurs de torches.

Ce carnavalesque bataillon était à peine passé, et nous réattablés et repartis en notre causerie, qu'un nouveau tintamarre éclata : le déchaînement d'un orchestre de foire accompagnant une seconde procession, précédée et suivie comme la première de porteurs de torches mais composée, pour le gros de l'effectif, d'honorables gentlemen vêtus de jaquettes rouges et coiffés de chapeaux hauts de forme également rouges. Ces messieurs, cette fois, étaient des démocrates, partisans de Cleveland. De violents sifflets, partis de notre maison, les accueillirent, tous les locataires américains ayant été convertis au parti de Harrison par la chaleureuse éloquence de Mrs. H., sa dévouée agente électorale. Cette déclaration hostile nous valut en réponse une cacophonique sérénade. Les plus à plaindre étaient certainement nos pauvres amis, étrangers à tout ce débat et aussi indifférents à Cleveland qu'à Harrison.

Les oreilles brisées, nous quittâmes la fenêtre ; mais chaque soirée, durant toute la période des élections, devait nous ramener ces petites manifestations, avec l'agrément, par exemple, de modifications plus ou moins grotesques dans le costume, le déguisement plutôt, des processionnaires, mais avec l'invariabilité du rouge pour les démocrates et du tricolore pour les républicains.

Les esprits de jour en jour plus échauffés, les processions devenaient également plus bruyantes, les discussions avec les honorables membres du parti opposé plus orageuses. Il y eut même, entre phalanges démocratiques et cohortes républicaines, rixes, bagarres et compliments mutuellement échangés au moyen du revolver, ce qui n'empêchait point le vacarme de quotidiennement recommencer. L'autorité, sous la béate figure des policemen, n'intervenait qu'en cas de bataille dangereuse et demeurait paisible spectatrice tant que les propagandistes s'en tenaient aux démonstrations bruyantes mais inoffensives ou à peu près, les laissant parfaitement tranquilles et libres de manifester tout à leur aise et à leur guise. Indifférence et calme que nos brigades devraient prendre en exemple, car, grâce sans doute à cette abstention des gardiens de l'ordre, les rixes, étant donné le nombre des manifestants, furent en somme peu fréquentes, tout se passant en général d'une fort sage façon.

À cette même époque, mon mari rentra un soir de l'Exposition en m'annonçant que Milwaukee, une ville voisine de Chicago, était en flammes[1]. Vite, notre résolution fut prise de nous rendre sur les lieux du sinistre. Une cité en flammes doit être un spectacle d'une « superbe horreur » et qui ne se voit pas tous les jours, même en Amérique ; car les habitants de Chicago se montraient, me dit mon époux, tout aussi curieux que moi de contempler la catastrophe, et, bien que Milwaukee fût distant de Chicago d'au moins quatre heures de train, une foule de monde s'y rendait.

Notre immédiat départ décidé, un seul point m'embarrassait. J'avais fait rôtir la veille un énorme

1. L'incendie s'était déclaré le 28 octobre 1892 dans une usine.

poulet auquel nous n'avions pas touché et qu'il me déplaisait d'abandonner à la voracité du jeune pasteur ou de tout autre de nos voisins. L'emporter avec nous, en en-cas, me parut des plus pratiques, et, y adjoignant du pain et des fruits, je le déposai en un de ces petits paniers dans lesquels se vendent ordinairement les primeurs, légère vannerie en écorce de bambou, de forme gracieuse et que l'on rencontre fort bien au bras des femmes les plus élégantes, rapportant du centre de la ville la petite corbeille pleine de raisins dorés ou de pêches délicieuses.

Munis de ce viatique, nous partîmes donc à sept heures du matin pour Milwaukee, et durant tout le voyage il ne fut naturellement question que de la catastrophe. Depuis déjà deux jours et une nuit la ville flambait, l'incendie augmentant à chaque heure d'intensité. Bien avant d'arriver, nous aperçûmes la fumée qui s'élevait à l'horizon en des nuages compacts. À mesure que nous approchions, ils étaient de plus en plus déchirés par les flammes, hautes à lécher le ciel. Imagination ou réalité, en descendant du train il me sembla que la chaleur se sentait. L'incendie n'était pourtant pas proche de la gare.

Située au nord de Chicago, la ville de Milwaukee est, comme sa voisine, établie sur le bord du lac et sur une rivière. Riche, elle doit surtout sa prospérité à deux industries : la fabrication de la bière et le commerce des bois ; coquette et d'aspect propre, chose rare en Amérique, elle s'étage gracieusement sur le versant d'une petite colline.

La gare est un véritable monument, construit au bord du lac en une pierre d'un gris rosé qui ajoute à la grâce de l'architecture, et ceinturé d'un jardin fleuri. Larges et bien bâties, les rues ascendent la colline, sillonnées de tramways électriques qui filent vélocement, leur rapidité devenant vertigineuse lorsqu'ils descendent la côte, laissant jaillir de temps à autre, de leurs bras de fer que joint le fil conducteur, un bleuâtre éclair.

Nous nous trouvions, la somptuosité des villas l'indiquait, dans le quartier des riches résidences ; or c'était plus loin que sévissait le fléau, de l'autre côté de la rivière, dans la région des manufactures et des usines, à l'endroit le plus compactement peuplé de Milwaukee. Pour l'instant, le coin aristocratique de la ville que nous traversions n'avait rien à craindre ; le vent, par bonheur, soufflait avec rage dans une direction qui emportait les flammes à l'opposé, et la rivière empêchait la communication directe de l'incendie. Néanmoins, je fus étonnée de l'animation toute naturelle qui y régnait. Indifférence ou résignation, chacun y vaquait à ses affaires sans paraître s'occuper le moins du monde de ce sinistre qui dévorait l'autre moitié de la cité. Était-il possible cependant de n'y point penser sous le rougeoiment du ciel, dans le reflet même des flammes ?

La rivière passée, c'était un spectacle inoubliable d'horreur et de beauté : l'enfer évoqué dans toute son ignescence. L'embrasement du ciel sur toute une immense étendue semblait la toile de fond d'un incandescent décor ; les flammes y montaient en des panaches gigantesques ; les bois en combustion, projetés par les explosions de dynamite, s'élevaient avec fracas pour retomber plus loin, brandons qui communiquaient leurs flammes à d'autres bâtiments, nouvel aliment du brasier. Plus on avançait, plus la chaleur et l'odeur devenaient insupportables ; sans s'en soucier, une masse de gens se pressaient autour de la fournaise. Le feu avait déjà atteint quinze blocs de maisons, cent bâtisses sur chaque face, et s'étendait sur la superficie à peu près de quatre des arrondissements de Paris. Le vent, jusqu'alors, en avait empêché la propagation de l'autre côté de la ville grâce à l'obstacle de la rivière ; mais il pouvait changer, et la largeur de l'eau ne suffirait point alors pour arrêter la contagion du fléau.

Cependant, de toute cette foule composée non seulement de curieux mais de tous ceux que les flammes avaient chassés de leur demeure, nulle lamentation, nulle clameur d'angoisse ne s'élevaient. Aucune des scènes déchirantes auxquelles je m'attendais, émue d'avance : pauvres gens pleurant sur le sort de parents, d'amis, sur le leur propre, se désolant de la perte de leur mobilier, de leurs souvenirs. Rien de ce qui augmente encore chez nous l'horreur et la tristesse de ces tableaux. Un calme parfait de tous les sinistrés, placides spectateurs du cataclysme et regardant tous leurs maisons sans chercher à en sauver ni meubles ni bibelots précieux.

Cette indifférence qui me stupéfiait s'expliquait toutefois doublement : il y avait eu relativement peu de victimes – cinquante-cinq, quantité presque négligeable dans les catastrophes américaines – et toutes les maisons se trouvaient assurées. Quant aux souvenirs, à ces riens précieux que nous conservons avec tant de dévotion et dont la destruction nous est plus pénible parfois que de graves pertes matérielles, les Américains, moins sentimentaux, ou sentimentaux d'une autre manière, n'y attachent point la même importance que nous. Leur personne et leur argent en sûreté, les gens attendaient donc avec flegme la fin des événements.

N'ayant donc point à se nourrir de navrantes émotions, mon estomac, dans la relative tranquillité des circonstances, ne craignit point de manifester son exigence, car depuis six heures du matin, tout entiers à la hâte de parvenir sur le lieu du désastre, nous n'avions rien absorbé, et dans ce réveil de notre appétit ce fut avec un sensible plaisir que je me rappelai subitement que je portais au bras depuis notre départ le petit panier de bambou et son réconfortant contenu.

Nous éloignant assez de l'incendie pour ne plus être incommodés par sa fumée et sa chaleur, le hasard nous fit découvrir à une assez courte distance un endroit charmant pour la collation que nous méditions : un coin de parc en hauteur où nous nous trouvâmes complètement seuls. On ne pouvait rêver plus délicieux emplacement pour un goûter champêtre, et nous allions même avoir toutes les commodités d'une confortable installation, car mon mari aperçut bientôt, au tournant d'une allée et en une sorte de rond-point, toute une débandade de tables et de bancs destinés sans doute aux pique-niques qu'il est de mode d'organiser en Amérique pendant la belle saison. En une seconde notre lunch fut dressé sur des assiettes de papier blanc, et sans la violence du vent, qui menaçait d'emporter les morceaux de notre poulet et faisait rouler le dessert sous la table, notre dînette eût été des plus agréables.

M'abandonnant à la douceur des choses, ravie de ce repos improvisé en ce nid de verdure fleurie, je me reprochai subitement de m'être laissée aller à ce bien-être quand le fléau déchaîné sévissait toujours. Produit peut-être par mes scrupules de conscience, peut-être aussi par le vent de plus en plus âpre, le froid m'avait saisie. Quittant cette verte oasis en abandonnant aux oiseaux les reliefs de notre festin, nous retournâmes alors vers l'incendie. Il augmentait toujours de violence, et de grands chantiers de bois, jusque-là préservés, semblaient préoccuper surtout les pompiers.

Singuliers pompiers que les pompiers américains ! Formant des corps de volontaires, largement payés dans les grandes villes mais nullement rétribués dans les localités moindres, ce sont pour la plupart de braves commerçants d'aspect nullement militaire, remarquables comme les policemen par leur embonpoint, et que leur costume ne rend point martiaux : un grand pardessus de caoutchouc non flottant, très propre à les garantir de l'eau mais qui doit bien gêner leurs mouvements. Leur tête est protégée par une sorte de casque également de caoutchouc noir et muni de deux ailettes qui se rabattent sur le cou. Ainsi accoutrés, il ne faut pas leur demander l'agilité et la hardiesse de nos pompiers français. Ils ne se hasardent pas comme eux sur des poutres brûlantes, au milieu des flammes, pour chercher parmi les bâtiments croulants quelqu'un ou quelque chose à sauver. Ils se contentent de manœuvrer les pompes très puissantes et de faire sauter par la dynamite les maisons abandonnées, comme la part du feu. La rapidité avec laquelle se déclarent et se propagent ces incendies est telle, à vrai dire, qu'il n'y a guère qu'à regarder brûler, une fois la sauvegarde des environs établie.

Sans aucun empêchement de la part des pompiers et des policemen, et sans autre protection que sa propre prudence, tout le monde se promenait à travers les rues en flammes, libre de s'approcher à son gré des brasiers.

Les rues des villes américaines sont fort larges et leurs trottoirs faits en bois. Le feu, brûlant ces chemins latéraux réservés aux piétons, semblait sortir de dessous terre. Une partie de ce quartier de grandes manufactures était habitée par des ouvriers des usines et des fabriques, ce qui expliquait l'agglomération de maisons de bois à côté d'immenses constructions toutes de pierre et de fer. Ces fragiles maisons avaient naturellement flambé les premières, comme des allumettes, mais le fléau avait également anéanti les plus solides bâtisses.

La gare de marchandises d'une des compagnies de chemin de fer était totalement détruite, plus rien n'en restait que des charpentes de fer rougies et toutes tordues ; les marchandises de toutes sortes qu'elle avait contenues continuaient de brûler, montagne incandescente où rien ne se reconnaissait.

Une usine où l'on fabriquait des locomotives avait presque complètement disparu, ne laissant à sa place qu'un immense amas de cendres fumantes d'où émergeaient à demi quelques machines noircies et défoncées, semblant non plus de cuivre et d'acier mais de bois vermoulu et de carton bossué. À côté, une fabrique de produits chimiques s'était écroulée ; quelques pans de murs subsistaient çà et là, si noircis de fumée qu'ils paraissaient d'antiques ruines, abritant à demi des monceaux de produits de couleurs variées, cristaux rouges, verts, bleus, jaunes, qui brûlaient en dégageant d'âcres odeurs irrespirables. De minute en minute de nouveaux éboulements s'effectuaient, lançant au ciel des tourbillons de flammes et des gerbes d'étincelles. Une fabrique de cigares ne laissait comme vestige d'elle qu'un amoncellement de paquets de tabac flambants.

Une des rues les plus commerçantes de la ville était dévorée par l'incendie, mais d'un seul côté sur toute sa longueur, tandis que de l'autre côté, demeuré intact, le commerce continuait : les magasins brillants et animés en face des ruines des autres maisons démantelées, brisées, gardant seulement leurs murailles de façade, pans de murs se tenant debout sans autre appui que leurs fondations, à des hauteurs effrayantes.

Tous ces restes étaient le résultat des explosions de la dynamite et de ses destructions préservatrices, alors que le feu, partout où il passait, n'en laissait nulle part. Il avançait, faisant derrière lui place nette, l'espace parcouru encombré seulement de cendres chaudes et fumantes, et l'odeur âcre qui s'en dégageait était si terriblement intense que plusieurs jours nos vêtements en demeurèrent imprégnés. La chaleur du sol brûlait nos pieds.

Partout où s'étaient élevées des maisons de bois, les décombres étaient invariablement les mêmes, un tas fort peu élevé de cendres parmi lesquelles surgissaient, détachés en masses noires, les gros poêles en fonte des cuisines, tous identiques, les calorifères, différents ustensiles de cuisine, les machines à coudre et les ressorts des sommiers.

En toute latitude on déambulait à travers ces dévastations, et dans cette liberté un fait me scandalisa. Dès qu'un bloc de maisons était détruit et que les flammes étaient éteintes, une foule de gens se précipitait vers l'amoncellement des cendres brûlantes et les fouilles commençaient. Chacun se munissait de ce qu'il trouvait à sa convenance – grille de cheminée, ustensile encore utilisable, machine capable d'être réparée –, l'emportant sous les yeux des policemen qui ne s'opposaient nullement à ce pillage éhonté. Cette place fumante ressemblait à un vaste tas d'ordures envahi par une armée de chiffonniers. Quelques-uns des chercheurs, il est vrai, ne désiraient qu'un souvenir de la catastrophe, et moi-même je ramassai un fragment de ferrure finement travaillée. Mais c'était l'exception : les autres espéraient trouver de l'or ou de l'argent fondu.

Le policeman à qui je fis part de mon indignation me répondit tranquillement que cette convoitise serait déçue, que, si c'était une banque qui eût brûlé, on eût empêché les fouilles, l'or et l'argent pouvant alors réellement se mêler aux autres débris, mais que ce n'était point le cas et que, la monnaie de papier étant dans le commerce habituel bien plus répandue que le numéraire métallique, les fouilleurs en seraient pour leur peine. Or, quelques secondes après ces explications, je vis juste à côté de moi un individu découvrir une masse de verre au milieu de laquelle se trouvaient amalgamées cinq ou six cuillers d'argent ! Et le pillage continua pendant les cinq ou six jours que dura l'incendie sans que les déprédateurs fussent en rien gênés dans leur vandalisme, opérant à leur aise et criant tout haut au miracle quand par hasard ils découvraient, au milieu de toutes ces scories informes, un fragile objet respecté par le feu.

Cette puérilité me donna l'idée d'une farce gamine que je confesse. J'avais toujours au bras mon petit panier, vide maintenant. Subrepticement, je le déposai en un endroit propice pour ce que je méditais, et cinq minutes après, demeurée à dessein non loin de là, j'eus la satisfaction de voir « découverte » et enlevée triomphalement la légère vannerie apportée là de Chicago par une Parisienne, ce dont ne s'est certainement jamais douté le possesseur de cette étrange épave du grand incendie de Milwaukee.

Les heures passant, l'obscurité était tombée, et dans la nuit noire l'aspect de l'incendie redoublait de grandiose horreur. C'était effrayant et superbe. Les flammes apparaissaient de toutes les couleurs du prisme ; les ruines prenaient des aspects fantastiques ; le bruit des effondrements se répercutait plus lugubre ; les cendres, ternes dans la clarté du jour, rougeoyaient dans les ténèbres ; des tas de charbon, approvisionnement des habitations, brûlaient lentement ; des flammes vertes en grande quantité, coloration due sans doute à la fusion de certains métaux, faisaient tache parmi les autres, toute cette immense fournaise comme enfermée dans un halo de fumée lourde et suffocante.

Impressionnée, et jusqu'à la terreur, par ce spectacle, j'y étais en même temps retenue, clouée, comme malgré moi, toute frissonnante et tremblante, non de froid certainement, car cette chaleur était asphyxiante, mais agitée nerveusement et de façon complexe.

Il nous fallait pourtant songer à notre réfection ; notre lunch du matin était loin, et trouver un hôtel, un restaurant où dîner n'allait pas être commode. Dès que l'incendie avait éclaté, des mesures avaient été prises pour assurer des logis à tous les sinistrés. Sans parler des maisons particulières qui avaient accueilli des parents, des amis, tous les hôtels étaient d'autant plus encombrés que toute la journée et de toutes parts des curieux avaient afflué. Sans être précisément gai, l'aspect de la population n'était donc nullement triste. Peu de victimes, je l'ai dit, étaient à déplorer, cinquante-cinq morts n'étant réellement qu'un chiffre minime quand on songe qu'une partie de la ville devait disparaître dans ces cinq jours. Quant aux dégâts matériels, les éprouvés se trouvaient, relativement à l'indemnité qui leur serait octroyée, dans une sécurité que ne nous donnent pas nos assurances. Là-bas, ces sociétés sont montées de telle façon que les assurés s'y peuvent fier, absolument certains, en cas d'accident, d'être non point à moitié mais amplement dédommagés, ce qui n'empêche point la large prospérité de la compagnie.

En quête donc de notre repas, il nous fallut marcher plus d'une heure pour trouver de la place et surtout de la nourriture. Bien tombés d'ailleurs, nous eûmes un excellent repas pour un prix très raisonnable dans une taverne allemande, coquette et propre à plaisir, un linge à carreaux roses et blancs donnant aux tables un petit air rustique tout à fait réjouissant. Et quelles délicieuses saucisses allemandes arrosées d'une mousseuse et exquise bière !

Réconfortés, nous nous laissâmes encore attirer par l'incendie, nous oubliant si bien à le contempler que nous manquâmes le dernier train de Chicago. Si dîner à Milwaukee en de telles circonstances n'avait point été chose facile, comment donc allions-nous trouver à coucher ? Morts de fatigue, nous nous traînâmes d'hôtel en hôtel : nulle part non pas une chambre de disponible mais plus même un matelas qu'on pût encore étendre sur une table ! Nous faudrait-il vagabonder toute la nuit ?

Les tramways circulant en Amérique sans interruption, mon mari me fit envisager comme une ressource suprême la possibilité de passer la nuit dans un de ces véhicules : nous ferions la navette d'un bout à l'autre de son trajet. Avant de nous y résoudre il fallait cependant tenter un dernier effort, mais j'étais si exténuée que mon époux m'installa dans la salle d'attente d'une gare et partit seul à la découverte. Je n'eus même pas conscience du temps que dura son absence. Quand il revint, il nous avait enfin déniché un gîte ; je le gagnai je ne sais comment, et ce fut seulement bien tard dans la matinée que je me réveillai dans ce lit d'hôtel.

L'incendie continuait toujours, mais sans l'attendre le sauvetage des mobiliers s'opérait dans les règles, et l'élément dévorateur ne trouvait plus comme proie que des maisons vides. En outre, le vent s'étant subitement calmé, c'était l'âme du fléau dont on allait pouvoir se rendre maître.

Sans demeurer davantage à Milwaukee, nous reprîmes le train pour Chicago, mais l'impression de cette horrible catastrophe devait rester longtemps présente à mon souvenir. Au retour, j'eus du calme des incendiés une explication de nature à diminuer quelque peu l'admiration qu'avait fait naître en moi cette noble sérénité. En cas d'incendie, la victime du sinistre se voit libérée de toutes ses dettes, et cette possibilité de s'acquitter ainsi vis-à-vis de ses créanciers n'est point étrangère, insinue-t-on, à bien des désastres analogues à celui de Milwaukee.

Cette douce température qui nous avait permis, en cette journée d'octobre, de luncher sur l'herbe comme au printemps ne devait pas durer. Quotidiennement, l'air se refroidissait ; fleurs et feuilles tombaient dans les jardins et les calorifères s'allumaient dans toutes les maisons.

En la nôtre, M. le futur pasteur, à la fois très pratique et très frileux, avait obtenu la situation de chauffeur, ce qui diminuait ses frais de pension et lui faisait échanger en même temps sa froide mansarde contre une petite chambre située près du calorifère. Il fallait dans la nuit recharger de combustible le poêle, et immanquablement, à minuit et à trois heures du matin, cet affreux Allemand remplissait sans aucune précaution ses cyclopéennes fonctions, nous réveillant d'un tintamarre infernal. En son réduit certainement il devait cuire, car en notre chambre la chaleur devenait parfois si forte que nous étions obligés de nous lever pour donner un peu d'air. Or le système de fenêtre adopté en Amérique est beaucoup plus pratique que le nôtre. Deux châssis vitrés disposés l'un au-dessus de l'autre se montent et s'abaissent à volonté en glissant dans la paroi. On peut donc donner aussi peu d'air que l'on veut.

Au 1er novembre il faisait un temps affreux, le ciel couvert de gros nuages épais, la pluie tombant à torrents. À Chicago ce jour n'est pas férié, la religion protestante n'honorant pas les morts d'un culte spécial ; mais, le temps aidant, je me sentais en ce jour de deuil tout attristée, mes pensées emportées vers tous les absents aimés, tous ceux que j'avais quittés depuis trois mois et que je pouvais ne plus revoir. Un désir me tenait d'accomplir quand même, en mémoire des amis d'autrefois que j'avais perdus, le pèlerinage de deuil et d'aller jeter sur une pauvre tombe inconnue les fleurs que je leur destinais.

Malgré le temps épouvantable, sautant dans un tramway, je me dirigeai vers le cimetière sud de la ville. Abords déserts qui me surprirent, la pluie ne pouvant, il me semblait, servir d'excuse à ce manque de visiteurs. À travers la boue des ornières, je franchis la porte, mais à peine étais-je engagée dans l'allée principale qu'une voix me héla, m'arrêtant :

« Votre numéro ? »

Mon numéro ! Avec abasourdissement, je considérai le garde qui me posait cette question, et il dut élucider sa laconique demande.

Quels étaient les parents que j'avais dans ce cimetière ?

« Aucun ! Je suis étrangère et c'est une coutume de mon pays à laquelle je ne veux pas manquer que de venir à cette époque de l'année visiter les tombes des trépassés pour leur rendre un pieux hommage. »

Ce fut au tour du gardien de manifester son étonnement ; puis poliment, mais fermement, il me déclara que n'ayant pas de numéro, c'est-à-dire pas de parents enterrés dans le cimetière, j'étais interdite d'entrée ! Une déconvenue telle, en mon mélancolique état d'esprit, que les larmes m'en montèrent aux yeux. Pourtant, devant la formelle sévérité de l'ordre, j'allais reculer, quand une dame en grand deuil qui s'était arrêtée à quelques pas, écoutant le colloque, s'interposa.

« Vous êtes française, madame ? Moi aussi ! Et je comprends quel sentiment vous guidait ici. Si vous le voulez bien, nous pourrons aller toutes deux sur la tombe de mon mari. »

Avec effusion, je remerciai et la suivis. Tristes, lugubres toujours, les cimetières, mais combien plus tristes, plus lugubres encore que les nôtres, ceux-là ! Quel isolement des morts, oubliés, semble-t-il, de tous les vivants ! Nulle couronne, nulle fleur, même point de monuments funéraires : rien que des petits cubes de pierre d'environ cinquante centimètres de hauteur et portant un numéro ! L'aspect d'un vaste champ peuplé de ces bornes kilométriques qui jalonnent nos routes.

Pauvres tombes, mais pauvres seulement d'apparence. Cette simplicité uniforme et froidement austère n'est qu'extérieure. L'Américain entend au contraire posséder son confort jusqu'en l'au-delà, et c'est pour le caveau que toutes les ressources du luxe sont réservées : c'est à la bière, comme jadis à l'enveloppe des momies, que se pourrait reconnaître la fortune des Américains et le faste respectueux déployé envers leurs restes par les survivants. Le plus malheureux des ouvriers ne se satisferait pas pour son dernier voyage des quatre planches de chêne dont se contente chez nous le bon bourgeois. La plus humble de ces bières est faite d'un bois très beau, très dur, analogue à l'acajou ; elle est entièrement doublée de zinc et capitonnée d'une étoffe de vive couleur.

En raison de la fortune, les bois les plus précieux s'incrustent de nacre, d'ivoire, d'or et d'argent ; les poignées sont motifs à de fines ciselures ; l'intérieur est de velours, de satin ; quelques cercueils mêmes sont en argent massif ! Mais la cérémonie funèbre manque du recueillement qui accompagne les nôtres. La première fois que je vis un cortège mortuaire, je crus que c'était une noce. Au triple galop, les voitures, non pas spéciales et sombrement drapées, mais ces mêmes voitures de remise qui servent pour les fêtes et les mariages, défilaient, emportant des femmes en grande et claire toilette, des hommes causant avec animation de leurs affaires. L'air de circonstance que les plus indifférents arborent chez nous, non par hypocrisie mais par une sorte de déférence, faisait absolument défaut. Le corbillard même s'en allait au grand trot, à peu près semblable de forme à celui de nos dernières classes, mais plus bas, plus étroit, entièrement clos par des glaces permettant de voir la bière et évoquant, ainsi vitré, l'idée d'un aquarium ambulant. Sur le passage du convoi nul ne saluait ni ne se dérangeait.

Cet irrespect d'allure qui nous choque n'est en somme que le résultat du sens très pratique des Américains : à quoi bon perdre en des démonstrations inutiles, le mort n'en pouvant jouir, un temps si précieux pour les vivants ? En vertu de cette même logique se délaissent les cimetières. Il y a peu de temps encore, cependant, ces champs du repos ne chômaient pas de visiteurs. Comme avec leurs allées de verdure et leurs grands arbres ce sont en réalité de fort beaux parcs, on s'y rendait en bande, comme à une partie champêtre, emportant les provisions d'un déjeuner sur l'herbe, agapes rustiques tournant bientôt à un tel scandale que le libre accès des cimetières dut être interdit, réservé seulement aux familles des numéros.

Cette façon désinvolte d'expédier la mort arrive parfois, malgré toute l'indulgence que l'on puisse se trouver au cœur, jusqu'à l'indécente brutalité, et je fus témoin d'une scène écœurante dont je ne puis me souvenir sans indignation.

En face de la maison que nous habitions, un jeune ménage composé du mari, de la femme et du bébé fut trouvé asphyxié un matin à la suite d'une fuite de gaz qui s'était produite de nuit dans leur chambre. On consomme beaucoup, dans certains quartiers de Chicago, un gaz d'un prix très minime mais complètement inodore, par cela même très dangereux ; et justement parce que l'on en a grand peur, les propriétaires se gardent bien, culpabilité réelle, d'avertir leurs locataires quand c'est de ce produit qu'ils se servent pour l'éclairage de la maison.

Les trois victimes de cet accident furent transportées à la morgue. La voiture destinée à cet usage est une sorte de charrette peinte en rouge et nullement fermée. Dès qu'elle arriva, une foule compacte se massa autour d'elle et au seuil de la maison. Les employés qui avaient amené le véhicule y prirent des couvertures et montèrent à l'appartement des jeunes gens. Quelques minutes après, deux de ces employés redescendirent, portant dans la couverture le corps du mari à peine recouvert par les bouts rejetés de l'étoffe. Des cris confus éclatèrent autour d'eux ; une bousculade sans nom se produisit, toutes les mains tendues s'efforçant de toucher ce corps inanimé qui fut lancé, plutôt que déposé, au fond de la voiture. Puis les deux porteurs s'installèrent sur les banquettes disposées latéralement, leurs pieds frôlant le cadavre.

Deux autres hommes arrivèrent à leur tour, amenant également dans une couverture la femme et l'enfant, mais, l'enveloppe étant sans doute trop courte, d'un côté passait la chemise de nuit de la pauvre femme, de l'autre débordait, traînante, sa blonde et magnifique chevelure, et je ne puis exprimer l'horreur, l'indignation que j'éprouvai quand je vis toutes les mains se tendre à nouveau vers ces cheveux, les agrippant, les arrachant au passage. C'est une superstition germaine de celle attachée en France à la corde de pendu que toucher au corps d'une personne morte accidentellement porte bonheur, mais cette croyance en désuétude chez nous est là-bas vivace jusqu'au sacrilège. Personne ne s'était élevé contre la profanation qui se commettait.

La femme et l'enfant jetés à côté du mari, les gens se montrèrent triomphalement les pauvres cheveux arrachés qui circulèrent de main en main tandis que le véhicule repartait sans plus de cérémonie.

Ce terrible drame m'avait douloureusement impressionnée, la pensée de ces trois victimes me hantait d'une façon d'autant plus obsédante que c'était justement ce même gaz qui se consommait chez Mrs. A. Dans l'angoisse continuelle qu'il ne nous arrivât pareille aventure, je décidai résolument ce que je ruminais déjà depuis longtemps : quitter notre hôtesse. J'avais suffisamment étudié les mœurs des locataires et leur promiscuité me gênait. La seule amabilité de Mrs. A. me retenait. Mais j'étais munie maintenant d'un prétexte suffisant pour motiver notre départ ; et ne le laissant point échapper, nous allâmes nous installer, dans la 44e Rue, en la maison tout autre de Mrs. B.

CHAPITRE VIII

Nouvelle installation. – Familles américaines. – L'École des beaux-arts à Chicago. – Promenades dominicales. – Encore les bonnes américaines. – La clôture de la crise électorale. – Parade monstre.

L'expérience que je venais de faire m'avait guérie de cuisiner en public ; je voulais avant tout un vrai chez-moi. Mrs. B. consentait à me céder la moitié de son propre appartement, salle à manger, chambre et cuisine, se réservant seulement une chambre et un salon.

D'origine française du côté paternel, elle parlait assez bien notre langue et me conta que cet arrangement lui agréait fort, la soulageant de tous les tracas de l'intérieur, malgré l'obligation de prendre désormais, ainsi que son mari, leurs repas au restaurant.

Au seul aspect de la maison on se sentait en un autre monde que chez Mrs. A. Assez petite et manquant un peu de clarté, notre chambre était cependant bien meublée, et je fus tout de suite disposée favorablement par la vue d'un vaste lit à la mode française, qui allait un peu nous changer de notre armoire à dormir.

La salle à manger était plus grande, la fenêtre, fort large, avançant au-dehors à la manière des miradors, comme il est de mode d'en construire en ce moment à Paris. La cuisine était très bien agencée, munie de deux grands fourneaux, l'un semblable à nos cuisinières, l'autre se chauffant au gaz, avec deux grands fours pour le pain et la pâtisserie, enfin deux grandes tables et toute l'installation d'une buanderie.

Le blanchissage étant très coûteux, la lessive, dans beaucoup d'endroits, se fait à la maison, et une laveuse que l'on paie deux dollars blanchit et repasse complètement en un jour tout le linge sali en une quinzaine. L'eau employée pour cette lessive s'additionne comme chez nous de potasse et de savon mais aussi d'ammoniaque, et le résultat est parfait de blancheur.

Les Américaines sont très prodigues de jupons, de costumes et de tabliers blancs, munificence compensée, il faut le dire, par l'absence de chemise. C'est un maillot de coton, de laine ou de soie qui la remplace. La sveltesse est en honneur parmi les femmes, et ce vêtement collant, moulant absolument le corps sans former aucun pli, est ce qui tient le moins de place ; très chaud, avec cela, pour l'hiver, quand il est de fine laine ou de soie. Les quelques femmes qui portent des chemises, plutôt pour s'habiller à la française que par goût particulier, les portent par-dessus ce maillot, et un unique jupon est passé sur le tout.

Les toilettes, éclatantes toujours, exagèrent la mode et, quelle que soit leur excentricité, se portent en toute occasion. Il n'y a pas réserve de la nouvelle toilette pour les grandes circonstances ; c'est la dernière, au contraire, qui s'arbore davantage, et l'idée qu'une Française soigne dans sa garde-robe telle jupe qu'elle ne sortira que trois ou quatre fois l'an en grande cérémonie amuse les Américaines. Elles veulent, elles, jouir de ce qu'elles possèdent et non point ménager les objets jusqu'à ce qu'ils se démodent, perdant alors le plus clair de leur valeur. Elles ne sont ni plus élégantes ni plus coquettes que nous, mais autrement. C'est pour leurs propres yeux qu'elles se parent, et non pour la galerie, ne tâchant à satisfaire que leur goût personnel. D'ailleurs, toutes les originalités sont admises sans que cela puisse en rien déconsidérer celle qui se les permet, alors que chez nous c'est presque l'habit qui fait le moine.

Mieux choisie, la société dans notre nouveau domicile était beaucoup moins nombreuse qu'en celui que nous quittions. C'était en somme une sorte d'élégant petit hôtel dont le propriétaire louait le rez-de-chaussée, occupant avec sa famille tout le premier étage, et à son tour Mrs. B. me sous-louait, je l'ai dit, la moitié du rez-de-chaussée.

Un large vestibule séparait nos logis respectifs. Aucune porte, d'ailleurs, selon la mode américaine : partout des portières tendues ou drapées. Les portes, il est vrai, ne manquent qu'apparemment ; comme les fenêtres, elles sont à coulisses et rentrent dans la paroi, système tout à fait pratique ; car ces baies étant fort larges, on peut à volonté isoler une pièce ou l'adjoindre à celle contiguë pour n'en former en quelque sorte qu'une seule. C'est ce qui arrivait chez Mrs. B. où sa chambre à coucher continuait le salon. Cette chambre, grâce à l'absence du lit remplacé par un folding-bed, prenant elle-même l'apparence d'un second salon ou d'un petit boudoir.

Gens charmants que ces B. Elle, pas positivement jolie mais gracieuse extrêmement, très grande, très brune, très mince, avec de superbes yeux noirs pleins de flamme ; une tête toute frisée, une physionomie vive et rieuse ; habillée d'un rien, d'un nœud ici ou là, du reste très élégante. Lui, aussi blond que sa femme était brune, aussi calme qu'elle était vive, d'un flegme, oh ! d'un flegme inaltérable, spirituel d'ailleurs et de grand talent comme avocat. Deux contrastes vivants n'ayant qu'un seul point de ressemblance : la parfaite amabilité.

Adorant sa femme, qui le lui rendait, Mr. B. était un mari modèle. Mrs. B. n'ayant pas de bonne, les gens même très aisés s'en dispensant là-bas, c'était Mr. B. qui se chargeait de toutes les désagréables corvées qu'impose l'absence d'une domestique. Quittant la maison vers dix heures du matin pour se rendre au tribunal, avant de partir il montait de la cave le charbon nécessaire à la journée, portait dans la grande boîte de la rue tous les rebuts ménagers, etc.

Ces réceptacles des ordures disposés sur la voie publique et que je ne prône pas comme une artistique décoration valent une parenthèse. À chaque coin de rue elles s'érigent, énormes, affreuses, peintes uniformément de vert et munies d'un couvercle à deux lobes formant dos-d'âne. Deux fois seulement la semaine elles sont vidées, des tombereaux venant en chercher le contenu ; et si elles sont pleines avant le jour réglementaire, les ménagères renversent tout bonnement à côté d'elles les ramassis divers qu'elles leur destinaient. Quels spectacles et quels relents !

Bon nombre de nos maris français se gausseraient de cet « avocat ménagère ». Lui, de son côté, s'étonnerait en apprenant que de l'autre côté de l'océan un homme puisse laisser accomplir à une femme, fût-elle domestique, des travaux trop pénibles pour ses forces. C'est une idée d'ailleurs partagée par tous les Américains qu'un homme n'est ni déshonoré ni ridicule parce qu'il ne s'enferme point dans son égoïsme et qu'il trouve aussi naturel de servir son épouse que de se faire servir par elle. Cela rentre toujours pour eux, loin d'en sortir, dans le rôle protecteur et supérieur qu'ils font assumer au mâle.

Après avoir passé la journée à son cabinet ou au tribunal, Mr. B. consacrait toutes ses soirées à sa femme, qu'il accompagnait au bal, au spectacle, en toutes les parties de plaisir à l'affût desquelles elle était toujours.

Très américain par les instincts, les sentiments, Mr. B. possédait une famille non moins typique. Il était enfant d'un premier mariage. Son père et sa mère, ne pouvant s'entendre, avaient divorcé au bout de quelques années d'union, se partageant les deux fils qu'ils avaient eus ensemble, Mr. B. élevé par son père, le jeune frère confié à la tutelle maternelle. Le mari avait bientôt convolé en secondes noces, sa première femme s'en tenant à sa première expérience sans désir de la recommencer ; et entre ces trois personnages, Mr. B. père, Mrs. B. numéro un et Mrs. B. numéro deux, une complète harmonie s'était établie. Mrs. B. première, habitant avec son cadet une ville assez distante de Chicago, venait avec lui chaque année s'installer deux mois chez son ex-mari, reçue à bras ouverts par Mrs. B. numéro deux, et cela avait duré des années sans aucun trouble dans l'aménité des relations.

Tels étaient nos aimables hôtes, et j'eusse été tout à fait satisfaite de notre situation sans l'obligation où j'allais me trouver de vaquer moi-même à toutes les basses besognes d'un intérieur. Vainement j'essayai de me procurer une femme pour la charger du gros de l'ouvrage. Cela me fut impossible ; quant à prendre une bonne, les exemples que j'avais sous les yeux m'en ôtaient jusqu'à l'idée. Les bonnes américaines ! Leur seule pensée me fait encore frémir !

Tant bien que mal, je m'habituai donc à tout faire moi-même. Le froid très violent, en me retenant à la maison, me laissait tout le temps nécessaire à mes occupations domestiques, et les heures de loisir que je consacrais à mes amis me semblaient encore plus douces, me changeant du tracas de mon home.

Parmi ces amies, une des meilleures était Miss Lydia H. [1]. Peintre distingué, elle avait étudié à Paris dans l'atelier d'un de nos plus grands maîtres, avait

1. Lydia Purdy Hess (1866-1936).

recueilli au Salon d'honorables succès et, rentrée dans sa ville natale avec une réputation très méritée, avait été nommée professeur de dessin à l'Art Institute.

Visiter en sa classe ma chère Lydia était un de mes plaisirs les plus vifs, et le temps passé là reste un de mes plus agréables souvenirs. L'Art Institute reçoit un grand nombre d'élèves des deux sexes. Des cours de dessin, de peinture, de sculpture, d'architecture et même d'art industriel y sont donnés. C'est l'École des beaux-arts de Chicago ; mais quelle différence avec la nôtre ! J'en demeurai étonnée, d'un étonnement admiratif, dès ma première visite. Je m'y étais rendue sans trop d'enthousiasme, un peu forcée par les circonstances, entraînée par une curiosité d'étrangère mais, au fond, redoutant le milieu que j'allais avoir à traverser, le croyant pareil à celui de nos ateliers d'artistes parisiens où une femme se sent gênée et pas à sa place. Point ! Nulle affectation d'aucune sorte, nul débraillement d'allure ou de parole. Cette présence des jeunes femmes parmi les hommes, loin de donner lieu, comme je le craignais, à des désordres quelconques, maintenait au contraire les jeunes gens en une parfaite correction de tenue et de propos. Avec une ferveur de néophytes tout le monde travaillait, occupé d'une unique chose : l'art.

Épris de la beauté des formes mais y associant le culte de l'idéal,s'efforçant d'associer l'esprit à la matière, le travail, pour eux, ne se pouvait allier à des farces plus ou moins grossières ; accompli avec enthousiasme, il l'était avec gravité. On y sentait une conviction ardente de la sublimité de l'art, une piété de jeunes initiés n'attouchant qu'avec respect les choses du sacerdoce. Ces jeunes gens, hommes et femmes, confusément mêlés mais uniquement occupés de leur tâche, rayonnaient vraiment d'une dignité que gardait même le modèle debout et nu sur la selle.

Dussent me crier aux oreilles tous les peintres de France que je suis vieux jeu, pompier, 1830, je n'ai jamais ressenti une impression plus profondément admirative que devant ce spectacle. Pas un mot, pas un regard équivoque : ces jeunes filles sont confiées à la protection de ces hommes, et ils respectent, ils révèrent celles qui sont aujourd'hui leurs amies, leurs sœurs, et qui demain seront leurs femmes. Une de ces facéties ordurières, une de ces charges ineptes qui font en France la joie des rapins, une plaisanterie même un peu trop libre ne serait point tolérée, soulèverait une générale indignation. On est dans un temple, celui de l'art et du travail ; toute intrusion étrangère à ces dieux est un sacrilège.

De plus, tous ces jeunes gens visent un but pratique : ils ne perdent pas de vue l'avenir qu'il leur faut se faire, la fortune qu'il leur faut atteindre, et le « *Time is money* » résonne à toutes les oreilles.

De huit heures du matin jusqu'au dernier rayon du jour, on pioche donc ferme. Par économie de temps et d'argent, la plupart des élèves apportent leur lunch dans une boîte de fer qui, débarrassée de son contenu, peut se plier et s'insérer dans la poche. Une vaste pièce est agencée en réfectoire, et à des prix modiques on peut s'y procurer café, thé, pain, gâteaux. Une bibliothèque est adjointe à l'établissement, dans lequel se font également des cours d'anatomie, d'histoire de l'art et de perspective – toutes les classes dirigées par d'excellents professeurs ayant généralement passé de longues années en Europe et surtout à Paris.

C'est à Paris que presque tous les élèves vont achever leurs études, et jusqu'à présent cette émigration se justifie, la jeunesse de l'Amérique en fait d'art ne lui ayant point permis encore de produire assez de maîtres incontestés, d'artistes éminents ; mais un jour viendra, un jour vient, tout proche, où sur ce point comme sur les autres l'Amérique n'aura rien à envier aux nations d'Europe, où tous les talents nés chez elle sauront y grandir, s'y développer, y puisant une originalité puissante et toute spéciale que le contact trop prolongé de notre civilisation vieillie atténue. Ne se contentant plus d'être les reflets de nos maîtres, ils rayonneront de leur propre génie et déjà parmi eux des noms, ceux de Whistler, de Sargent[2], d'autres encore, irradient d'une gloire qui leur est propre et que n'éteint point celle de leurs plus illustres contemporains.

Me plaisant extrêmement en cette école, je la fréquentais fort, y nouant connaissance avec les élèves et les professeurs. Parmi ces derniers, ce fut une réelle et durable amitié qui me lia bientôt à une charmante jeune femme, Mrs. C., française. Elle avait connu à Paris son époux, peintre militaire distingué, venu de Chicago en France pour y parachever son éducation artistique, et une fois mariée elle avait dû quitter tous les siens pour retourner avec lui à Chicago, où elle habitait depuis cinq ans[3]. Élève de Mr. C., son seigneur et maître, mais s'adonnant spécialement au portrait, elle enseignait en même temps le dessin dans une classe élémentaire de l'Art Institute. Ménage charmant, les jeunes époux vivaient avec les parents de Mr. C., vieilles gens tout aimables adorant autour d'eux la jeunesse et sa joie. Intimement accueillis dans

2. Les peintres américains James Abbott McNeill Whistler (1834-1903) et John Singer Sargent (1856-1925) avaient étudié à Paris dans leur jeunesse (Beaux-Arts). En ces années 1892-1893, leurs œuvres, des portraits surtout, étaient appréciées dans la capitale française. Whistler y vivait ; Sargent y faisait de fréquents séjours.

3. Il s'agit des peintres Marie Gélon Cameron (1872-1949) et Edgar Spier Cameron (1862-1944), qui avaient eu tous deux pour maîtres Cabanel, Constant et Laurens. À l'époque de l'Exposition universelle, Edgar était critique d'art à la *Chicago Tribune*. Une fois le couple de retour en France, les lettres de Marie Cameron à sa belle-famille livreront diverses informations sur Mme Grandin.

l'hospitalière maison, nous passions souvent avec ces nouveaux amis, non des moins chers, une partie des dimanches.

Je dis une partie, car le congé exigé des domestiques ce jour-là fait qu'on peut bien traiter ses amis à déjeuner mais point à dîner et qu'il faut, à l'issue des promenades faites ensemble, se séparer, chacun rentrant chez soi pour s'y contenter d'une collation préparée d'avance.

Ces repas de famille auxquels nous étions conviés, je les dois prôner comme une réhabilitation de la cuisine américaine. Je n'ai jamais savouré de rôtis plus à point, de pâtisseries plus délicates qu'à la table de Mrs. C. L'on y servait surtout une certaine ice-cream qui vaut une mention spéciale.

Après ces déjeuners, nous gagnions une des promenades quelconques de Chicago, où elles abondent. Une des plus belles est le bord du lac, au nord-ouest de la ville, aristocratique avenue où s'érigent les hôtels princiers des rois de l'or [4]. Façades de marbre, escaliers monumentaux, colonnades légères ; ne luttant que de faste, tout s'y mêle, depuis l'élégant portique ancien jusqu'à la massive tour romane. C'en est une, haute et carrée, qui distingue l'hôtel de Mrs. Potter Palmer, véritable manoir féodal que l'on nomme généralement dans tout Chicago de cette appellation brève et caractéristique : « Le Château [5]. »

Au bord même du lac Michigan, baigné de ses eaux miroitantes et nuancées jusqu'à l'indéfinissable, s'étend un parc superbe, Lincoln Park, planté d'arbres de haute

4. Lake Shore Drive.

5. Achevée en 1885, cette bâtisse aussi somptueuse qu'éclectique fut démolie en 1950. Dans la galerie de peinture, Bertha Palmer rassemblait des œuvres impressionnistes dont elle léguera la majorité à l'Art Institute de Chicago (voir notes 7, p. 126, et 8, p. 126).

futaie, ombreux, verdoyant, fleuri et peuplé de statues assez généralement mauvaises, à l'exception de quelques-unes comme celle du général Grant due au ciseau d'Antonin Mercié [6].

Un groupe encore me donna à admirer mais aussi à réfléchir : c'était un monument élevé aux Indiens en reconnaissance, disait l'inscription, de l'aide qu'ils avaient apportée aux hommes civilisés pour introduire le commerce et l'industrie en ces régions. Eh quoi ! Ces braves Indiens étaient donc sociables et disposés à bien accueillir l'étranger qui foulait leur sol. Ils le lui ouvraient, l'y guidaient. Où sont-ils donc passés, ces indigènes bienveillants ? Ironique reconnaissance !

Au fond du parc, une ménagerie riche de toute la faune de ces populeuses contrées, aussi variée que leur flore. Superbe collection de reptiles bien portants et vifs ; myriades d'oiseaux aux multicolores plumages, fauves, félins, animaux de toutes sortes, certains inconnus en Europe.

En une fosse, des ours, comme en notre jardin des Plantes. L'un de ces pensionnaires avait été, le soir d'un beau dimanche, le héros et la victime d'une courte mais lamentable odyssée. C'était un magnifique ours blanc, puissant, énorme, et nous l'avions considéré la veille avec une admiration mêlée d'apitoiement sympathique. Obstinément perché au haut de son arbre, dédaigneux des morceaux de pain et de brioche, l'ours, mélancoliquement, songeait. Nous l'avions cru en proie à une crise de philosophie, préoccupé d'une subtile question psychique. Point ! Cet ours américain rêvait non de métaphysique mais d'indépendance. Citoyen de la libre Amérique, il entendait jouir de cette liberté monopolisée par la race humaine et dans la nuit, bravement, avait sauté

6. Sculpteur mais aussi peintre (1845-1916), prix de Rome et l'un des artistes officiels de la Troisième République.

du sommet de son arbre dans le jardin. Il avait d'abord erré au clair de lune sous les frondaisons du parc, lui évoquant les forêts natales, puis dans l'avenue des millionnaires. Admiration ? Dénigrement, peut-être. Qui saura jamais ses opinions esthétiques sur ces palais somptueux !

Enfin il avait choisi un perron à sa convenance pour y passer la nuit. Douceur du home. Rêves dorés de vie insoumise, troublés tout à coup par une escouade de policemen un peu ébahis à la vue du dormeur. Munis de cordes solides, à dix contre un, ils s'étaient mis en devoir de le garrotter solidement pour le reconduire, prisonnier évadé, à sa geôle, et le pauvre velu s'était réveillé trop tard, pris déjà dans les entraves. En brave ours qu'il était, il s'était débattu violemment, défendant sa liberté reconquise, et les policemen, pour s'en rendre maîtres, avaient serré si fort qu'ils l'avaient bel et bien étranglé. Pauvre ours...

Non loin de Lincoln Park se trouve également, curieuse à visiter, une maison, sorte de brasserie allemande, uniquement construite avec des matériaux provenant du grand incendie de 1871 qui détruisit Chicago [7]. Les murs sont bâtis de fragments de pierres calcinées auxquelles l'ardeur du feu a mêlé du métal en fusion (fer, cuivre et même argent), des coulées de porcelaine et de verre fondus, des résidus de toute espèce. Des poutres de fer tordues servent de colonnes à la grande salle, et d'assez médiocres toiles représentent cet incendie dont celui de Milwaukee peut me donner une exacte idée.

Au retour d'une de ces promenades, assez longuement prolongée, Mrs. C., devant l'heure tardive,

7. On l'appelait Relic House. Le grand incendie de Chicago (8-10 octobre 1871), qui avait tué moins de 300 personnes, avait pourtant laissé un tiers de la population sans toit, mais il avait épargné le port et les abattoirs.

entendit nous garder quand même à dîner. Sans cérémonie, nous partagerions les restes, assez copieux d'ailleurs, du déjeuner. Une énorme dinde avait à peine été entamée ; la moitié au moins d'un filet rôti, pièce des plus imposantes, subsistait encore ; avec des hors-d'œuvre, des fruits et des gâteaux nous pouvions tant bien que mal satisfaire notre appétit. Offre si charmante, insistance telle que nous ne pouvions refuser, et une fois à la maison Mrs. C. courait vite au garde-manger pour dresser de son mieux les reliefs.

Un mot sur ces garde-manger avec lesquels les primitives cages que nous possédons n'ont de commun que le nom. Ils ont, ceux-là, la dimension à peu près d'un bas de large buffet. De bois très solide, ils sont doublés à l'intérieur d'une feuille de fer-blanc. Toute la partie supérieure est une espèce de coffre destiné à contenir de la glace qui, fondant doucement, s'écoule par des conduits latéraux jusque dans un large bassin placé sous le garde-manger. Ainsi privé d'air et de lumière, réfrigéré par la glace, cet appareil est véritablement digne de son nom.

Donc, Mrs. C. s'était précipitée vers le garde-manger, mais ce fut pour jeter aussitôt une exclamation de détresse : de la dinde, à peine touchée, ne restait qu'une très nette carcasse ; le filet rôti n'avait même plus l'apparence d'un présentable bifteck ; et des autres comestibles, plus rien, pas même de gâteaux.

« Ah ! vraiment ! fit Mrs. C., moins furieuse que navrée. Je n'aurais pas cru les invités de ma bonne capables de nous réduire à la famine, et j'avais cependant bien prié cette fille de nous conserver de quoi dîner ! »

Les invités de la bonne ! Je restai absolument ébahie. Mais c'est encore un des privilèges des domestiques américains que de recevoir leurs amis et connaissances aux dépens des maîtres de maison. Ils leur font les honneurs de la table et du logis, aussi à leur aise pour traiter, et même plus probablement, que s'ils étaient chez eux.

Le bel appétit des convives de la bonne allait-il nous obliger à jeûner ? Car se procurer quoi que ce fût au-dehors, impossible d'y songer : tout est fermé, je l'ai dit, du samedi soir au lundi matin, sous peine d'une grosse amende.

De fouilles en fouilles, on découvrit cependant des œufs frais, du beurre, et avec du bouillon, des œufs, du fromage, des fruits et des confitures, réserve échappée à la voracité des invités auxiliaires, nous soupâmes tout de même.

Qu'on n'imagine pas d'ailleurs que le moindre reproche attendait la domestique.

« À quoi bon ? me déclara Mrs. C. Cette fille fait bien notre affaire, et nous tenons d'autant plus à la garder que nous risquerions de tomber beaucoup plus mal. »

Mr. et Mrs. C. avaient leur commun atelier installé dans leur maison, mais Miss H., mon autre amie, avait le sien dans le grand building de l'Athenæum, où est installé l'Art Institute mais où beaucoup d'artistes ont aussi leur atelier particulier. Tout le long des larges corridors, ce ne sont que peintres et sculpteurs travaillant souvent portes ouvertes et gardant chez eux une tenue aussi irréprochable qu'en public. J'avais fini par en connaître beaucoup, et souvent nous allions vers le soir, avec Miss H., rendre dans ces ateliers d'amicales visites. Une fois par mois, Mr. F. réunissait dans le sien tous les professeurs de l'école et quelques personnes du dehors dont j'eus le plaisir d'être. Intimité charmante que celle de ces *five o'clock*. En prenant le thé on cause de tout, surtout d'art, bien entendu, mais sans pédanterie ni pose. Sans gêne aussi, car la supériorité hiérarchique y disparaît ; on est en famille, libre de dire tout ce qu'on pense, comme on le pense. À cette époque, l'Exposition était une grande préoccupation, tout le monde en attendant beaucoup nationalement, et les architectes, hommes et femmes, dont les œuvres étaient déjà exécutées étaient chaudement félicités.

Un peu de musique avec la causerie puis, à sept heures, obligation de se séparer à cause de la fermeture du building. Car dans l'Athenæum, comme dans toutes les autres immenses bâtisses consacrées aux affaires du commerce ou de l'industrie, personne ne peut loger.

La crise électorale venait enfin de se terminer. Harrison était vaincu, Cleveland devenait président de la République. À voir l'ardeur enragée des discussions préalables, j'avais cru que le résultat, quel qu'il fût, n'irait point sans amener de furieuses rixes. Point ! Comme par enchantement, toute polémique était close, les vaincus subissant avec une froide résignation, et imperturbables de dignité, le bruyant succès de leurs adversaires.

Ceux-ci préparèrent, pour fêter la victoire, une triomphale manifestation dont la pompe se déploya le soir même où le résultat définitif fut officiellement connu. Dès la tombée du jour, à tous les coins de rue, flambaient de grands feux de joie, et d'immenses farandoles d'hommes de tous âges se formaient autour, échevelées.

Sur les toits des hautes maisons appartenant aux journaux partisans de Cleveland, des feux de Bengale se succédaient d'instant en instant, et sur d'immenses transparents des projections lumineuses offraient au public massé dans la rue le portrait du gros Président, le seul homme des États-Unis qui puisse retirer son col sans en détacher le bouton. Cette flatteuse image alternait avec celle du pauvre Harrison représenté sous les traits peu gracieux d'un cochon.

Ces facéties grossières devaient durer une partie de la nuit mais n'étaient pas le plus beau du spectacle. Pour neuf heures était annoncée une parade monstre au départ de l'Auditorium. À l'heure dite, elle se mit en marche, musique en tête. Tous les plus grotesques habits, les parapluies écarlates, les chapeaux invraisemblables avaient été réquisitionnés pour la circonstance, et une innovation fort acclamée fut celle de coiffures représentant des coqs, leurs porteurs munis en outre d'une sorte de sifflet en bois avec lequel ils imitaient, dans une déchirante perfection, le cocorico vainqueur du belliqueux oiseau.

En avant de cette tapageuse fanfare était portée à dos de dévoués électeurs une civière dûment décorée de palmes, de feuillages et de guirlandes, et sur laquelle s'érigeait le buste du Président qu'escortaient les porteurs de torches obligatoires, élevant, avec le flambeau de la liberté, les rameaux verts du symbolique laurier. Combien de manifestants défilèrent ! Un chiffre invraisemblable. Toute la population de Chicago était rassemblée au centre de la ville, les uns acteurs, les autres spectateurs, et presque par moitiés égales. Vers la fin du cortège, un autre palanquin s'avançait, également sur les épaules des citoyens, espèce de vaste lanterne transparente à l'intérieur de laquelle une société de porcs représentait le Président et le cabinet défunts. Pour augmenter l'illusion, un tonneau suivait, renfermant, mis en mouvement par une corde, un atroce appareil musical imitant à s'y méprendre le grognement desdits animaux. L'hilarité confinait au délire. Les transparents lumineux se succédaient, exhibant tous sur leurs faces des caricatures et des inscriptions injurieuses pour Harrison, redoublant les transports de la foule, et la procession se terminait enfin, ainsi qu'elle commençait, par un infernal orchestre digne d'émouvoir les plus sauvages oreilles.

La parade parcourut une partie de la ville et revint se masser sur une place centrale où flambait le plus grand de tous les feux de joie. Là devait s'achever la cérémonie burlesque par l'autodafé de la cage aux porcs, tandis que gémissait infernalement la musique du tonneau. Puis cet appareil lui-même fut jeté au feu, que vinrent alimenter tous les parapluies tricolores que l'on avait pu se procurer. La danse alors fut générale. Les porteurs de coqs se livrèrent à une gigue effrénée qu'accompagnait le charivari de leurs plus éclatantes fanfares ; et à l'entrain qu'ils y mirent, ils ne durent cesser qu'au matin.

CHAPITRE IX

La vie intime à Chicago. – Intérieur de jeune fille. – Les clubs. – Clubs de joueurs de cartes. – Club de danse. – À la recherche d'un faux col. – Où l'auteur fut sur le point d'interrompre, et pour toujours, ses notes de voyage.

J'avais, en quittant la France, reçu d'une charmante Américaine habitant Paris et distinguée critique d'art une lettre d'introduction pour Mrs. Potter Palmer [1]. Jusqu'aux fêtes de l'inauguration, l'en sachant tout occupée, je n'avais point voulu me présenter à elle, craignant de l'importuner ; mais, le calme rétabli, je me rendis à l'office du Board of Lady Managers.

Là, il est superflu de le dire, rien que des dames, l'exposition des œuvres des femmes devant être uniquement installée par des femmes. Femme l'architecte du pavillon qui l'abriterait [2], femmes les sculpteurs, les peintres, les décorateurs, etc. Mrs. Potter Palmer recevait chaque matin. Lourde tâche que cette quotidienne réception, si lourde même que, vers

1. Il s'agit très certainement de Sara Tyson Hallowell (1846-1924), qui organisa diverses expositions à Chicago et travailla sur celle de l'art français à l'Exposition universelle. En France, elle exerçait notamment les fonctions d'agent pour l'Art Institute de Chicago.

2. La jeune architecte du Woman's Building avait pour nom Sophia Hayden (1868-1953), première femme à avoir obtenu un diplôme d'architecture au Massachusetts Institute of Technology.

la fin, ses multiples occupations d'organisatrice ne lui laissaient même plus la possibilité, toutes les minutes prises, de remplir ses devoirs de société.

Jolie, spirituelle, distinguée, d'une distinction toute parisienne et d'une élégance que lui envierait la plus délicate de toutes nos mondaines, un teint d'une exquise fraîcheur, agrément rare en Amérique et qu'éclaire le rayonnement de magnifiques yeux noirs, Mrs. Potter Palmer est la charmeuse par excellence.

Elle m'accueillit avec la grâce et l'amabilité qu'elle déploie en toutes choses, et nous causâmes longuement. Invitée à la venir visiter chez elle, je fus bientôt, de par les circonstances, une des habituées de sa maison [3], princière demeure, m'y liant d'une entière amitié avec une proche de Mrs. Potter Palmer, Miss Laura H. Depuis plusieurs années déjà, celle-ci était la secrétaire de Mrs. Palmer. Elle l'avait accompagnée précédemment dans son voyage en France et, de retour à Chicago, avait écrit et fait paraître l'intéressante relation de leur voyage [4]. Aimant la France, très admiratrice de notre Paris et de notre société parisienne, elle aimait à s'en entretenir dans notre langue.

Au contraire de Mrs. Palmer dont l'origine motive d'ailleurs le type tout français, Miss Laura présente celui de la pure Américaine. Grande, admirablement bien proportionnée, d'une élégance de formes et de manières vraiment exquise, elle n'est point, de figure, régulièrement jolie ; elle est mieux. Son spirituel visage que couronnent d'admirables cheveux d'or exprime l'intelligence et la volonté.

3. Au point de donner très probablement des cours de français à Bertha Palmer.

4. C'est dans le deuxième chapitre de *Three Girls in a Flat* (1893), écrit avec la sculptrice Enid Yandell et une autre amie, que Laura Hayes évoque Paris.

Fille d'action et d'énergie, Miss Laura l'est effectivement. Descendante d'une des plus illustres familles américaines, elle a passé par les plus dures épreuves. Parents, fortune, elle a tout perdu et, après avoir été entourée dans son enfance de tout le luxe imaginable, s'est vue pauvre et seule, obligée de gagner sa vie et celle d'une sœur plus jeune qu'elle, dont elle se trouvait l'unique protectrice.

Courageusement, elle a accepté la tâche, sans malédiction contre le sort, sans que l'adversité même assombrît son esprit, presque joyeuse d'avoir à dépenser son activité dans la lutte. Dans le milieu où elle vit, elle pourrait, si elle le voulait, faire un brillant mariage et reprendre le rang dans lequel elle est née. Elle ne le veut point, entendant, en véritable Américaine, n'épouser que celui qu'elle aimera ; et en attendant que se réalise cette espérance, elle vit heureuse et indépendante chez elle.

Petit nid d'une joliesse un peu trop mignarde, le chez-elle de Miss Laura, mais charmant et bien jeune fille. Vaste, il se compose de sept pièces communiquant à volonté, ainsi que dans tous les appartements américains, par des portes à coulisses. La plus grande est le salon, orné des vieux meubles de la famille, avec quelques gravures et deux ou trois statuettes assez artistiques. Le piano occupe un des meilleurs coins, car la sœur de Miss Laura est une pianiste distinguée. Beaucoup de roking-chairs et, attaché au bas de l'un d'eux, le banjo de Miss Laura. Douée d'une agréable et juste voix, elle chante, en s'accompagnant de leur instrument favori, les ballades des Noirs, douces et si pleines de poésie en la simplicité monotone du rythme.

Contiguë au salon, la chambre est toute tendue de cotonnade blanche. Une jetée d'églantines ouvertes, un vol d'hirondelles, œuvres du pinceau de Miss Laura, avivent çà et là la blancheur du tissu de leur note plus vive, noire ou rose, et des rubans de satin bleu pâle réunissent les toiles en se nouant par coquettes touffes. Le plafond rond est également semé de roses. Sur le plancher, un tapis blanc ; des meubles laqués blancs à filets bleus ; le lit, folding-bed naturellement, en forme de bibliothèque. Et des roses, et des touffes de satin bleu, encore, encore et partout, des branches d'églantines peintes sur les vitres des fenêtres ; des guirlandes de roses servant d'embrasses aux rideaux, aux portières, et encadrant, mêlées aux flots des rubans, la haute glace ; des bibelots jolis sur tous les meubles ; devant la fenêtre, un lampadaire chaperonné de son immense abat-jour rose, ce qui n'empêche point l'installation du gaz au plafond sous des globes de cristal bleu pâle ; de vraies fleurs, outre les artificielles roses, à profusion aussi, car Miss Laura est fort aimée, et c'est un privilège des amis de fleurir leur amie.

Enfin, beaucoup de chaises et de fauteuils blancs et bleus, au dossier desquels sont attachés, par des nœuds d'argent et d'azur, des coussins de satin blanc en forme de cœur et gouachés de roses églantines. Effet charmant, mais pourquoi cette forme de cœur ? Mystère. Ce que je constate, c'est que l'on est très bien appuyé sur ces pauvres cœurs et que, volontiers, on se bercerait ainsi indéfiniment. Pour soigner ce coquet intérieur, Miss Laura possède, inappréciable bonheur en ce pays, une excellente domestique versée dans tous les détails du ménage et remarquable cordon bleu.

La première fois que je la vis, je la pris pour une vraie dame, et n'eût été son empressement à me débarrasser de mes caoutchoucs, je ne sais si j'eusse osé de moi-même la prier de remettre ma carte à Miss Laura, tant cette servante possédait d'aristocratiques manières, une allure de duchesse. Fille d'un gros fermier de l'Ouest, elle servait pour son plaisir, d'où ses nombreuses qualités et la perfection de ce service.

Admiratrice enthousiaste de Miss Laura, l'entourant d'affection et de dévouement, elle était heureuse, lui déclarait-elle, de vivre près d'une personne intelligente, distinguée, tandis qu'il lui eût été impossible au contraire de demeurer parmi les gens incultes peuplant la ferme paternelle.

Miss Laura, d'ailleurs, était fort douce, pleine d'égards vis-à-vis de Mary, lui abandonnant complètement l'administration de la maison et la laissant libre d'agir à sa fantaisie. Quand Mary manifestait l'intention d'aller au bal ou au théâtre, Miss Laura s'arrangeait en conséquence.

« Je voudrais, me dit celle-ci, que vous vissiez Mary en toilette de bal. Elle est magnifique sous le diadème de ses cheveux roux, et je suis sûre que ses toilettes lui coûtent plus cher que les miennes. »

Tout comme sa maîtresse, Mary ne sortait le soir qu'en voiture, et ses amis étaient de fort corrects gentlemen.

Une fois de retour au logis, elle redevenait la servante modèle, s'ingéniant à être agréable à sa maîtresse, et le jour où celle-ci nous reçut à dîner, mon mari et moi, Mary se surpassa, pour nous satisfaire, dans la confection de plats exquis qui relèvent, même dans l'estime d'estomacs français, la cuisine américaine mais que malheureusement trop peu d'étrangers sont à même de déguster.

Mets délicieux et servis avec les plus délicates recherches du luxe de la table, enguirlandée de roses blanches et de la fine verdure des capillaires, une gerbe des mêmes fleurs jaillissant au milieu d'un tube de cristal ; des serviettes à dessert et des dessous-de-plat tout ornées de broderies et de dentelle de France, des cristaux de Bohême, des porcelaines de Saxe, tous les plus menus objets pleins d'élégance et d'originalité – on se sentait chez une artiste. Contenus dignes des contenants ! Et ce fut avec une vraie gourmandise, je l'avoue, que je savourai certaine dinde farcie avec des gelées de groseille, mais surtout les friandises du dessert, noix salées, candis aux couleurs éclatantes, longs rubans bleus et roses de sucre cassant, ice-cream et tout le reste.

Les petites cuillers, véritables bijoux d'orfèvrerie, m'émerveillèrent. Pas une, d'ailleurs, pareille, et voici la raison : il est de mode là-bas que chaque ville adopte pour ce petit ustensile une forme spéciale et une décoration symbolique avec les attributs et le nom de la cité. La mode aussi est de s'offrir, en menus cadeaux, de ces cuillers et de réunir ainsi, une à une, toutes celles des villes un peu importantes des États-Unis.

Ces nouvelles relations et d'autres que je nouai également au Board of Lady Managers ne me faisaient point délaisser Mrs. B., ma charmante et vive propriétaire. Je m'intéressais grandement, au contraire, à ses occupations du moment. Occupations et préoccupations, tout ensemble, de nature fort grave, qui absorbaient du matin au soir l'enjouée personne, car elle devait prochainement recevoir en soirée les membres de son club.

Il existe là-bas des quantités de clubs sans rien de commun avec ce que nous entendons en France par ce mot, car ce sont tout bonnement de grandes réunions de famille s'effectuant non point en un local particulièrement affecté à ces assemblées mais chez les membres mêmes de ce club. Une fois par semaine, un jour assigné, on se rend de compagnie chez le clubman de qui c'est le tour pour y jouer aux cartes, y faire de la musique ou de la littérature, selon le genre du club auquel on appartient ; et comme les membres sont en général assez nombreux à Chicago, le tour de réception ne revient pas très fréquemment.

Mr. et Mrs. B. devaient donc remplir les rôles d'amphitryons, et il s'agissait pour Mrs. B. de tout préparer pour cette petite fête. Le salon et la chambre réunis en une seule pièce, des tables de jeu avaient été dressées partout, car c'était d'un club de joueurs de cartes que faisaient partie l'avocat et sa femme.

Un après-midi tout entier avait été consacré par elle à découper dans du carton les initiales de leur club, ces lettres devant servir de jetons, puis il avait fallu faire emplette de candis, de petits gâteaux et de toutes les menues sucreries destinées à accompagner le thé. Il avait fallu aussi choisir et acheter le prix. L'argent fourni par le jeu de la précédente séance est consacré à l'acquisition d'un objet quelconque décerné au joueur que par-dessus les autres favorisera le sort, et Mrs. B. s'était justement décidée pour une de ces petites cuillers dont j'ai parlé plus haut.

Toute l'organisation des menus détails de table s'était faite à peu de frais avec des garnitures de papier de crêpe rose d'un fort gracieux effet. Rose toute la décoration de l'appartement, les abat-jour, les rubans – et aussi la toilette et la mine de la maîtresse de la maison.

Industrieuse et adroite, elle confectionnait elle-même ses costumes et s'était arrangée pour ce soir-là une robe de soie noire et de mousseline de soie rose charmante dans son originalité. Avec son amabilité de mari modèle, Mr. B. avait pensé à la fleurir d'une botte de roses superbes dont elle s'était parée avec joie et qui, quoique mises en trop grande quantité, peut-être – mais c'est de mode là-bas –, complétaient tout à fait la toilette.

L'assemblée au complet, on s'installa aux petites tables et la partie commença, menée si sérieusement que l'on eût réellement cru que ces gens s'acquittaient en conscience d'un important devoir.

On pratiquait le switch, autant que je me rappelle le nom de ce jeu à quatre. Toutes les parties commencent ensemble, et dès qu'en un groupe un des partners a obtenu le nombre de points nécessaires pour avoir gagné, un coup de cloche l'annonce, arrêtant les autres parties. Aussi vite on recommence, et les parties se succèdent ainsi jusqu'à ce que les joueurs fatigués mettent fin à la séance en décernant le prix à celui des joueurs qui a accumulé le plus grand nombre de points. En cas d'ex æquo, le sort décide. On prend alors le thé, on grignote des gâteaux, on croque des candis et on se sépare après avoir désigné le membre de la société chez qui l'on se réunira la semaine suivante.

On appartient aussi quelquefois à différents clubs. Mr. et Mrs. B., ainsi que plusieurs membres de ce club de joueurs de cartes, faisaient également partie d'un club de danse. Ces réunions chorégraphiques avaient lieu deux fois par semaine chez le professeur Beek [5] : la première, réservée à l'étude, sorte de répétition à huis clos ; l'autre, véritable bal où les amis des danseurs étaient admis comme spectateurs.

Ce bal devait suivre de quelques jours la réception de Mrs. B. et celle-ci se mit en devoir de conserver pour cette soirée les roses que lui avait offertes son mari et qui venaient de la parer. Les fleurs sont fort chères, et les personnes économes comme Mrs. B. s'efforcent de les faire durer le plus longtemps possible. Celles de ma propriétaire lui servirent, grâce aux précautions qu'elle prit, non seulement pour la réunion de danse mais encore pour une troisième soirée.

Sa méthode pour les préserver de la flétrissure est tout à fait pratique. Au fond d'une boîte de carton elle plaça une feuille de papier de soie mouillée et sur ce papier les roses qu'elle disposa par couches, en les humectant d'une rosée d'eau froide ; elle recouvrit les fleurs d'un nouveau papier de soie mouillé, ferma

5. Horace W. Beek, professeur mais aussi chorégraphe et compositeur très apprécié à Chicago.

hermétiquement le carton et le déposa ainsi dans un endroit privé de lumière et de chaleur. Le lendemain, elle me montra les roses aussi fraîches que si elles venaient d'être cueillies ; quinze jours après, leur éclat n'avait point diminué ; elles ornaient pour la troisième fois la toilette de la jeune femme, et elles finirent leur vie en un vase dans le salon, un peu pâlies, peut-être, mais encore belles.

La danse en Amérique est véritablement un art que l'on cultive soigneusement, et les écoles sont assidûment fréquentées. On y étudie les danses des divers pays et des diverses époques, et cette année-là le menuet était en grande vogue à Chicago.

Les cours du professeur Beek comptaient parmi les plus réputés et les plus fréquentés, non seulement par des jeunes hommes et des jeunes filles mais aussi par des gens mariés, graves, bien posés, frisant la maturité et la dépassant même ; car un vieux monsieur de soixante-dix ans prenait rang parmi les habitués, ne manquant aucune danse et dansant d'une façon réellement remarquable.

Pour tous ces individus qui ont travaillé toute la grande journée, ces soirées dansantes sont moins un plaisir mondain qu'un hygiénique délassement du corps et de l'esprit, un exercice de gymnastique propre à détendre et à fortifier leurs muscles. On s'y livre, comme à toutes choses, avec le plus grand sérieux, le calme le plus parfait, et les mères américaines n'ont point à redouter le bal pour leurs filles, ainsi que les mères françaises. La régularité est parfaite, sans nul entraînement, nul abandon, et il faut avouer que certaines danses, comme par exemple la valse, y perdent un peu de leur caractère. Ce n'est plus notre envolée éperdue suivie de vertigineuses volutes mais le tournoiement régulièrement alterné de deux poupées mécaniques admirablement montées.

Mr. et Mrs. B. nous avaient offert de les accompagner à ce bal du professeur Beek, et l'invitation, on le devine, avait été acceptée avec plaisir. Cette réunion devait être une des plus brillantes de la saison, et Mrs. B. ne s'était occupée toute la semaine que de la confection de sa toilette de bal, une robe de soie jaune pâle ornée de velours noir.

Le jour venu, la robe était à peine terminée, exigeant encore un point ici, un nœud là, et pour vaquer plus librement à ces derniers préparatifs Mrs. B. avait prié son complaisant époux de dîner dehors et de n'apparaître à la maison qu'au dernier moment. À la hâte, il enfilerait son habit et nous partirions tous quatre dans la voiture qu'il aurait amenée.

Effectivement, Mrs. B., mon mari et moi allions être prêts quand Fred – c'était le prénom de Mr. B. – arriva pour procéder rapidement à sa toilette au milieu de la débandade des chiffons, des fils, des épingles. Mais presque aussitôt il reparut au milieu de nous, la mine déconfite. Le malheureux homme manquait d'un faux col propre ! Tout absorbée par ses préoccupations personnelles, Mrs. B. n'avait point songé à ce petit détail, et le pauvre Fred demeurait là, en plastron irréprochable, son col sale à la main.

Offrir au malheureux avocat un des cols de mon mari : impossible ! Celui-ci était aussi grand et fort que Mr. B. était mince et petit, et le col n'aurait pu lui servir que de ceinture. Je me contrariais certainement beaucoup plus que Mrs. B., qui arrangea tout de suite les choses.

« Eh bien ! fit-elle, mettez votre col sale sur votre chemise blanche et nous passerons chez le blanchisseur, où vous opérerez le changement. »

Passer chez le blanchisseur était bientôt dit, mais nous étions justement un samedi, toutes les boutiques fermées généralement dès les six heures, et Fred, comme il était facile de le prévoir, se heurta à une porte close.

« Bah ! dit encore Mrs. B. tandis que le lamentable Fred, orné de son faux col sale, reprenait place auprès de mon mari. Que le cocher se remette en marche et à la recherche d'un chemisier. »

En trouver un était plus que douteux et au bout de quelque temps Mrs. B. s'en rendit compte.

« Ma foi, mon cher ami, déclara-t-elle tranquillement, je crois bien qu'il vous faudra pour ce soir vous passer d'un col propre. L'heure s'avance, nous ne pouvons ainsi nous promener pour rien ; il nous faut maintenant, sans plus tarder, nous rendre à la réunion. C'est fort ennuyeux, j'en conviens, mais, que voulez-vous, ce n'est point ma faute. »

Je craignais que, malgré sa bénignité, Fred cette fois n'éclatât tout de bon ! Mais point. Quoique visiblement énervé, il obtempéra au désir de sa femme et donna au cocher l'ordre de nous conduire à l'adresse indiquée.

Presque au même instant – et Fred méritait bien cela du Ciel –, juste en face de nous dans une petite rue peu fréquentée, se montra une boutique ouverte, une boutique de chemisier ! En deux bonds l'avocat fut dans le magasin, essayant des cols de toutes dimensions, tandis que la petite Mrs. B. pouffait de rire, tout égayée de l'aventure.

Enfin cet excellent Fred, que nous voyions de la voiture, parut avoir trouvé non sans peine un col à sa convenance ; mais retirant précipitamment le sale, il laissa tomber le bouton qui l'attachait, un bouton de diamant. Nouvel incident ! Tout le monde dans le magasin, patron, commis et client, de se précipiter par terre à la recherche du bijou, et Mrs. B. de rire de plus belle, et si bien, et si fort que, l'hilarité nous gagnant aussi, nous en étions tous trois à nous tenir les côtes.

Il était d'ailleurs écrit que tout irait pour le mieux dans le meilleur des mondes, car Fred retrouvait enfin son diamant, boutonnait son col propre et remontait en voiture, de la plus belle humeur lui aussi, déclarant que c'était une vraie chance que d'être tombé sur cette boutique, l'air enchanté, sans nul mouvement de la plus légère rancune contre son étonnante femme. J'étais véritablement stupéfiée de cette patience, de cette mansuétude presque invraisemblables. Je me disais qu'en pareil cas cette douceur m'eût certainement plus touchée que la plus violente des algarades, mais j'ai peur que cet effet n'ait été produit que sur moi-même et nullement sur Mrs. B.

Le bal où nous fîmes enfin notre entrée présentait un charmant coup d'œil. Beaucoup de monde, des toilettes généralement fort élégantes et des plus riches. La simplicité n'est en général de mise pour personne, même pour les jeunes filles que j'apercevais vêtues de robes éclatantes, aussi endiamantées que des jeunes femmes, et cet amour effréné des luxueuses toilettes, les folies auxquelles ce goût les entraîne comptent parmi les plus sérieux reproches que l'on puisse faire aux Américaines.

Sous la conduite d'un excellent orchestre, toutes les danses du répertoire furent exécutées avec entrain, et le bal se termina par un cotillon d'où nous sortîmes couvertes de fleurs, de bibelots et de toutes sortes de souvenirs aussi multicolores que gênants.

Le lendemain, 21 novembre, était une grande fête, Thanksgiving Day, jour des remerciements que les Américains offrent à Dieu pour leur avoir conservé la liberté. Sa date mobile est fixée par le président de la République, mais toujours dans le mois de novembre. De caractère religieux, comme toutes les autres solennités, Thanksgiving se célèbre dès le matin par un office auquel assistent tous les citoyens en leurs églises respectives, puis on achève la journée en famille ou chez des amis.

C'est dire que nous allions nous trouver seuls, car en pays étranger les jours de fête familiale sont pour les exilés plus tristes que les autres. On sent autour de soi une joie dont on ne peut prendre sa part ; l'éloignement des êtres que l'on aime nous apparaît plus douloureux, plus pénible, et les idées noires papillonnent dans la cervelle. Le froid sévissait si rude, malgré l'éclat d'un soleil radieux et la pureté du ciel, qu'une promenade autour du lac, sans but et le nez en l'air, ne nous tentait pas énormément. Nous n'avions qu'à demeurer chez nous, et mon mari se mit à lire, tandis que je travaillais à une broderie que je voulais achever pour Noël.

Tout en tirant mon aiguille, je me sentais peu à peu envahie d'un étrange malaise, avec une lourdeur de tête que je crus la conséquence de mon mélancolique état d'esprit, et je réagis de mon mieux, contemplant avec admiration la résignation parfaite de mon mari, tout absorbé, semblait-il, dans la lecture de son volume anglais. Lentes et tristes, les heures s'écoulèrent ainsi, et le crépuscule tombant je songeai qu'il était temps peut-être d'aviser au dîner. Je me levai mais, les yeux voilés, la tête me tournant, je m'accrochai au tapis de table et, l'entraînant avec moi, je m'abattis, inerte et complètement privée de connaissance, sur le parquet.

Au bruit de cette subite chute, mon époux, apeuré, s'était dressé – il me le raconta plus tard – pour courir à mon secours ; mais lui non plus ne put tenir debout, et il alla donner de la tête contre la muraille. La douleur du coup fut telle qu'elle produisit par bonheur comme une sorte de réaction, permettant à mon mari de penser clairement une seconde, et rapidement il alla vers la fenêtre qu'il ouvrit toute grande, puis, saisi aussitôt de violentes douleurs d'estomac, trébuchant, défaillant, il courut dans la cour pour appeler à l'aide. Il n'arriva pas jusque-là et tomba en route sur les marches de l'escalier, d'où il clama désespérément, en vain, tout le monde étant absent. Rassemblant alors tout ce qu'il possédait d'énergie, il se traîna jusqu'à moi, s'efforçant de me relever, mais sans y parvenir, et, à bout de forces, s'évanouit à côté de moi.

Asphyxiés, oui ! Nous étions tout bonnement asphyxiés par ce fameux gaz inodore dont la peur m'avait fait fuir de la maison de Mrs. A. et que je retrouvais dans celle de Mrs. B. Et Dieu sait ce qu'il fût advenu de nous si mon mari n'avait point eu la force et la présence d'esprit d'ouvrir les portes et les fenêtres avant que de tomber évanoui.

Pendant longtemps nous restâmes ainsi privés de sentiment et étendus inertes sur le tapis de la pièce que balayait le vent glacial. Mr. et Mrs. B., en rentrant, s'étonnèrent de ce froid arrivant de partout, et présageant une catastrophe Mrs. B. souleva spontanément la portière de tapisserie qui fermait notre chambre. À la vue de nos deux corps, elle jeta un cri de détresse, nous croyant morts ; puis, s'étant assurés que nos cœurs battaient encore et devinant toute la scène, la jeune femme et son époux s'efforcèrent de nous porter secours. D'énergiques frictions avec de l'ammoniaque et de l'eau froide nous ranimèrent, et pour combattre l'empoisonnement dont les symptômes se produisaient on nous fit avaler tout le lait de la maison, le nôtre, celui de Mrs. B. et même celui des propriétaires.

Un médecin avait été immédiatement mandé, mais il n'arriva que le lendemain matin, et nous en fûmes quittes enfin pour une petite indisposition d'une huitaine de jours. Le mal n'était pas bien grand, mais il eût pu être tout autre ; notre sort n'eût alors différé en rien de celui des pauvres gens que j'avais vu emporter dans le tombereau mortuaire, et j'évoquais, en imagination, nos cadavres roulés dans les couvertures et nos cheveux agrippés par la populace.

J'étais très reconnaissante à Mrs. B. des soins qu'elle nous avait prodigués, mais je ne lui pardonnais point cependant de m'avoir trompée sur la qualité de son gaz. À dire vrai, lorsque nous nous étions installés, ce n'était point de celui-là qu'elle usait ; mais comme nous en consommions beaucoup, elle lui avait substitué, sans crier gare, ce mauvais produit inodore dont j'ai dit le bon marché. Elle me promit de le changer sans tarder, mais je ne me fiai qu'à demi à sa promesse. Et la crainte, bien fondée, qui m'avait déjà fait déménager me fit projeter de quitter également, dès que j'en trouverais l'occasion, l'appartement de Mrs. B.

CHAPITRE X

L'hiver à Chicago. – Les industries de la rue. – « Dime-museum ». – Tableaux à la minute. – Le pop-corn. – Les magasins. – Le confiseur antiquaire. – Réclame américaine. – Les monts-de-piété. – Assurance sur la vie. – Christmas. – Patinage de jour et de nuit.

Le froid devenait de jour en jour plus intense, si intense que le grand lac Michigan commençait à geler. Mais quel beau froid ! Jamais de pluie, un ciel continuellement bleu, d'un bleu splendide, un soleil brillant. Froid terrible, cependant, qui gelait littéralement le nez et les oreilles, et l'on commençait à voir les messieurs protéger leur appareil auditif au moyen de petits coussinets de soie noire fixés à l'aide d'un ressort. Les femmes, elles, s'emmitouflaient dans de gros châles bien chauds recouvrant le chapeau. L'élégance en souffrait, mais il en fallait prendre son parti, et, lorsqu'on était bien couvert, la promenade par ce froid sec restait en somme fort agréable.

Empaquetés comme des Esquimaux, il ne nous déplaisait pas, à mon mari et à moi, d'aller et de venir par la ville en étudiant les quartiers excentriques, les coins pittoresques, et c'est ainsi que nous visitâmes un beau jour un *dime-museum*.

Musée à dix cents, ce n'est point, tant s'en faut, un endroit réputé distingué, mais c'est un lieu bien typique que nous tenions à voir justement pour cette raison. Chicago possède plusieurs de ces établissements. L'extérieur, depuis le rez-de-chaussée jusqu'au dernier étage, est barbouillé de fresques primitives représentant, comme sur les toiles de nos baraques foraines, toutes les attractions que recèle le musée. Moyennant ce modique prix d'entrée de dix cents, les visiteurs qu'attire une charivaresque musique y pénètrent et peuvent contempler, répartis dans les différents étages, toute la série des phénomènes classiques : singes à deux têtes, momies plus ou moins égyptiennes, animaux curieux, homme sans jambes, femme géante, princesse naine, sans parler d'autres spectacles plus divertissants, tir à la cible, jeux d'adresse, etc. Et je fus moi-même amusée, je l'avoue, par deux ours boxeurs combattant contre leur maître ; ils ne lui marchandaient par les coups, et la joie du public était à son comble lorsque l'homme empochait les horions.

Au rez-de-chaussée, moyennant un supplément de dix cents, on assistait à une représentation théâtrale. La valeur artistique de cette audition, on la devine : des chansons plus que légères accompagnées de gigue. Un des numéros du programme nous procura cependant un réel plaisir : la véritable danse des Noirs, exécutée par une dizaine d'entre eux dont l'authenticité n'était point suspectable. Pour des délicats, l'endroit n'est bon à voir qu'une fois en passant ; mais un public spécial l'emplit sans arrêt, du matin au soir.

La déambulation à travers ces rues de Chicago m'était une distraction toujours nouvelle. Mille métiers imprévus, inventés à la seconde, s'y exercent. En flânant ce même jour, nous entrâmes dans une boutique où l'on vendait aux enchères des tableaux, toiles peintes à l'huile sous les yeux mêmes des acheteurs. Installé sur une estrade devant un chevalet, l'artiste brossait avec une rapidité étonnante, en cinq minutes, des paysages, des marines qui n'étaient certainement point des chefs-d'œuvre mais qui révélaient malgré tout certaines qualités, m'affirma mon mari, lequel s'intéressa tout de bon à ce véloce badigeonnage.

Dès qu'une toile était terminée, elle passait entre les mains d'un autre individu qui la plaçait dans un cadre puis dans celles d'un troisième qui la mettait à prix. En moins d'un quart d'heure le tableau était peint, encadré, vendu ; on aurait dit que ces trois hommes étaient possédés du délire, l'un de fabriquer, l'autre d'encadrer, le troisième de vendre.

Ils devaient réaliser d'assez belles journées, car certaines de ces toiles atteignirent jusqu'à quinze dollars ; d'autres, il est vrai, furent abandonnées pour un. La boutique ne désemplissait pas et je considérais la physionomie enchantée des acheteurs emportant leurs toiles fraîches avec mille précautions. Moins flatteuses pour des yeux naïfs que nos éclatants chromos, ces peintures charmaient pourtant les acquéreurs par leurs réelles qualités de couleur, de perspective. J'imaginai voir là de leur part une tendance instinctive vers l'art, et je serais fort étonnée qu'avec le temps elle ne se développe pas.

Dans ces rues de Chicago, la multitude qui s'y presse, s'y serre, s'y pousse serait à elle seule un continuel sujet d'observations fort distrayantes. Les échantillons de tous les pays du globe y défilent en une interminable procession, les Noirs en très grand nombre, ainsi que les Chinois qui jettent dans la foule la note joyeuse et claire de leur oriental costume.

De temps à autre, un bruit inconnu à nos oreilles annonçait toujours une de ces petites industries urbaines qui fourmillent. Ainsi, longtemps j'entendis, sans en deviner la cause, la vibration de trois cloches se succédant en canon et donnant l'impression d'un accord en tierce. Elles accompagnaient, je le vis enfin, la marche du rémouleur et de son roulant équipage, mobile installation qui ne différait de celle de nos gagne-petit que par l'adjonction de ses clochettes. Ajustées aux roues, le mouvement de celles-ci les mettait en branle, produisant cette sonnerie qui m'avait surprise.

Autre industrie ambulante : celle du marchand de pop-corn, industrie tout américaine. Le pop-corn est simplement une espèce de maïs dont le grain est fin et pointu. Dans une voiture comme celles de nos marchands des rues est installé, sous une cage de verre protectrice, un fourneau alimenté par du gaz portatif. Sur cette flamme le marchand fait griller et ouvrir les grains du maïs posés en une sorte de profonde poêle faite de toile métallique et munie d'un long manche. Sous l'action de la chaleur les petits grains de maïs se mettent à danser, bondissant à droite et à gauche comme pour s'évader du récipient, et après avoir bien sauté ils éclatent, laissant couler par la crevée de leur écorce un liquide d'un beau blanc qui recouvre ce petit grain, semblable sous cette enveloppe à une fleur étrange. Saupoudrant le pop-corn de sel ou de sucre, le marchand l'agite encore quelques secondes puis l'enferme dans de petits sacs de fin papier à rayures multicolores du plus joli effet, lesquels sont délivrés moyennant cinq cents aux acheteurs petits et grands. Les clients ne manquent jamais, car tout le monde en Amérique, les hommes comme les enfants, mange du pop-corn. Moi, je l'aime, mais je sais beaucoup d'Européens qui ne lui reconnaissent aucune saveur et ne partagent point mon goût.

Autre friandise populaire que j'aime encore davantage : les *peanuts* [1], espèces de petits tubercules qui se trouvent à la racine comme les pommes de terre. Elles sont couvertes d'une mince coque, et l'amande rouge

1. Cacahuètes.

qu'elles renferment est très délicate, une fois cuite. Cette cuisson qu'elle nécessite – car on ne la mange pas autrement – s'opère d'une curieuse façon. Sur un fourneau alimenté de feu bien clair est disposé un récipient cylindrique en fer-blanc se terminant par un petit tuyau d'où la vapeur s'échappe avec un bruissement joyeux. L'intérieur s'en divise en deux compartiments : l'un reçoit l'eau, l'autre les peanuts, celles-ci placées dans une boîte de fer hermétiquement close. En ce bain-marie les peanuts cuisent, et une fois la coction à point elles sont enfermées, ainsi que le pop-corn, dans de petits sacs multicolores au prix modique de cinq cents. Délicieuses, elles font concurrence au pop-corn, et dans les rues, dans les tramways on ne voit entre toutes les mains que les petits sacs à rayures.

Dans le centre commerçant de la ville, toutes les rues, avenues et voies sont éclairées à l'électricité, tandis que dans les quartiers réservés aux habitations particulières la lumière électrique est remplacée par celle du gaz. Mais l'allumage ne s'en opère point comme chez nous : l'allumeur n'est point un pauvre piéton ; c'est un fringant cavalier monté sur un fougueux cheval et qui, au galop, armé d'une longue lance à l'extrémité de laquelle jaillit une flamme, passe sans s'arrêter une seconde – apparition fantastique surgie, semble-t-il, de l'autre monde et qui troue les ténèbres, déroulant derrière elle le long ruban de feu des réverbères allumés.

Toujours brillants et luxueux, les magasins de Chicago renouvelaient à cette époque les tentations de leurs vitrines, car on approchait de Noël. L'un des grands commerçants de la ville, Siegel, Cooper & Co., exhibait derrière les glaces de sa devanture tout un étalage de sujets vivants.

Habillés de somptueux costumes, les enfants, du matin au soir, y exécutaient des danses et des pantomimes. Plus loin, deux fillettes lavaient sans trêve, dans un grand baquet plein d'eau, des tissus qui se vendaient garantis bon teint ; elles étaient habillées des pieds à la tête, cela va sans dire, de ces mêmes étoffes.

Dans tous les magasins, affluence énorme, et d'hommes presque autant que de femmes, les messieurs là-bas se pourvoyant eux-mêmes de tous les objets nécessaires à leurs besoins.

Tout se trouve dans ces magasins : d'abord, installées au sous-sol, une boucherie et une épicerie ; puis, au rez-de-chaussée, des comptoirs pour tous les produits imaginables, le rayon des fruits frais, oranges, ananas, bananes, à côté de celui des chaussures ; la confiserie près des étoffes soyeuses ; la joaillerie en face de l'endroit où se vendent en bouteilles toutes sortes de liqueurs, whisky, rhum, champagne, et tous les vins de France, d'Allemagne, d'Espagne, d'Italie, etc.

Au centre de cet immense hall jaillit une fontaine qualifiée de « lumineuse », qu'illumine tout simplement, ne justifiant guère l'épithète, une guirlande de verres de couleur. Les abords de cette fontaine, toujours très encombrés, servent de lieu de rendez-vous pour se retrouver. En cet endroit se vendent aussi, mais non continuellement, les fleurs.

En face de la fontaine, et derrière une immense table de marbre, trois Noirs tout habillés de blanc sont occupés sans relâche à la préparation et à la vente des sodas chauds et froids. D'énormes récipients assez semblables à nos pompes à bière contiennent ces boissons. Avec une adresse extraordinaire, transvasant d'une assez grande hauteur le contenu d'un verre dans un autre verre, les Noirs préparent aussi des émulsions à base d'œuf. Ces différentes consommations sont distribuées sur la présentation d'une petite plaque de métal que l'on se procure à une caisse spéciale pour le prix de vingt-cinq cents.

Auprès de ce bar, un marchand de brioches françaises s'est installé et vend sans arrêt sa pâtisserie.

Aux autres étages se trouvent : les rayons de lingerie, de librairie, de vêtements confectionnés ; un dentiste, un médecin ; un avocat qui a, dit-on, une grande réputation pour les divorces ; un restaurant et un salon de repos où les dames, aidées par les femmes de chambre de la maison, peuvent procéder à leur toilette.

Les objets d'ameublement et les instruments de musique – orgues, harmoniums et surtout pianos – occupent un emplacement considérable, rangés dans de coquets petits salons, et sont mis à la disposition des visiteurs ; du matin au soir, c'est un assourdissant concert de sonates, de caprices, de valses, de fantaisies musicales plus ou moins bien exécutées, mais toujours avec une désinvolture et un aplomb étourdissants.

Dans le dernier de ces salons, une portière à demi soulevée me donna la curiosité de pénétrer plus avant, et je ne pus réprimer, au spectacle qui s'offrit à moi, un tressaillement de surprise. Je me trouvais dans une grande pièce intentionnellement assombrie, et devant moi se dressait, dans un sarcophage vitré, une momie. Debout le long du mur, elle semblait grimacer un sourire aux assistants. À droite, à gauche, d'autres momies hideuses, pauvres créatures qui furent peut-être jolies il y a quelques milliers d'années, et condamnées à subsister peut-être encore durant d'autres milliers d'années.

De cette salle je passai dans une autre, grande et claire, où s'étalaient, rangés dans des vitrines ou sur des tables, des ossements d'Indiens, des crânes de Noirs, de Chinois et de Peaux-Rouges, macabre collection que venaient égayer heureusement d'autres objets, ouvrages indigènes de perles, de joaillerie, de broderie, etc., et une quantité de pièces de diverses provenances. Ai-je besoin de dire que cette partie de la galerie, quoique fort intéressante, est peu fréquentée des jolies acheteuses ?

Le magasin Siegel, Cooper & Co. n'est pas le seul où se trouvent rassemblées d'intéressantes collections, et un des principaux confiseurs de Chicago propose aussi gratuitement les siennes.

Les magasins de candis, en Amérique, sont généralement agencés avec un luxe qui laisse loin derrière lui celui des maisons les plus réputées de Paris dans la même spécialité. C'est bien le temple de la féminine gourmandise, délicate et aimant à unir aux délices du palais le plaisir des yeux. Comment résister à la tentation de ces bonbons si jolis à l'œil, si exquis au goût et si bon marché, d'ailleurs, qu'il n'est pas besoin d'être riche pour s'en offrir. Tout le monde, hommes et femmes, les consomme en grande quantité sans nul danger de se gâter les dents ou de s'abîmer l'estomac, car, le sucre étant à des prix infimes, les confiseries ne sont point mélangées de produits chimiques plus ou moins sains destinés à le remplacer.

Le magasin de Mr. Gunther est le plus grand de Chicago, et sa prospérité est due tout entière à l'activité et à l'intelligence de son propriétaire [2]. Venu tout jeune d'une ville d'Allemagne, celui-ci commença par fabriquer lui-même ses bonbons qu'il vendait dans une petite échoppe de planches. Énergique, persévérant et d'une intelligence peu commune, il est arrivé promptement à la richesse.

« En moins de trente ans, me dit-il, j'ai acquis ma fortune, qui maintenant s'augmente tous les jours presque sans ma volonté. »

2. Situé au 212, State Street, l'établissement de Charles Frederick Gunther proposait ses gourmandises sur six niveaux.

Il est vrai que, malgré son grand âge, lui-même continue de diriger la maison et de surveiller tous ses gens de cet œil du maître si utile à la réussite.

Très érudit, ayant toujours consacré à l'étude tous ses loisirs, sa passion depuis de longues années déjà est de collectionner. Éclectique en cette jouissance, il a réuni autour de lui tableaux, pierreries, autographes, meubles anciens, etc., exposés gratuitement, comme je l'ai dit, au premier étage de son magasin. Parmi ses toiles, quelques-unes appartenant à l'école flamande sont réellement très belles et signées de noms de maîtres ; et parmi les autographes sont des lettres de Washington à sa femme et à La Fayette ainsi qu'une lettre de Napoléon Ier.

Quoique d'origine allemande, ce bon vieux Mr. Gunther aime beaucoup la France, parle très correctement notre langue, et c'est au Club français, dont il est un des plus zélés fondateurs, que je l'ai rencontré.

Ce Club français n'est fréquenté que par un très petit nombre de nos compatriotes. Peu de Français sont établis de façon stable à Chicago, et parmi ceux qui s'y sont fixés la majorité ne possède point les habitudes de société nécessaires à l'admission. Donc le Club français est composé aux trois quarts d'Américains. On se réunit chaque semaine, on fait de la musique, on récite des poésies et l'on joue la comédie en amateurs.

En Amérique, le puffisme [3], on le sait, se donne libre carrière, s'élevant à des hauteurs qu'il sera long encore à atteindre chez nous, et les réclames vivantes sont, comme on l'a vu pour les magasins, d'un courant usage. Ainsi, non loin de notre quartier, une boutique avait été louée, où, placées sur une estrade, sept

3. Art du puff, c'est-à-dire de la publicité outrancière ou mensongère.

femmes s'exhibaient ou plutôt exhibaient leur chevelure merveilleuse, qui traînait derrière leurs talons en manière de robe à queue. Très grandes et très blondes toutes sept, elles faisaient l'admiration de toutes les dames. Dans la boutique, on le devine, se vendaient une pommade et une eau miraculeuses qui devaient faire pousser sur les crânes les plus chauves des chevelures aussi luxuriantes que celles de ces blondes personnes, et c'est en grand nombre que se débitaient les pots et les flacons.

Une enseigne plus modeste, mais répandue partout dans la ville, est une solide tige de fer d'où pendent trois boules dorées. Ces trois boules indiquent aux intéressés les maisons de prêt sur gage, autrement dit les monts-de-piété. Cette triste industrie est, dit-on, des plus prospères, et la quantité des établissements qui lui sont consacrés permet de le croire. J'ignore de quelle façon les prêts s'effectuent et s'ils se font très honnêtement, mais ce que je sais, c'est que chaque semaine ont lieu dans ces maisons des ventes aux enchères et que les objets y sont généralement vendus à très vil prix. J'ai vu des montres d'or acquises pour cinq dollars, et si le prêteur, avec un prix si minime, réalise encore du bénéfice, c'est que la somme avancée à l'emprunteur a dû être dérisoirement faible.

Avec l'approche de Christmas, toute la ville s'égayait et verdissait. Les rues, les magasins se décoraient de branches de sapin et de houx ; les devantures s'encadraient de feuillage, tout respirait un air de fête ; l'affluence dans les boutiques croissait chaque jour et les équipages s'alignaient devant en files serrées. Un proverbe américain, très cité là-bas, veut que tout cheval blanc aperçu soit immédiatement suivi d'une femme rousse ; je dus constater que ce dicton n'était pas toujours d'une absolue vérité, mais j'ai remarqué aussi que certaines de ces dames ornées de chevelures aux reflets de cuivre attelaient à leurs propres équipages de blancs coursiers, sans doute pour ne point faire mentir le proverbe national.

Tout ce monde encombrant les magasins y venait acheter les cadeaux de Noël. C'est étonnant comme on se gratifie de présents dans ce pays ! Il est quantité de fêtes, d'anniversaires pour lesquels il est de rigueur de se rappeler au souvenir de ses amis par un petit présent. Un bibelot sans grande valeur, le plus souvent ; image assortie d'une sentence, petit cadre, vide-poche, que sais-je... Mais les petits mouchoirs de soie brodée sont surtout en vogue pour ces gracieux envois et atteignent parfois des prix excessifs.

Dans toutes les maisons, comme dans les magasins, l'animation régnait, et le logis, soumis de la cave au grenier à un scrupuleux nettoyage, s'ornait pour la joyeuse, la plus grande fête américaine.

Partout de la verdure ! Dans la famille de Miss H., un sapin tout entier avait été employé à la décoration, ses branches formant dans les angles du salon de magnifiques appliques et surmontant les tableaux, tandis que çà et là s'attachaient aux portières, aux tentures, à l'encadrement des fenêtres des couronnes de houx, piquées de leurs baies éclatantes, et qu'au centre de la pièce s'accrochait au plafond un gros bouquet de gui, préoccupation constante des jeunes gens et des jeunes filles ; car durant ce jour de Noël et les suivants, tant que le gui demeure ainsi suspendu, tout jeune homme a le privilège d'embrasser la jolie miss qui s'aventure imprudemment sous la touffe verte. Il est aisé de deviner si de part et d'autre on observe le bouquet, et je suppose que le manque d'attention à se garer du baiser permis est quelquefois volontaire.

Chez nous, Mrs. B., avec son goût habituel, avait fort joliment orné son salon ; elle avait eu aussi l'amabilité de m'offrir du houx, et ma gentille amie Miss H. m'avait également envoyé des branches de son arbre et un bouquet de gui.

Les bals, en cette période, se succédaient presque sans interruption, et le couple B. ne rentrait quotidiennement qu'au milieu de la nuit. Résultat de toutes ces fêtes nocturnes : le pauvre Fred avait gagné un épouvantable rhume. Réveillés par ces retours tardifs, nous étions encore, tout le reste de la nuit, troublés par les crises de toux terribles qui secouaient l'avocat.

Au cours d'une de ces nuits, nous l'entendîmes suffoquer plusieurs fois, en proie à des accès d'une telle violence que mon mari voulut se lever pour aller chercher un médecin. Cependant, Mrs. B. ne bougeant pas, nous pensâmes qu'elle pourrait juger notre empressement indiscret, et nous nous tînmes tranquilles. Enfin Fred se calma, s'endormit, et nous fîmes comme lui.

À sept heures du matin, heure militaire, la voix de Mrs. B. nous parvint :

« Allons, Fred, levez-vous ! disait-elle. Il vous faut aller au tribunal. »

Le cher homme, tiré d'un sommeil réparateur, se fit répéter plusieurs fois l'injonction, et après de nouvelles quintes, dont je souffrais pour lui, il se mit en devoir de procéder à toutes ses occupations matinales : promenades à la cave, à la rue, etc., pour se rendre ensuite à son travail. Aussi, lorsque dans la matinée je rencontrai Mrs. B. et lui demandai des nouvelles de son époux, je ne pus m'empêcher d'ajouter, peut-être avec une nuance de reproche :

« Vraiment, ne craignez-vous point qu'en sortant ainsi le soir avec un pareil rhume votre mari ne tombe sérieusement malade ? Avec une organisation aussi délicate que paraît la sienne, qui sait ce qui pourrait arriver ! »

« Eh ! me fit-elle sans avoir l'air le moins du monde émue, il est assuré ! »

Je demeurai abasourdie par cette réplique. S'imaginant simplement que je ne comprenais pas, Mrs. B.

s'empressa de me fournir les explications qui pourraient me tranquilliser non sur le compte de Fred mais sur le sien propre. Mr. B. était assuré sur la vie, et la somme qu'elle toucherait à sa mort lui permettrait de vivre à son aise jusqu'à ce qu'elle se remariât, cette fois plus avantageusement puisque, expérimentée et sûre de son existence, elle aurait le loisir de faire un bon choix. Ainsi, cette femme entourée de mille soins, de mille tendresses par son mari ne considérait la perte de celui-ci que comme un accident calculé dont elle pourrait en somme tirer un profitable parti.

Je ne m'indignai pas : elle n'eût même pas compris mon indignation. L'assurance sur la vie est chose si usuelle en Amérique qu'on spécule là-dessus comme sur une autre valeur. En prenant le train on achète son ticket d'assurance, pour le cas très probable où une catastrophe interromprait le voyage. Tous les hommes s'assurent au profit de leur femme, et celle-ci table là-dessus aussi simplement, mon Dieu, que chez nous les maris tablent sur les « espérances » de leur épouse, c'est-à-dire sur la mort des parents de celle-ci.

Nullement propices à la toux de Mr. B., les jours se succédaient toujours plus radieux mais toujours plus froids ; les soins du ménage en devenaient plus pénibles, plus nombreux, et je trouvais à peine le temps de les remplir, manquant aussi, pour y vaquer, des forces nécessaires. Par cette froidure, il faut absolument des calorifères, et la maison, insuffisamment chauffée par des poêles, devenait une véritable glacière. Dans la cuisine, le réservoir du fourneau aurait gelé la nuit, brisant et inondant tout, si mon mari n'avait pris la précaution de le vider chaque soir, travail fatigant et peu récréatif. Il fut donc entendu que malgré tous les autres agréments du logis nous en changerions encore après y avoir passé la dernière semaine de l'année.

La veille de Noël, nous assistâmes à une soirée donnée aux enfants et aux membres d'une église épiscopale dans la vaste salle de spectacle du Douglas Club. Burlesque comédie donnée avec le gracieux concours d'artistes amateurs, dont Miss H., laquelle se tira à son grand honneur d'un rôle fort sombre… car elle figurait une femme noire. Succès de fou rire, d'ailleurs, pour tous les artistes, qui s'acquittèrent de leur rôle à merveille et avec une bonne humeur qui seule eût fait plaisir à voir.

La pièce achevée, au milieu des applaudissements de tout le petit monde et du grand, saint Nicolas apparut. Couvert de neige sous le costume d'un pèlerin et tenant à la main un arbre de Noël, il arriva sur la scène par une énorme cheminée qui semblait construite de briques, adressa au public un petit speech de circonstance et procéda à une royale distribution de jouets ; puis, celle-ci terminée et désolé de n'avoir plus rien, le bon saint se mit à furieusement démolir la cheminée, jetant à travers l'assistance les briques, lesquelles n'étaient que des boîtes de candis.

Le lendemain, c'était Noël ! Noël… la fête depuis si longtemps attendue. Joie partout ! Partout fête familiale ! Comment allions-nous encore occuper ce jour ? Point de musée, point de théâtre, point d'étalages même devant lesquels flâner. C'est jour de fête et dimanche : le rigoureux chômage néfaste aux étrangers.

Malgré le froid terrible, il faisait si beau qu'une promenade à Washington Park nous tenta tout de même. Une foule énorme de voyageurs, presque tous chargés de patins, emplissait les cars. Au parc, le tramway se vida presque complètement, tout le monde se dirigeant vers le lac. Il faisait un gel terrible ; jamais je n'avais eu si froid, et cependant la température devait encore baisser, car en janvier nous eûmes une semaine où le thermomètre centigrade marqua pendant huit jours vingt-sept degrés au-dessous de zéro. Les fourrures qui entouraient mon cou semblaient couvertes de neige, ma respiration se congelant immédiatement sur elles.

Le lac, cependant, s'encombrait de patineurs. Le hangar où se louent les patins était littéralement bondé, et sur le lac la masse des patineurs était si compacte qu'il était presque impossible d'évoluer à part et que pour éviter les rencontres il avait fallu établir deux courants, l'un allant, l'autre revenant. Presque tous ces gens patinaient très bien ; des courses rapides, des valses gracieuses s'exécutaient ; de place en place, sur les rives, des cabanes de refuge étaient dressées avec des braseros. Pendant tout l'hiver, les lacs de Washington, Lincoln et Garfield Parks sont ainsi encombrés ; et le goût du patin est si répandu en Amérique que sur les lacs éclairés à la lumière électrique on patine même la nuit.

CHAPITRE XI

Nouveaux spécimens de ménages américains. – L'hiver à Chicago. – Patinage à voile. – L'attaque des traîneaux. – Femmes américaines. – L'éducation en Amérique. – Écoles primaires. – Écoles supérieures. – Jardins d'enfants. – Conférences de salon. – Mme Barbe-Bleue. – Bataille de revenants.

Ce fut avec regret, je l'avoue, que je quittai la demeure où depuis quatre mois nous vivions si seuls, si tranquilles, vraiment chez nous, mangeant à notre faim, à notre fantaisie, tout cela en réalisant, ce qui ne gâte rien, de véritables économies. Mais depuis notre asphyxie mes forces avaient diminué ; je ne pouvais continuer d'accomplir seule tous les travaux de l'intérieur. Trouver une brave femme qui m'assistât dans ce ménage s'était révélé impossible en dépit de toutes mes recherches. Quant aux bonnes américaines... ah ! on les a vues... Mieux valait cent fois l'hôtel ! j'y aurais du moins le plaisir d'observer un nouveau genre de monde.

Situé sur Lake Avenue, l'hôtel Everett, où nous allions élire domicile, avait l'aspect d'une véritable caserne ; il était composé de cinq maisons carrées hautes de trois étages et toutes précédées des invariables carrés de gazon entourés de funéraires parpaings. Devant chacune des cinq portes, un monumental escalier. Tout en haut de la maison, en lettres colossales, les deux mots « Everett Hotel ». En somme, une apparence très correcte, que ne démentait point la réalité, de maison bien tenue où ne vivaient point sans doute des millionnaires mais pourtant des gens bien élevés et de bonne compagnie.

Les derrières avaient vue sur le *lake*, incontestable charme, un peu gâté malheureusement par la proximité de la voie ferrée et la fréquence des trains la sillonnant jour et nuit. En dépit de ce désagrément, et tentés par cette magique vue du lac, c'est en cette partie de la maison et au rez-de-chaussée que nous choisîmes notre chambre. Rez-de-chaussée improprement dénommé, car en Amérique le rez-de-chaussée correspond presque à un entresol. La partie de la maison de plain-pied avec la rue était réservée aux cuisines, aux logements des domestiques, aux buanderies et à deux vastes salles à manger.

Notre chambre était très grande, très bien éclairée, coquettement meublée en salon, non pas en chambre, et nous allions y goûter à nouveau les douceurs d'un folding-bed. Comme température, le froid qui nous avait en quelque sorte chassés de chez Mrs. B. n'était plus à redouter. Il faisait dans la pièce une chaleur si étouffante que dès la première nuit nous fûmes obligés d'ouvrir nos fenêtres pour pouvoir dormir, ou plutôt pour essayer de dormir, car le va-et-vient continuel des trains nous éveillait continuellement. Pour comble, nous nous étions logés juste au-dessus de la cuisine, où ce fut dès quatre heures du matin un vacarme épouvantable, le premier déjeuner se servant à six heures.

Les salons, se trouvant aussi sur le même carré que notre chambre, nous procuraient encore un autre inconvénient : du matin au soir, le piano n'arrêtait pas, résonnait d'abord sous des doigts enfantins égrenant des gammes, étudiant des sonates, puis vibrait sous ceux de notre propriétaire, virtuose émérite qui ajoutait à la mélodie de l'instrument celle de sa voix.

Ce propriétaire, Mr. Everett, formait avec Mrs. Everett un couple très uni. Tous deux relativement jeunes, entre trente et trente-cinq ans ; elle, assez jolie, mais avec une expression de physionomie éminemment désagréable ; lui, avec un air perpétuellement satisfait et réjoui qui compensait ce que la mine de madame avait d'un peu revêche. La principale occupation du mari était de chanter en s'accompagnant et l'unique souci de la femme, celui de sa toilette.

Le nombre de pensionnaires à l'hôtel Everett était à peu près de quatre-vingts. De six heures du matin à huit heures se servait le premier déjeuner. La régularité est absolue en toutes ces maisons ; nulle possibilité de se sustenter à part à sa fantaisie. Si à huit heures, le sommeil vous tenant encore, on n'est pas apparu à la table, la bonne préposée à ce soin vient carillonner à votre porte, et si l'on se fait un peu trop attendre, on est privé, tout comme à la pension, d'un fruit ou d'un gâteau. Que de fois ne me suis-je pas vue privée de l'orange que l'on servait généralement comme hors-d'œuvre et que je réservais pour le dessert !

Manquant peut-être de délicatesse, la nourriture ne manquait point d'abondance, et l'on pouvait, chose rare en ces maisons, manger à sa faim. Les rôtis étaient délicieux, les ragoûts atroces, les légumes, cuits sans beurre, horriblement fades, les pâtisseries nombreuses mais très lourdes, véritables galettes de plomb, et très appréciées pourtant de certains dîneurs, car j'ai vu mon voisin de table, un jeune homme, absorber parfois, à la fin de son repas, quatre parts d'une tarte à la rhubarbe dont je n'eusse jamais pu digérer un demi-morceau.

À midi, lunch qui ne réunissait que peu de monde, la plupart des pensionnaires étant au-dehors, et, de six heures du soir à huit heures, dîner où toutes les tables étaient à nouveau occupées. À huit heures, toutes les bonnes partaient, et, si l'on avait besoin de quelque chose, il fallait ou s'en occuper soi-même ou recourir aux maîtres de la maison. En somme, il n'y avait point à se plaindre, et sous bien des rapports nous ne regrettions plus trop notre chez-nous. Nous eussions volontiers passé des journées dans la contemplation de ce merveilleux Michigan, et nous eûmes, un matin, à admirer le plus splendide des spectacles.

Dans la nuit très froide, un vent violent s'était mis à souffler de l'ouest, balayant de la rive les glaçons qui déjà s'y étaient formés, et la surface du lac, calme alors, commença à moutonner. Rapides, tumultueuses et semblant se donner la course, les vagues venaient se briser sur le rivage. Toute la nuit, croissant de violence, le vent souffla, le lac devenu si furieux que la maison tremblait et que, dans notre lit, nous étions aussi durement secoués qu'en un bateau. La nuit, malheureusement, était si noire que l'on ne pouvait rien distinguer ; mais, au matin, la tempête, quoique un peu affaiblie, durait encore, et quel inoubliable spectacle !

Les vagues accouraient avec une rapidité vertigineuse, si hautes qu'elles venaient se projeter jusque sur la voie ; la surface entière du lac était bouleversée, bombée par endroits, creusée ailleurs en des abîmes ; le soleil magnifique irisait de toutes les nuances de l'arc-en-ciel les crêtes écumeuses et rendait plus intense la couleur verte de la masse ; les oiseaux volaient, effarés, avec des cris perçants, leurs grandes ailes blanches semblant battre l'air en des mouvements désespérés.

Cette révolte furibonde du Michigan était sa dernière protestation contre l'envahissement des glaces. Dès le lendemain, on vit revenir les grands glaçons qui se soudèrent en banquises, et le long des brisants les dernières vagues rebelles demeurèrent glacées, décorant à merveille les bords du lac. Quelques jours seulement, et ce fut à perte de vue un solide miroir uni et brillant sous les rayons du soleil. Le lac était gelé, la glace s'étendant au large sur un rayon de deux kilomètres, et son épaisseur atteignant soixante-dix centimètres.

Dès lors, ce fut un continuel défilé de patineurs, les *ice-boats* ne désemplissant pas. Ce sont des espèces de traîneaux à voiles dans lesquels quatre personnes peuvent prendre place, en plus de l'homme qui le dirige. La vitesse en est effrayante, et si la glace cédait, l'embarcation disparaîtrait en une seconde.

Un mode de patinage qui m'amusait également était le patinage à la voile. La tenant devant lui, la dirigeant à sa fantaisie, le patineur acquiert grâce à elle une extrême vélocité, et rien n'est plus étrange que cet homme, envoilé comme un mât, filant comme l'éclair.

L'aspect de la rue était aussi pittoresque que celui du lac ; la neige était tombée en grande quantité, et comme on ne l'enlève point dans les quartiers excentriques et qu'il gelait très fort, la ville se nappait d'une blancheur éclatante. Plus de voitures, rien que des traîneaux, depuis ceux tout primitifs en lesquels, dès le matin, les fournisseurs livraient les marchandises jusqu'aux coquets véhicules traînés, au bruit des grelots, par des chevaux fringants et dans lesquels se blottissaient d'élégantes promeneuses, tout emmitouflées de fourrures, l'air joyeux, les yeux brillants et la joue avivée de rose.

Les enfants, eux, exultaient, ravis de se pouvoir livrer à un de leurs jeux favoris. Dès que les sonnailles d'un traîneau se faisaient entendre, les uns dissimulés derrière les arbres, les autres jetés à plat ventre sur le sol, ils attendaient en silence, et quand le traîneau arrivait sur eux, brusquement ils l'assaillaient de toutes parts en jetant le cri strident et si particulier de l'Indien, cri que tout Américain sait imiter, ce jeu simulant l'attaque des diligences par les sauvages.

Généralement, les assaillis se prêtaient au badinage, affectant des airs effarés qui portaient au comble la joie des enfants ; et si, par hasard, ils acceptaient mal la chose, c'était tant pis pour eux, car les boules de neige pleuvaient alors, les projectiles faisant grêle tant que les garçons avaient des jambes pour poursuivre les grincheux, qui n'avaient qu'à se taire, les policemen eux-mêmes prenant plaisir à ces divertissements des enfants.

Les tramways marchaient toujours, mais avec de légers accidents occasionnés par la température, les câbles gelés se rompant parfois. Plus que jamais, ils s'encombraient de voyageurs, si chargés quelquefois que la voiture ne pouvait se mettre en route. Cela arriva un certain jour dans le car où je me trouvais, toutes les places assises occupées par les dames, les messieurs absolument entassés au milieu. Tout net, le cocher déclara qu'il lui serait impossible de démarrer. Aussitôt, et dans une parfaite entente, tous les messieurs sautèrent du véhicule, se mirent à pousser vigoureusement, et sous cette impulsion la voiture se mit en marche. Les plus agiles alors reprirent vivement les places abandonnées, et les autres, sans grogneries, attendirent le tramway suivant.

Pour en revenir à l'hôtel Everett, le sexe féminin dominait parmi les pensionnaires, la maison ayant une réputation de parfaite respectabilité ; la plus sévère tempérance y était observée, et personne ne se serait permis de boire en public une goutte de vin ou même de bière.

La plupart de ces femmes étaient employées au-dehors dans les magasins ou bien tapaient à la machine. Celle-ci est là-bas d'un général et constant usage ; le fonctionnement en est toujours confié à des femmes, et c'est avec une rapidité invraisemblable que du soir au matin, dans les maisons de commerce, les hôtels, les femmes frappent les touches de ce singulier clavier. D'autres parmi les dames pensionnaires ne faisaient rien, mariées celles-là, avec pour certaines une nombreuse famille. Leur vie était pour moi le sujet d'un étonnement toujours nouveau.

L'une d'elles, dans la maturité de l'existence, vivait là avec son mari et quatre enfants, et il fallait que l'époux gagnât pas mal d'argent, la pension de ces six personnes représentant déjà un chiffre suffisamment élevé. Fort aimable, cette dame s'était liée avec plusieurs personnes de la maison, dont je fus, et les journées se passaient invariablement à lire, se promener, faire un peu de musique et broder. L'aînée des filles avait dix-huit ans, suivait encore les cours d'une classe et devait les suivre jusqu'à son mariage, car elle aimait fort l'étude. Une fois mariée, elle vivrait comme sa mère, à l'hôtel, occupée de promenades, de lectures et de broderies.

Une autre femme, d'une trentaine d'années et mère de deux enfants, pratiquait le même mode d'existence ; également une autre, plus jeune encore, très jolie blonde dont le mari voyageait presque continuellement pour affaires. Abandonnant une charmante fillette aux soins des domestiques de la maison, la dame ne paraissait point s'attrister outre mesure des absences de son époux ; le jour, elle se promenait, courait les magasins ; le soir, très entourée, elle recevait chez elle ses amis et amies, et l'on s'y livrait à d'interminables parties de cartes.

Ce désœuvrement des jeunes femmes américaines est une des plaies de là-bas. Je ne puis comprendre qu'elles ne tiennent pas à avoir leur chez-elle et puissent ainsi vivre en public avec leur mari et leurs enfants. J'admets cette vie d'hôtel pour celles qui ont au-dehors des occupations régulières, la difficulté dans les classes moyennes de se procurer des domestiques les y obligeant. Mais les autres, les mères de famille, comment tolérer qu'elles se détachent de l'intérieur ?

La cause en est tout entière dans l'éducation, qui n'enseigne rien aux jeunes filles de ce qui concerne leurs devoirs de mère de famille et de maîtresse de maison. Les filles imitent tout naturellement les façons de vivre maternelles et n'en conçoivent pas d'autres ; et dans les écoles qu'elles fréquentent très longtemps, au milieu de toutes sortes de sciences, nul élément d'économie domestique ne leur est inculqué.

Pour subvenir aux besoins si grands d'une telle famille, l'homme doit travailler sans espoir jamais de se reposer ; car ce souci d'épargner qui tient chez nous la petite bourgeoise est un sentiment inconnu, et l'on vit au jour le jour, ne comptant que sur le mari pour l'avenir comme pour le présent, l'épouse tranquillisée égoïstement par l'idée de l'assurance qui la prémunit contre le malheur. La brave femme telle que nous la voyons si fréquemment chez nous, travailleuse, économe, industrieuse, fière de la bonne tenue de son petit intérieur, sachant vaquer à tout et parfois ajoutant encore aux besognes du ménage un labeur du dehors dont le salaire vient s'ajouter au gain du mari, cette femme modèle est un mythe là-bas.

Il n'en a point toujours été ainsi, cependant, et les oisives Américaines se devraient bien rappeler leurs ancêtres, alors que sur le sol que peuplait l'émigration des rigides puritains, des austères anabaptistes, les vertus domestiques étaient regardées comme les premières de toutes.

La fillette d'une de ces dames, mignonne de six à sept ans, était ma grande amie. Très raisonnable, très calme, elle aimait beaucoup parler de la France et me posait toutes sortes de questions.

« Madame Grandin, me demanda-t-elle un jour, qu'êtes-vous ?

– Mais, française, ma chère !

– Ce n'est point cela que je demande », fit-elle avec un petit mouvement d'impatience.

Et elle répéta :

« Qu'êtes-vous ? Républicaine ou démocrate ? »

J'eus une belle envie de rire que je réprimai pour lui répondre, éludant son interrogation.

« Et vous, ma chère Mary, qu'êtes-vous ?

– Moi, déclara-t-elle, je suis républicaine et je regrette que Harrison ne soit plus Président. »

Une profession de foi formulée d'une façon si ferme, un regret si sincère que les beaux yeux de Mary s'emplirent de tristesse et que j'éclatai de rire malgré moi.

Très froissée et très digne, la fillette sortit de ma chambre sans m'embrasser, et il ne me fallut rien de moins qu'une belle image française pour regagner ses bonnes grâces.

Sa question, écho des théories paternelles, n'était point au fond si singulière. En Amérique, on entretient journellement les enfants de politique ; des garçonnets de six ans ont déjà des convictions, se battent entre eux à propos de tel ou tel candidat, et la lecture du journal est malheureusement une de leurs plus grandes préoccupations du dimanche. Je ne sais pas si cette habitude de les intéresser si tôt aux affaires du pays est bonne ou mauvaise, mais il est certain qu'un de ses résultats est de développer chez eux l'amour de leur histoire nationale, et je n'ai jamais vu nos enfants parler de nos grands hommes avec le feu qui anime les jeunes Américains quand ils parlent des leurs.

Dans une école primaire que je visitai, je me donnai même le plaisir d'une discussion sur ce point avec un petit bonhomme de sept ans. Il est d'usage que tout élève fasse une ou deux fois chaque semaine un petit discours dont le sujet est emprunté généralement à la vie d'un grand homme. L'épisode à conter est laissé au choix de l'orateur. Il débite son petit speech sans être interrompu par le maître, qui ne lui fait qu'ensuite ses observations. Cet exercice oral est excellent, car l'enfant apprend ainsi à s'exprimer sans fausse timidité, sans qu'on soit obligé de lui arracher les paroles. Filles et garçons s'acquittent fort bien de ce devoir et s'énoncent aisément, sans emphase, naïvement et simplement.

Le bambin narrait une anecdote de l'enfance de Washington, alors qu'ayant reçu une hache toute neuve il l'avait essayée en coupant l'arbre favori de son père puis, devant la colère de celui-ci contre l'auteur encore inconnu du méfait, s'était de lui-même dénoncé et offert au châtiment. Récit assez insignifiant en lui-même mais que la sincérité du conteur, son admiration ardente pour son héros animaient pourtant de façon charmante ; et je me donnai le plaisir d'attaquer le petit enthousiaste.

« Eh quoi ! lui dis-je, Washington n'aimait donc point son père pour détruire ainsi une des choses qui lui étaient agréables ?

– Ah ! si ! madame, mais il n'avait point fait attention !

– Alors, ce n'était pas un très bon petit garçon puisqu'il oubliait si facilement de contenter ce père.

– Ah ! me fit-il d'un air navré, ne sachant comment riposter à ce coup droit, je vois qu'en votre pays on ne connaît pas l'histoire de George Washington. Il était, madame, le meilleur de tous les petits garçons de l'Amérique ; il devint, par toutes les grandes choses qu'il fit, notre père à tous, et nous, garçons américains, nous l'aimons comme tel. »

J'aurais volontiers embrassé le petit bonhomme pour le feu qu'il mettait à cette déclaration, et, lui donnant une cordiale poignée de main, je lui assurai que j'avais plaisanté, que je savais l'histoire de Washington et que comme lui j'aimais et respectais ce grand homme.

Ce gentil bambin faisait partie de la classe élémentaire, et tout ce petit monde, attentif et silencieux, travaillait de bon cœur, avec ardeur et calme, sans qu'il fût besoin de rappeler à l'ordre celui-ci ou celle-là. La maîtresse, très jeune fille, s'adressait à ses élèves avec une politesse, une amabilité qui me frappèrent, et la formule toujours si désagréable de l'autoritaire commandement était remplacée dans sa bouche par celle de l'amicale prière. Nous étions en janvier, et tous les élèves, fréquentant cette classe depuis le mois de septembre seulement, lisaient déjà couramment le premier livre de lecture.

La leçon de lecture fut donnée devant nous en même temps qu'une leçon d'écriture au tableau. L'accentuation des mots était l'objet des plus grands soins et la ponctuation, des mieux observée. Je suis certaine que tous les Américains lisent bien et que ce résultat est dû aux précautions infinies prises dès le début. Entre les leçons, les élèves, filles et garçons assis aux mêmes bancs, se lèvent et exécutent autour des tables des marches et des jeux en chantant.

Ces classes sont cependant beaucoup moins belles que les nôtres, mal éclairées, tristes et souvent, il faut le dire, malpropres. Les écoles sont en général dépourvues de jardins, de cours, de préaux, et les élèves jouent dans les couloirs assez sombres sur lesquels, à chaque étage, s'ouvrent les portes des classes.

C'est également dans ces couloirs que se donnent les leçons de gymnastique, lesquelles consistent exclusivement, dans les écoles primaires ainsi que dans les autres, en des mouvements d'ensemble avec ou sans haltères, barres et massues. Exécutant parfaitement ces différents exercices, ces enfants y apportent, comme à tout travail, une bonne volonté, une attention exemplaires ; mais leur docilité ne doit pas diminuer l'inconvénient que de telles manœuvres, faites à leurs portes, procurent aux autres professeurs enseignant dans leur classe. Ce désagrément, le plus grand, n'est pas le seul : l'obscurité règne dans le couloir, et l'étroitesse est telle que les élèves ont peine à se mouvoir ; or presque partout la disposition des écoles est défectueuse.

Mais, inférieures comme constructions aux écoles françaises, les écoles américaines leur sont de beaucoup supérieures par le bon ordre qui y règne, maintenu par les élèves eux-mêmes, pliés à la discipline sans besoin d'aucune autorité pour s'y soumettre. Au coup de cloche, sans que nul surveillant intervienne, rigoureux et autocratique, les élèves, fillettes et garçons, interrompent leurs conversations, prennent leur rang et se rendent dans leurs classes respectives où leurs maîtres les attendent. Jamais il n'est parlé de punitions, non plus du reste que de récompenses ; les nominations et les prix sont inconnus.

On travaille pour la seule ambition de s'instruire, sans autre but que de se faciliter l'avenir par les connaissances acquises, et le meilleur élève de la classe a cette seule satisfaction, qui vaut bien la vanité des nôtres, d'en être le plus respecté et de s'entendre nommer avec orgueil par ses compagnons aux personnes qui visitent les classes.

Ces visiteurs sont nombreux, les écoles étant ouvertes à tous, parents, amis, étrangers, sans qu'il soit besoin de particulière autorisation. Maître et élèves, le plus souvent, ne semblent même pas s'apercevoir de leur présence, si ce n'est pour les saluer à leur entrée et à leur sortie. Les enfants eux-mêmes pourraient, s'ils le voulaient, quitter la classe quand bon leur semble ; ils n'y sont point retenus par force, et là comme ailleurs l'Américain est libre. Mais peut-être parce qu'ils ne sont point contraints d'y aller, les enfants américains aiment l'école et ne s'en absentent point facilement.

Une dame de mes amies désirant faire faire le portrait de son petit garçon avait prié celui-ci de manquer l'école pour poser. L'enfant, par affection pour sa mère, y consentit, mais à si grand regret qu'à chaque séance il arrivait les yeux et la figure bouffis de larmes et que le peintre dut s'arranger pour ne faire poser qu'aux jours de congé son modèle, enfin souriant et satisfait.

Ce jour de congé est le samedi dans les écoles primaires et publiques, et à ces écoles, sans distinction de classe ou de fortune, tous les enfants, garçons et filles, vont ensemble. Les garçons se montrent très respectueux et complaisants envers leurs petites compagnes. Celles-ci sont plus avancées qu'eux dans les études, où elles apportent plus de facilité. Généralement, d'ailleurs, ces études ne sont point continuées par les garçons aussi longtemps que par les filles. Une fois le primaire terminé, les garçons s'en vont aux affaires ou, s'ils veulent embrasser une carrière libérale, à New York et à Boston, où sont des collèges spéciaux. Les jeunes filles, pour la plupart, et quelques jeunes gens, mais ceux-là en très petit nombre, vont achever leurs études dans des écoles supérieures.

Je connaissais une jeune fille française professeur dans un de ces lycées. Situé près du Michigan, il est fort bien désigné par le surnom de « Mausolée », car il ressemble en effet d'extérieur plutôt à un monument funéraire qu'à un bâtiment destiné à une jeunesse joyeuse et insouciante. Les lettres, les sciences et les langues étrangères y sont enseignées.

Je décidai avec Miss E. d'y aller passer toute une journée, et dès le matin nous arrivâmes, apportant, tout comme les élèves, nos lunchs enfermés dans des boîtes en fer-blanc. Commencée à neuf heures, la classe se prolongea jusqu'à midi. D'heure en heure une cloche prévenait élèves et professeurs des changements qui devaient s'effectuer. Avec le plus grand ordre, les élèves quittaient une salle pour un nouveau cours dans une autre.

Le cours de français, fait par mon amie, m'intéressa, cela va sans dire, tout particulièrement. Dès qu'il est commencé, les élèves n'y parlent plus que le français ; toutes les explications grammaticales sont données en français et les comparaisons avec la grammaire anglaise en anglais. Les progrès sont très rapides, et les jeunes filles de première année pouvaient déjà me comprendre et me répondre.

L'enseignement, d'ailleurs, est surtout oral. L'étude de la lecture et de l'écriture françaises est aussi soignée que, dans les classes primaires, l'étude de la lecture et de l'écriture anglaises. Beaucoup de conversations et beaucoup aussi de petits récits. C'est à qui glanera dans les journaux français une anecdote française que l'on s'efforcera ensuite de narrer le mieux possible. On aime beaucoup ces historiettes en Amérique. Malheureusement, on raconte souvent les mêmes ; je crois qu'elles font le tour de la société, et c'est ainsi qu'un mot d'enfant me fut servi neuf fois dans une semaine, et la dernière fois justement au cours de Mlle B.

À midi, brimbalement de la cloche annonçant l'heure du lunch dans cette même salle où s'était fait le cours ; tout le monde alors, maîtres et élèves, d'exhiber sans cérémonie la fameuse boîte en fer-blanc, d'en extraire les sandwichs et de s'installer aux tables pour procéder à ce repas.

J'étais presque scandalisée qu'une si grande école ne possédât point un réfectoire, une pièce quelconque mais spéciale pour qu'on y pût prendre convenablement ce modeste déjeuner. C'est l'habitude et tout le personnel scolaire s'en arrange, mais je trouve vraiment que cela manque totalement du confort si cher aux Américains. Le lunch terminé, on passe à la fontaine, puis les boîtes en fer-blanc sont fermées, insérées au milieu des livres de classe, bouclées avec eux par la courroie, et tout est dit.

Le temps qui reste à courir entre ce moment et la rentrée en étude est consacré à la causerie et aux promenades dans ce fameux couloir central pareil à celui qui dessert les classes dans les écoles primaires, aussi obscur, aussi étroit. Là également se passent les exercices de gymnastique, exécutés en cette école supérieure sous la direction d'un professeur homme.

Je lui demandai pourquoi il ne se servait point d'agrès pour exercer ses élèves. Il me répondit qu'il serait d'abord impossible d'installer en un si étroit espace tout le matériel nécessaire puis qu'il n'en voyait pas bien l'utilité ; que les mouvements qu'il enseignait produisaient comme développement physique un résultat plus long peut-être à obtenir mais tout aussi certain, et sans les multiples inconvénients qui peuvent découler pour les jeunes filles d'exercices plus violents ; et qu'enfin, si elles éprouvaient le besoin de dépenser plus de force, le *lawn-tennis* [1] était pour elles un complément délicieux.

Les écoles primaires et celles supérieures visitées, j'avais grande envie de voir également les « jardins d'enfants ». On m'en avait parlé comme d'institutions tout à fait remarquables, mille fois préférables aux écoles maternelles fondées pour nos tout-petits, et d'après le nom je m'imaginais quelque chose de magnifique. Je fus désillusionnée du premier coup.

Dans une grande salle fort malpropre, quatre tables placées comme au hasard étaient entourées chacune de dix petites chaises serrées les unes contre les autres, les dimensions de la table exigeant ce rapprochement ; sur les chaises, assis ou grimpés, se tenaient les petits enfants, parmi lesquels deux Noirs.

1. Tennis sur gazon. C'est ainsi qu'on appela d'abord ce jeu créé en 1874.

Deux petits meubles, égarés aussi dans la pièce, exhibaient l'indescriptible fouillis de leurs tiroirs ouverts : graines, balles, papiers, chiffons, morceaux de carton et de bois, que sais-je encore ! Sur le plancher de la pièce, des lignes noires géométriquement tracées ; dans un coin, un piano tenu par une dame qui semblait être la directrice. À chacune des tables était installée une jeune sous-maîtresse adornée d'un vaste tablier bien blanc qui lui donnait assez l'air d'une bonne d'enfants.

Et le jardin, ce vaste parc que je m'étais figuré si ombreux, si fleuri ? Il existait et la maîtresse l'exposa bientôt à mon admiration. Il consistait en deux caisses peintes en vert placées devant les fenêtres et dans lesquelles une végétation aussi anémique que peu variée s'efforçait de ne point mourir sous la couche de poussière dont elle était surchargée.

En l'une d'elles croissait un carré d'herbes maigres, pâles et qui n'étaient point capables, certes, d'arriver jamais à leur maturité. Me le désignant, la maîtresse me dit – elle fit bien de me le dire – que c'était là du froment, le champ de blé de la classe. Pauvre champ de blé ! Si les mémoires des bambins gardent gravée cette image et qu'ils ne soient pas appelés de longtemps à considérer un véritable champ de cette précieuse céréale, quelle singulière idée ils en auront ! En lui-même le principe est bon, mais encore faudrait-il que ces graines que l'on fait semer aux tout-petits puissent pousser d'une façon normale et ressembler un peu à ce qu'elles devraient être. Devant le résultat obtenu là-bas, je préfère encore le procédé français de nos leçons de choses : la gravure ou l'image coloriée de l'objet.

Abandonnant donc rapidement l'inspection des caisses et de leur contenu, je revins à celle des enfants. Installé à une petite table, chacun semblait s'y livrer à ce qu'il voulait, sans méthode ni conseil. Les uns retournaient des cubes de bois, mais avec l'intention unique, paraissait-il, de produire du bruit en les laissant tomber plutôt que d'essayer d'en former quelque très simple figure géométrique, quelque reproduction d'objet connu ; d'autres agissaient de même avec des bâtonnets.

Dix enfants seulement sous la surveillance d'une maîtresse, c'est pourtant la possibilité pour elle de s'occuper de tous. À quels excellents résultats on devrait arriver ! Il n'en est rien, et tout bas je m'en étonnai, comme je m'étonnai aussi, mais tout haut, de voir à tous ces *babies* des mains si noires, des figures si barbouillées.

Je demandai si avant toutes choses on ne s'occupait point des soins de propreté.

« Que oui ! me fut-il répondu spontanément, mais seulement pour les malpropres ! »

Je ne sais ce que ces dames pouvaient accepter comme « propre » ; moi je ne voyais sur toutes ces petites personnes que les stigmates de la malpropreté. Je fus curieuse néanmoins de visiter l'installation du lavabo. Quelle horreur ! Un tout petit recoin sombre garni d'une unique cuvette à demi pleine d'une eau noire. Au milieu de la pièce, un vase intime s'offrait aux visiteurs sans aucune protection pour leur vue et leur odorat. Le long des murs, épars sur le sol, traînaient dans la poussière les vêtements des enfants. Non, je n'eusse jamais, dans ce pays du confort, imaginé une chose pareille !

Avec la hâte qu'on devine, je quittai ce capharnaüm pour rentrer dans la classe, où me rappelaient les accords horriblement faux du piano. Avec le même sentiment qu'elle eût dépensé à moudre un orgue de Barbarie, la maîtresse exécutait une sorte de danse des ours. À ce signal, et sans aucun ordre toujours, tous les enfants s'étaient précipités sur les lignes tracées sur le plancher et s'y mouvaient, agitant leurs bras en des gestes épileptiques, gloussant des cris sans rien d'humain ou chantant d'épouvantable façon un couplet qu'accompagnait à outrance le charivari du piano. Au milieu d'eux les maîtresses se livraient aux mêmes mouvements, mais si précipités qu'elles semblaient des figures mécaniques fonctionnant au moyen d'un ressort perfectionné. Nous assistions soi-disant au départ des hirondelles, encore une chose dont je ne me serais jamais doutée.

Les hirondelles envolées, autre exercice. Maintenant, maîtresses et enfants étaient assis par terre, immobiles d'abord ; puis les têtes dodelinèrent, s'abaissèrent, et les yeux se fermèrent : c'était le repos, l'assoupissement, le sommeil. Cette fois, je compris cette charade en action, mais il me faut néanmoins déclarer que comme tableau vivant cela laissait beaucoup à désirer, que ces jambes jetées de-ci de-là produisaient un effet ridicule et qu'il y avait mille raisons pour soigner un peu plus les poses. Tout près de moi, une jeune sous-maîtresse très grande n'arrivait pas à loger convenablement ses longs tibias ; puis, tandis que tout le monde, les yeux clos, simulait le sommeil, un enfant s'avisa de retirer lestement les épingles attachant le chignon de la demoiselle, obligée, quand elle se releva, de retordre ses cheveux épars sur ses épaules, ce qu'elle opéra du reste tranquillement, sans la moindre gêne et ne grondant point, fût-ce des plus doucement, le petit coupable de cette inconvenance.

Encore une fois des couplets braillés à tue-tête ; puis, le dernier accord frappé sur le piano, les enfants de se ruer à leurs tables pour s'y comporter comme avant.

Je me hasardai à poser une nouvelle question relative à l'enseignement donné : au milieu de tous ces exercices, n'apprenait-on point à lire à ces bambins ? Comme pour les soins de propreté, réponse affirmative. De temps en temps on leur dessinait au tableau des lettres qu'ils répétaient, mais cela n'allait guère plus loin. Le but, en somme, était surtout de mettre ces petits à même d'employer leurs sens et de les développer physiquement sans surmener leurs jeunes intelligences. Je suis d'accord que des études trop précoces nuisent bien plus qu'elles ne profitent à d'enfantins cerveaux, mais je considère cependant qu'épeler des mots, assembler des lettres et compter des bâtonnets n'est point un trop abstrait ni un si fatigant travail pour des écoliers de quatre à six ans.

Je sortis de ce jardin d'enfants en ayant perdu mes illusions et nullement enthousiaste du procédé d'éducation, sinon en théorie du moins tel qu'on le pratique. L'idée, je le répète, en est très bonne en elle-même, mais il faudrait un tout autre mode d'application, et tout y pèche essentiellement.

Quelques jours après ces visites, je recevais une invitation de Mlle B., le professeur de lycée, pour une réunion d'après-midi à laquelle étaient également invitées toutes les élèves de la classe. C'est une générale habitude que de temps à autre, un samedi, jour de congé, comme chez nous le jeudi, le professeur reçoive ainsi ses élèves.

Chez Mlle B., très peu manquaient, toutes enchantées de se trouver avec leur maîtresse. J'y fus tout de suite fort interrogée sur Paris, sur nos lycées, et je plongeai toutes ces jeunes filles dans le plus profond étonnement, elles qui m'avaient crue ébahie de la beauté de leurs écoles, en leur dépeignant la grandeur des nôtres, si supérieures aux leurs comme installations : nos vastes classes si bien tenues, si pleines d'air et de lumière ; nos grandes cours de récréation plantées d'arbres et pourvues de bancs ; les préaux en cas de pluie ; les réfectoires et les cantines où pour quelques sous les enfants peuvent se procurer une nourriture saine et chaude.

Elles n'en pouvaient croire leurs oreilles. Comme compensation, je ne marchandai point les éloges pour leur discipline, leur conscience dans le travail, leur correction de tenue qui se passaient de toute garde, alors que chez nous la surveillance de toute minute, les rappels à l'ordre, le système mitigé des mauvaises et bonnes notes, les prix enfin distribués comme moyen de récompense et d'émulation n'obtenaient pas comme résultat la moitié de ce que ces demoiselles américaines donnaient d'elles-mêmes.

Cette idée d'un prix accordé comme consécration du mérite leur parut souverainement puérile. Je me hâtai bien vite de leur dire qu'il ne fallait pourtant point conclure à la médiocrité des jeunes filles françaises et que leurs connaissances étaient beaucoup plus étendues que celles des Américaines ; que l'enseignement de la couture, par exemple, consistait en bien d'autres choses qu'à savoir broder et que toutes étaient capables de devenir de bonnes et utiles maîtresses de maison, soucieuses de leur intérieur, aptes à y surveiller tout et au besoin à y tout faire, depuis le ravaudage du linge jusqu'aux manipulations de la cuisine, et que cette préparation des aliments devait être considérée par toute femme comme la plus sérieuse des opérations chimiques.

À cette déclaration très sérieuse de ma part, toutes ces gaies jeunes filles furent sur le point de me rire au nez et s'exclamèrent d'un commun accord qu'en fait de cuisine elles n'éprouvaient que le besoin de savoir préparer des candis ! De mon mieux, je leur vantai les devoirs d'une bonne épouse, d'une vraie mère de famille, leur évoquant le tableau d'un de nos modestes mais charmants intérieurs, dirigé par une femme intelligente, à la fois instruite et bonne ménagère, capable de s'intéresser aux travaux intellectuels de son mari et de veiller au bon état de ses vêtements, dirigeant l'éducation de ses enfants, mais ne dédaignant pas de repriser les bas usés par leurs petites jambes, et assistant la bonne dans la confection des ragoûts et des entremets.

Elles parurent trouver tout ce que je disais fort joli mais invraisemblable, ou tout au moins très éloigné de ce que devait être la réalité. L'une d'elles s'écria même avec un petit air de doute :

« Et vous, madame Grandin, vous savez aussi faire la cuisine ? »

Ma réponse affirmative les étonna, mais plus encore le fait que j'avais cuisiné à Chicago même pendant quatre mois. Je leur promis ensuite de les guider dans l'Exposition pour leur montrer les échantillons de tous les féminins talents acquis par nos jeunes filles.

Les causeries s'étaient mêlées de musique, et la réunion se termina par un thé. J'étais vraiment ravie de la familiarité, de l'intimité de toutes ces jeunes filles vis-à-vis de leur professeur. C'était une affection confiante, expansive, qui me charmait. Mlle B. était la grande amie et quelque chose de plus encore que l'amie, et je comparai ce franc laisser-aller, cet amical abandon avec la contrainte de nos élèves en face de nous.

Ces petits cœurs qui ne demanderaient peut-être eux aussi qu'à s'ouvrir et à nous aimer sont tenus en respect par une dignité réfrigérante, généralement imposée par la façon qu'on a de comprendre en France le professorat, de le changer en un austère pontifiement. Le professeur, trop éloigné des élèves et ne daignant point descendre jusqu'aux enfants, se les aliène et ne devient plus pour eux qu'une sorte de boîte à paroles qu'ils écoutent ou plutôt feignent d'écouter sans broncher, mais aussi avec la plus complète indifférence, heureux quand ce n'est que de l'indifférence. On le supporte, comme on supporte la pluie et le mauvais temps, avec l'espoir que cela cessera un jour ; et les années d'études finies, le souvenir du professeur et de ses leçons s'efface complètement ou ne s'évoque que pour susciter des critiques et des gouailleries.

En Amérique, tout au contraire, l'idée de quitter l'école est un chagrin pour la jeune fille ; le plus qu'elle peut, elle y séjourne, et, sortie, y revient toujours avec plaisir. Peut-être, au fond, l'écolière américaine n'aime-t-elle pas plus l'étude pour l'étude que l'écolière française : c'est le professeur qui la lui fait aimer. Un jour, peut-être, et je le souhaite, nous arriverons à ce résultat.

Frivoles par certains côtés, les femmes américaines ont cependant dans l'esprit, il faut le constater, un instinctif désir d'apprendre que n'ont pas, à égal degré, la majorité de nos Françaises. Dans un certain monde, celui des classes supérieures, la langue française est en usage, et les dames se réunissent fréquemment pour s'y exercer par la conversation, la lecture. Une Française est engagée à des prix fort respectables pour dix ou quinze séances et fait une sorte de petite conférence, familière causerie, sur un sujet artistique, historique ou littéraire [2].

À l'époque où je me trouvais à Chicago, les Américains s'étaient engoués déjà de toutes les choses du Premier Empire, et dans les salons dont je viens de parler les conférences concernaient le plus généralement Mme Tallien, l'impératrice Joséphine et surtout Mme Récamier. À quatre heures, tout le monde réuni, la conférencière commençait sa petite causerie, qui se prolongeait durant une heure environ, puis l'on prenait le thé et l'on faisait un peu de musique, la dame française entourée jusqu'à la fin de toutes les prévenances et de toutes les amabilités.

2. Ce que fera Marie Grandin dans les dernières années de sa vie pour l'Alliance française de Staten Island.

Ces distractions d'intérieur ne sont pas toujours, il faut l'avouer, d'un genre si intellectuel, et tel autre amusement choquerait tout à fait nos mœurs françaises. Il est d'usage, par exemple, dans les familles où l'on reçoit à dîner des amis, de leur ménager quelque surprise agréable.

Un soir que nous nous trouvions chez Mrs. H. avec une nombreuse société, on nous pria de passer dans une pièce voisine où nous contemplerions le curieux spectacle de Mme Barbe-Bleue. Je m'y rendis avec les autres, m'attendant à une projection de lanterne magique ou à quelque chose d'analogue, et, la porte ouverte, je ne pus réprimer un cri de terreur. Au fond de la pièce qu'éclairait seulement la verte flamme du soufre brûlant dans une coupelle, un drap blanc était tendu, et par une ouverture passait la tête d'une jeune fille. Le visage bleui par le reflet verdâtre des flammes, la longue chevelure noire relevée droite au-dessus du crâne, on eût dit une tête coupée et pendue par les cheveux. Véritablement saisie de frayeur, je me sauvai ; mais poursuivie par les éclats de rire des autres, amusés de ce mouvement de peur, je me hâtai donc de rire aussi, trouvant néanmoins dans mon for intérieur la fumisterie un peu noire et capable de produire sur une personne nerveuse de désagréables effets.

Une autre fois, la surprise fut d'un autre genre, et j'assistai, plus gaillarde, à une bataille de revenants. La scène se passait par terre. Miss Eva et Miss Maud, étendues sur le sol, s'étaient recouvertes entièrement de draps blancs et, couchées côte à côte sous ces suaires, s'envoyaient des coups de pied et des coups de poing. Anguleux sous le drap, ces mouvements produisaient véritablement un effet étrange et fantastique. Ces demoiselles y allaient d'ailleurs de tous leurs moyens d'action, et Miss Maud, victorieuse enfin de Miss Eva, qui dut reculer, obtint les félicitations de toute la société.

CHAPITRE XII

Toujours le froid. – Calumet Lake. – L'usine Pullman. – Bal de l'Art Institute. – Hôpitaux et gardes-malades. – Le dégel. – Un cyclone. – Un printemps à la vapeur.

Le froid, le froid toujours, ne cessant d'augmenter. Partout la neige épaisse, cassante, éclairée des rayons d'un soleil splendide et sillonnée de traîneaux. Paysage et froid sibériens ; mais malgré la rigueur de la température, on sortait volontiers quand la neige ne tombait pas, et comme depuis longtemps je désirais voir le lac Calumet, nous tentâmes un jour l'excursion.

Compris dans Chicago, Calumet Lake est situé à son extrémité sud. Il faut, pour y parvenir, voyager environ deux heures et traverser d'énormes plaines où s'égaillent de grandes fermes et où parque à l'aise un nombreux bétail. C'est la ville de nom mais point de fait, et un peu comme si à Antony ou à Sèvres on se disait toujours à Paris.

Les abords du lac étaient complètement déserts, et sa surface assez vaste – puisque d'une rive on ne voyait pas la rive opposée – n'offrait qu'une nappe de glace. Ce n'est point à cette époque de l'année, du reste, que Calumet Lake attire des promeneurs, mais l'été c'est un endroit très fréquenté. Sur ses bords s'organisent alors de joyeux pique-niques et sur ses eaux, chères aux amateurs de canotage, ont lieu des courses à l'aviron, des régates et des joutes ; des tribunes très bien installées permettent au public de suivre toutes les péripéties de ces exercices nautiques.

Le lac, d'ailleurs, n'était point le seul but de notre promenade. Par une température pareille, la contemplation ne pouvait longtemps durer, mais nous nous étions promis également de visiter les immenses ateliers de Pullman, le grand fabricant de trains, dont les usines sont situées tout près de Calumet Lake.

Ces ateliers forment toute une ville, une vraie ville, Pullman City, appartenant tout entière à Mr. George Pullman et contenant, outre les ateliers proprement dits, des rues bien pavées, bien alignées, bien balayées – chose rare – et bordées de maisons, quelques-unes fort belles, des églises de plusieurs confessions, des écoles et même un théâtre, le tout éclairé à la lumière électrique et surveillé par des policemen à la solde du richissime propriétaire, véritable seigneur féodal [1].

Mr. Pullman n'est, du reste, point le seul propriétaire de ce genre en Amérique. Il y a quelque vingt ans, dans le but de favoriser la construction des chemins de fer, l'État abandonnait aux entrepreneurs des étendues considérables de terrain ; aujourd'hui, l'État donne toujours le sol mais se réserve des lots qui morcellent les surfaces concédées, empêchant ainsi la formation de cités indépendantes à côté de villes mères, créations dont les multiples inconvénients se déduisent d'eux-mêmes, ainsi que les abus possibles.

1. George Mortimer Pullman (1831-1897) avait eu l'idée du wagon-lit et du wagon-salon au début des années 1860. Il fonda Pullman City en 1880. Là vivaient et travaillaient dans les années 1890 près de 6 000 personnes (11 000 habitants en comptant les familles). La localité fut rapidement rattachée à la ville de Chicago. Le dernier wagon y fut fabriqué en 1981.

Grâce aux idées libérales de son propriétaire, Pullman City est une petite ville modèle, hâtons-nous de le dire, et, loin de les administrer avec une dureté féodale, Mr. George Pullman ne songe qu'à en rendre le plus heureux possible les nombreux habitants, tous ouvriers de ses fabriques [2]. Pour l'alimentation, l'habillement, les divertissements même, des sociétés coopératives ont été établies. Tous les habitants de Pullman City sont employés aux usines ; mais, si nombreux qu'ils soient, ils ne forment pas seuls le personnel des travailleurs, personnel énorme, car l'usine Pullman est une des plus grandes du monde et beaucoup d'ouvriers rentrent le soir à Chicago.

Dans le bâtiment principal, véritable monument précédé d'un parc avec pièce d'eau, sont installés les bureaux, et dans ceux-ci des légions de femmes et de jeunes filles écrivent du matin au soir, les unes à la machine, les autres à la main. Une simple carte que délivre sans aucune formalité le surintendant suffit pour visiter de fond en comble cette manufacture immense ; car tout ce qui constituera les trains n'y entre que sous forme de matière première, et l'on n'a plus qu'à déambuler à sa guise à travers les ateliers, chacun des ouvriers répondant à vos questions avec la plus grande complaisance et sans interrompre son travail.

Décrire l'activité de ces multiples ateliers, le fonctionnement de toutes ces puissantes machines est un labeur auquel je renonce : ce serait et trop long et beaucoup trop difficile, exigeant d'ailleurs une

2. Mais en 1894, dans un contexte de crise économique, il procéda à des licenciements et à des réductions de salaires, ce qui déclencha une grève très dure (mai-juillet), d'autant que dans tout le pays les ouvriers du rail refusèrent de travailler sur des trains comportant des wagons-lits Pullman. Le président Cleveland envoya même des soldats fédéraux à Chicago, le sang coula et les grévistes n'obtinrent pas gain de cause.

technicité de langage que je ne possède pas. Mais c'est véritablement un majestueux et imposant spectacle que celui de cette animation industrielle, que la vue de ces colossales machines vibrantes, trépidantes, avec la rotation de leurs volants, le dévidement de leurs courroies sans cesse passant et repassant, le sifflement de la jaillissante vapeur ; c'est une vision presque dantesque que celle des chambres de chauffe, avec le rougeoiement de leurs fourneaux, l'avidité de leurs bouches à feu insatiables et béantes que remplissent sans trêve, pareils à des gnomes sombres, des hommes tout noirs et ruisselants de sueur et de charbon.

Scierie mécanique où se débitent des arbres gigantesques, fonderie, ateliers de charpente, de menuiserie, de vitrerie, de peinture, de tapisserie, que sais-je ? tout cela s'abrite en des bâtiments que desservent des voies ferrées. Sans arrêt, les wagons roulent, apportant aux ouvriers les matériaux dont ils ont besoin, jusqu'à ce qu'enfin ils transportent, complètement achevés, le car luxueux, la locomotive puissante qui, bientôt, circuleront avec une vitesse effrayante jusqu'à l'autre bout de l'univers [3] ; car Pullman ne produit point que pour l'Amérique, et la réputation de ses usines est universelle.

Intéressée par tout ce que je contemplais, certains travaux tout neufs pour moi, je m'arrêtai très intriguée devant des ouvriers occupés à remplir précautionneusement de coton une énorme caisse. Or cet entassement de coton n'était rien de moins que le plancher d'un wagon, le coffre ainsi bourré devant être finalement recouvert d'un parquet sur lequel marcheraient les voyageurs.

3. Sauf qu'on ne fabriquait pas de locomotives à Pullman City !

À inspecter ainsi les ateliers et les usines, nous avions usé l'après-midi, et la cloche annonçait la fin du labeur quotidien. Sortant de la manufacture, nous demeurâmes, sur le seuil même, saisis de surprise. La neige avait recommencé à tomber à gros flocons si larges et si drus que cela semblait dans l'atmosphère un amoncellement d'ouate aussi serré que celui dont on garnissait tout à l'heure le plancher du wagon, et toutes les larges voies s'emplissaient processionnellement de la foule compacte des ouvriers, dont les pas s'assourdissaient sur le blanc feutrage du sol que bleuissaient par nappes les rayons de la lumière électrique. Étrange tableau, silencieux, fantastique.

Beaucoup, parmi les employés, prenaient le train pour regagner Chicago, et nous nous dirigeâmes comme eux vers la gare. La voie était tout encombrée de neige, comme cela arrive chaque année, à des degrés tels parfois qu'il faut deux ou trois machines pourvues de chasse-neige pour débloquer un train et l'amener jusqu'à destination. Aux abords du lac, l'accumulation des neiges était si grand qu'il y avait véritablement à prévoir et à redouter un déraillement avec accompagnement de bain froid dans les eaux glacées, perspective qui ne m'agréait qu'à demi. Par bonheur, nous nous en tirâmes ; mais l'appréhension était d'autant plus naturelle que les accidents sont une éventualité avec laquelle on compte toujours en Amérique, tant ils sont fréquents, et à chaque gare, pour vingt-cinq cents, un distributeur vous octroie un petit ticket d'assurance, moyennant quoi, s'il vous arrive un accident de chemin de fer, vous êtes sûr de toucher en dédommagement une somme variable selon la gravité des blessures, le tarif de toutes les lésions, fractures, etc. étant d'ailleurs dûment inscrit sur le ticket. On se peut munir de plusieurs, et en cas de catastrophe il arrive souvent, m'a-t-on affirmé, qu'un voyageur épargné glisse son ticket inutile clans la poche du voisin moins favorisé que lui.

De retour à Chicago, nous devions assister au bal costumé qu'allait, selon sa coutume annuelle, donner l'Art Institute. Importante affaire pour tous les futurs grands artistes que l'organisation de cette fête, et surtout le choix du costume. Les convenances ne risquaient point cependant d'avoir comme chez nous maille à partir avec toute cette gaie jeunesse, et l'on ne songeait nullement, en recherchant l'originalité, la fantaisie, voire l'excentricité, à en séparer la décence et le bon goût. Miss H., ma blonde amie, se transformerait en marguerite ; une autre allait fleurir en jaune souci, et dans tous les logis les couturières réquisitionnées étaient sur les dents. Il existe bien des couturières établies chez elles, mais leurs prix sont fort élevés ; la façon de la plus simple petite robe atteint tout de suite une dizaine de dollars, et celle des toilettes plus compliquées monte, suivant les circonstances, jusqu'à cent dollars !

Il n'est donc pas donné à tout le monde de les pouvoir usuellement employer ; mais à côté de ces bonnes faiseuses il est toute une armée d'excellentes ouvrières qui, moyennant deux dollars par jour et la nourriture, viennent travailler en journée chez les particuliers. Très recherchées, elles ont une si nombreuse clientèle qu'il les faut retenir parfois un mois à l'avance pour obtenir d'elles qu'elles vous consacrent quelques journées. Elles coupent, préparent, essaient, aidées pour l'achèvement du travail par les dames, toutes très adroites quand il s'agit de toilette et de coquetterie, et presque toutes pourvues de machines à coudre qu'elles font fonctionner elles-mêmes.

Donc, au jour dit, et dès neuf heures du soir, une foule bariolée se pressait dans les salons de l'Athenæum, décorés pour la circonstance de grands parasols chinois tamisant la lumière trop crue du gaz et la teintant multicolorement. Partout des verdures, des fleurs, surtout des fleurs coupées, grand luxe en cette saison où elles atteignent des prix excessifs. L'orchestre était dissimulé derrière les feuillages.

Sous les travestissements grotesques ou coquets, mais généralement somptueux, de Turcs, de marquis, de fleurettes, de pages, de bergères, de clowns, toute la jeunesse de Chicago était là. Peu de parents. Confiées à la garde d'un frère ou plus généralement d'un ami, les jeunes filles avaient quitté la maison paternelle et devaient y rentrer sans qu'on s'occupât autrement d'elles. Qu'avait-on à craindre ? En ce bal, comme partout, le respect les entourait, et les danses joyeuses conservaient, au milieu de la plus grande animation, la correction la plus parfaite.

Les buffets étaient assiégés, mais il n'y avait pas à craindre que les glaces et les limonades tournent ces jeunes têtes, et la plupart se contentaient d'un verre d'eau glacée. L'assistance pourtant se composait de toutes sortes d'éléments, et nombre de modèles des deux sexes figuraient parmi les danseurs, mais nul laisser-aller dans leur allure ne les désignait. Tout se passait de la plus familiale façon, et les mères pouvaient effectivement dormir sur leurs deux oreilles.

Toute surveillance, en n'importe quelle occasion, est d'ailleurs inconnue aux jeunes filles. Dès l'enfance, elles savent et se conduire et se garder elles-mêmes, ce qui est la meilleure garde de toutes, et le sentiment de la dignité s'accroît chez elles, comme chez les jeunes gens, d'une féroce ambition. La condition plus ou moins modeste de laquelle elles sortent ou dans laquelle elles se trouvent, leur obligation de se procurer par une profession quelconque un gagne-pain, tout cela n'est peut-être que passager. Elles espèrent, elles comptent même que l'avenir leur réserve une situation plus haute, et, par leur tenue, leur conduite, leurs pensées presque, elles font en sorte de se rendre dignes du changement, de s'entraîner en quelque sorte moralement vers la place plus haute à laquelle elles aspirent.

Cette tendance à s'élever est certainement une des vertus américaines que je prise le plus, car rien n'est pire, pour une intelligence, que de se caser doucettement à une certaine hauteur sans plus chercher à bouger. Égoïste, paresseux ou craintif, rien n'est pire que le stationnement ; l'on ne peut taxer que d'impuissance, de sottise ou de nullité ces rats ainsi enfromagés.

Parmi les professions que les femmes embrassent en Amérique, une, regardée au contraire de chez nous comme des plus honorables et des plus honorifiques, est celle de garde-malade. Presque toutes ces gardes-malades sont d'ailleurs des étudiantes en médecine très bien élevées, très instruites. Revêtues, dans l'exercice de leurs fonctions, d'un uniforme assez disgracieux – robe de coton, tablier et manches blanches, grand manteau gris analogue à celui de nos nourrices et grand chapeau gris recouvert d'un voile de même couleur avec des brides d'étoffe blanche –, elles ressemblent assez sous ce costume à des religieuses et recueillent partout autour d'elles, même dans leur traversée d'un point de la ville à un autre, des marques de sympathie et de respect. Elles gagnent, m'a-t-on dit, beaucoup d'argent et sont reçues dans la société la plus distinguée.

Elles donnent leurs soins soit à domicile, soit dans les hôpitaux, qui, très nombreux, ne sont point affectés seulement aux pauvres comme les nôtres. Ce sont des établissements privés et payants, ainsi que nos maisons de santé particulières, et comme elles dirigés par un docteur, directeur responsable en ce qui concerne les finances. Ces hôpitaux sont toujours très encombrés, car avec l'habitude américaine de vivre à l'hôtel ou dans une boarding-house il est très difficile de se faire soigner dans sa chambre en cas de maladie grave ; et quand il s'agit d'épidémie, le transport hors d'une maison habitée par un grand nombre de personnes s'impose immédiatement. Dans des cas d'indisposition ordinaire, on fait venir en son appartement la garde, qui demeure tout le temps avec le malade et exécute minutieusement toutes les prescriptions du médecin ; mais dès que la maladie prend un caractère plus sérieux, on se rend à l'hôpital.

Des maisons spéciales existent pour les hommes, pour les femmes et pour les enfants, et certains établissements masculins sont uniquement consacrés aux alcooliques, qui en sortent souvent, paraît-il, guéris de leur terrible passion après un séjour plus ou moins long. Ces hôpitaux sont donc, en somme, d'autres boarding-houses où l'on est très bien soigné. Il y a tous les prix : la différence de paiement est en raison non des soins, donnés très équitablement, mais surtout du nombre des chambres occupées par le client, certaines personnes, par exemple, étant installées en un vaste appartement où se peuvent tenir à leur disposition leurs parents ou leurs domestiques. Mais quelque modique que soit la pension payée, le malade est presque toujours dans une chambre à un lit. Jamais de ces grandes et tristes salles, exposition terrible des misères humaines, où l'on entend du matin au soir et du soir au matin des gémissements de souffrance et d'agonie, et où il faut voir un à un, en attendant son tour, expirer ses voisins.

Point non plus de salle d'opération, celle-ci ayant lieu dans la chambre du malade avec le moins possible de terrifiants préparatifs. Le chirurgien est assisté toujours des gardes-malades du patient, car c'est à deux généralement que les gardes se mettent afin qu'il ne puisse jamais y avoir d'interruption dans la veillée, l'une relayant l'autre, depuis le début de la maladie jusqu'à la fin. Les domestiques étant en très petit nombre, elles assument en même temps, sans s'en croire avilies, des besognes que n'accepteraient point de remplir nos gardes particulières, si au-dessous pourtant de celles américaines par l'éducation et l'intelligence.

Visitant un de ces hôpitaux avec une dame dont j'avais fait la connaissance chez des amis communs, je fus étonnée des précautions avec lesquelles les jeunes infirmières refaisaient le lit de leur malade. Délicates, elles sont pleines de petites attentions charmantes pour l'être souffrant qu'elles veillent ; instruites, elles lui savent adoucir la longueur des journées de douleur et des nuits d'insomnie par leur conversation intéressante, une distrayante lecture.

« Il m'est impossible de m'ennuyer, me dit la personne que je visitais, en la compagnie constante de ces deux jeunes filles. Elles sont si charmantes, si bonnes, si aimables que je les regretterai fort lorsque je serai guérie. »

Beaucoup de guérisons, d'ailleurs, sont dues aux soins dévoués de ces gardes que nous pouvons envier aux Américains, car elles réunissent au dévouement de la religieuse le savoir et une aimable, une égayante mondanité.

Les hôpitaux ne s'ouvrant point gratuitement aux classes pauvres, il n'en faudrait cependant pas conclure que la charité n'existe pas en Amérique. Elle y est grande, au contraire, mais pratiquée tout autrement qu'en France, et pour cause. La misère d'abord ne s'y présente point comme chez nous, la main tendue pour recevoir l'aumône, la mendicité exploitée comme un métier. La dignité de l'Américain le préserve de cet abaissement. Plutôt que de supporter la honte de quémander, il se pliera à n'importe quel rebutant labeur ; c'est un salaire qu'il veut, non point une offrande, et il ne considère, dans le besoin, nulle besogne comme au-dessous de lui. Un négociant ruiné ira, s'il ne trouve pas mieux, battre des tapis ou laver les vitres des fenêtres. J'ai vu parmi une équipe de gâcheurs de plâtre et de serveurs de maçons un médecin et un avocat qui ne se croyaient nullement déshonorés par la médiocrité présente de leur situation et ne désespéraient point de l'avenir, loin de là. Cependant, il y a en Amérique, comme partout, des vieillards, des infirmes, des orphelins à l'existence desquels il faut pourvoir. Ceux-là sont recueillis par des maisons hospitalières, œuvres privées mais nombreuses. De plus, chaque église possède un club qui réunit les aumônes et les distribue.

N'ayant point à subir les extorsions des mendiants de métier, il est possible de faire beaucoup de bien, car les gens aidés ne le sont que momentanément, c'est-à-dire jusqu'à ce qu'ils soient parvenus à se procurer un emploi, à se créer des ressources. En cas d'accident ou de maladie, le malheureux est placé dans un hôpital où sa pension est payée par une église, chaque individu étant sûr de trouver auprès de son pasteur une aide prompte, efficace et discrète.

Les semaines passant, le temps devenait moins dur, et un grand dégel se produisit. Mais quelle débâcle ! Il est impossible, quand on n'y a point assisté, de s'imaginer rien de pareil. Les rues s'étaient transformées en véritables fleuves ; pour les traverser, il avait fallu, à l'aide de planches posées sur des pierres, former des passerelles. Seuls les hommes, chaussés d'énormes bottes de caoutchouc, arrivaient à patauger dans ce gâchis liquide ; les pauvres femmes obligées par leurs occupations de sortir quand même s'y enlisaient effroyablement. Et pour comble, au bout de trois jours ce dégel s'interrompit. Sur toute cette glace à demi liquéfiée le froid tout à coup s'abattit, et la surface tout entière du sol ne fut plus qu'un glissant miroir. Les Américains sont, heureusement pour eux, de bons patineurs ; néanmoins, le nombre des accidents fut considérable. Pour parachever la situation, une pluie fine recouvrit tout de son verglas, mais personne n'essaya de pallier le mal – pas de cendre ni de sable jetés sur les trottoirs ou devant la maison par initiative municipale ou privée.

Combien de bras et de jambes cassés ? Impossible de le dire. Espérons que tous les éclopés étaient assurés ! Pendant plus d'une semaine les journaux furent remplis de lamentables récits et aussi d'amusantes caricatures. Enfin la neige, qui se remit à tomber, feutra toutes les maudites glissades, et la circulation se rétablit normalement, au grand désespoir des cordonniers, lesquels avaient aussitôt inventé une chaussure préservatrice des chutes grâce à ses semelles de caoutchouc pourvues de petites cavités. Quant aux pauvres, ils avaient déjà adopté les raquettes, tout comme au Canada ; et si le gel avait continué, on serait arrivé en somme à se tirer le mieux du monde de tous ces désagréments.

Ce vilain temps, outre qu'il m'avait valu à moi-même une fort douloureuse chute, m'avait fortement ennuyée en m'empêchant de sortir et de me rendre, comme je faisais presque journellement, à la bibliothèque pour y puiser certains renseignements et des documents qui m'étaient très nécessaires.

Les bibliothèques sont nombreuses à Chicago, mais la plus importante est installée à la mairie, les autres n'étant que des succursales. Sans pouvoir être comparée, cela s'impose, à notre richissime Bibliothèque nationale, cette bibliothèque de Chicago contient un nombre considérable de volumes, et ses salles de lecture et de travail sont fort bien installées, comme les nôtres à peu près, mais avec cette différence que certaines sont réservées aux dames et d'autres aux messieurs. Les littératures étrangères, et surtout la littérature française, y sont largement représentées.

Nous touchions déjà aux derniers jours d'avril et la température ne s'était pas encore sensiblement adoucie. Pas une feuille, pas un brin d'herbe, pas un bourgeon ! Cet hiver éternisé me navrait. Je comparais ces jours froids et tristes à ceux si doux de notre France à la même saison ; je me rappelais nos fins de février si égayées déjà par le pointement des herbes, mars gonflant de sève l'écorce des arbres et la graine des bourgeons, semant les mousses des étoiles blanches de l'anémone et piquant les violettes embaumantes au corsage de chaque Parisienne.

Soudain, et comme si la terre s'était échauffée intérieurement, la chaleur arriva, suffocante. Partout les calorifères étaient allumés, car la veille encore le thermomètre était au-dessous de zéro. Cette température dura vingt-quatre heures puis le ciel se couvrit de nuages si épais et poussés par un vent si violent que je crus à une nouvelle tombée de neige.

C'était mieux que cela, car c'était la préparation d'un cyclone qui éclata avec une fureur inouïe. Le vent, brisant les arbres, lançait à travers l'espace les pierres et les débris de toutes sortes arrachés par ses tourbillons. Le lac mugissait, élevant tempétueusement ses vagues ; ce n'étaient que hurlements et sifflements fantastiques. Puis, brusquement, le jour déjà sombre acheva de s'obscurcir, et une averse de grêlons se déchaîna, déchirant tout en un épouvantable tapage.

Sous cette bordée de vraies balles – certains des grêlons que je recueillis pesaient trois grammes –, les vitres volaient en éclats, les rideaux et les tentures étaient hachés. Dans notre hôtel vingt-cinq fenêtres furent brisées, et les dégâts dans toute la ville représentèrent des sommes énormes. Mais les pires dommages furent à l'Exposition, où des couvertures entières de bâtiments furent détruites.

Ce cyclone affreux qui dura plusieurs heures était l'aimable manifestation par laquelle s'annonçait le printemps. Printemps à la vapeur, car, comme si la végétation n'eût attendu que ce signal et se tînt dans les coulisses de la nature, toute prête à faire son entrée, le lendemain même on vit paraître la verdure. Point timidement et progressivement comme chez nous. Toute cette gradation délicieuse du printemps, ces éclosions si ravissantes à suivre ne devaient point se produire. Huit jours après cette bourrasque tous les arbres avaient des feuilles et les lilas étaient fleuris. Sans exagération, on pouvait dire qu'on voyait pousser l'herbe : devant ma fenêtre, une place entièrement nue le matin était le soir verdie de gazon, celui-ci, dès le jour suivant, assez haut pour être tondu.

CHAPITRE XIII

Ouverture de l'Exposition. – Cloués au sol. – L'exposition des Femmes. – Le palais des Enfants et autres palais. – Une école indienne. – Souvenirs de Christophe Colomb. – Le pavillon du Gouvernement et autres pavillons. – Concurrence manquée à la tour Eiffel.

À l'approche du 1er mai, c'est-à-dire de l'ouverture de l'Exposition au public [1], l'effervescence à Chicago croissait de jour en jour. C'est au 1er mai également que s'organisent les installations quand on loue une maison ou un appartement, et presque tous les habitants de la partie sud, c'est-à-dire proche de l'Exposition, mettaient en location à des prix invraisemblables les moindres coins dont ils disposaient. Les hôteliers triplaient leurs tarifs, réduisaient de moitié les plats, et de toutes parts des déménagements s'opéraient afin de laisser libres les locaux sur l'occupation desquels on comptait pour réaliser des bénéfices colossaux. On s'attendait à voir affluer les étrangers, mais les pluies continuelles n'étaient point pour favoriser les déplacements et inviter au voyage.

Peu à peu, donc, les visiteurs arrivaient en médiocre nombre, tandis que dans la ville tous les prix continuaient d'augmenter, depuis les tarifs des chemins de

1. Plus de six mois après l'inauguration (voir note 1, p. 115) ! Du 1er mai au 30 octobre 1893, il y eut près de 27 millions de visiteurs.

fer jusqu'au blanchissage des chemises d'hommes. La pluie ne cessait de tomber, désagrégeant le sol des rues, fait en général de bois et de terre battue ; et quand le 1er mai arriva, ce fut un gâchis presque aussi épouvantable qu'aux jours de dégel.

L'Exposition, quoique ouvrant solennellement à la date fixée, était loin d'être terminée, mais le plus nécessaire et le plus en vue étaient prêts. Dans la cour d'honneur, la plus belle de l'Exposition, sinon de tout l'univers, et en face du lac Michigan, une immense estrade était dressée, où prirent place le président Cleveland entouré de tous les contractants de l'Exposition, des personnages officiels et des invités. Autour de l'estrade se massait, pour entendre le discours qu'allait prononcer le Président, une foule compacte.

De ce discours je n'entendis rien, la voix du Président n'arrivant pas, malgré son énergique sonorité, jusqu'à mes oreilles ; mais à la mimique et aux gestes et de l'orateur et de l'auditoire, je compris qu'il était, qu'il ne pouvait être qu'à la gloire de l'Amérique et des Américains. Des bravos frénétiques en saluèrent la péroraison, tandis qu'en haut de tous les mâts se hissaient les étendards de toutes les nations et que la musique entonnait l'hymne *My Country* au milieu d'un indescriptible enthousiasme, puis la foule des spectateurs debout au pied de l'estrade commença de se disperser.

Mais comment ! Mais en quel état et avec quelle difficulté ! La station ayant été, en somme, assez longue, tous les pieds avaient fini par s'enchâsser dans la boue noire et gluante du sol. Lorsque tous ces braves gens tentèrent de se mettre en marche, les chaussures, la plupart en caoutchouc, refusèrent positivement d'accompagner leurs propriétaires et, abandonnant les pieds, demeurèrent dans la vase, qui retenait également nombre de parapluies et de pardessus.

Prudemment restés à nos places, nous regardions avec amusement ce curieux spectacle, et le dénouement acheva de nous étonner. Comme lors de l'incendie de Milwaukee, des bandes de pillards s'empressaient de faire main basse sur tous les objets perdus ou abandonnés, couraient les laver dans le lac puis s'en allaient chargés de leur butin avec très probablement l'intention de le vendre, peut-être à ceux qui en avaient été les légitimes possesseurs.

L'après-midi, dans l'Exposition même, avait lieu une inauguration, celle de l'exposition des Femmes. Avec sa grâce et son éloquence habituelles, Mrs. Potter Palmer, présidente, prononça une allocution où, s'adressant à toutes les femmes, elle leur fit connaître d'abord tous les succès obtenus, remerciant de leur concours toutes les collaboratrices et les engageant surtout à persévérer dans la voie de l'activité et du progrès sans se satisfaire si tôt des améliorations obtenues, afin d'arriver à se créer à côté de l'homme, par leur courage et leur intelligence, une place égale à la sienne. Même en Amérique – et l'Amérique est cependant, disait avec raison Mrs. Palmer, le paradis des femmes –, même en Amérique on ne regarde les travaux scientifiques ou artistiques de la femme qu'avec un sentiment voisin de l'indulgence ; ailleurs, c'est le dédain, le mépris, la négation même de leur valeur intellectuelle. Mais il aura suffi, pour se convaincre que la femme peut compter en tout et partout, de visiter ici son exposition de l'Art et de l'Industrie [2].

D'autres discours suivirent, faits par les représentantes des nations étrangères, chacune en sa propre

2. Dans la troisième semaine de mai eut lieu le World's Congress of Representative Women dans ce même Woman's Building ainsi qu'à l'Art Institute. Il y eut 330 communications de femmes au cours de 81 réunions sur des sujets liés à la condition féminine dans les domaines les plus divers.

langue, ce qui parut fort long et fort ennuyeux à tous ceux, et ils étaient nombreux, qui ne comprenaient point ces idiomes. Enfin Mrs. Potter Palmer s'avança pour procéder à la pose non pas de la dernière pierre mais du dernier clou de cette exposition due tout entière à son initiative, à son dévouement : un joli et mince clou d'or qu'elle enfonça d'une main sûre à l'aide d'un marteau d'argent ; et le monument ainsi parachevé et inauguré, on le put visiter à loisir.

C'était sans contredit l'un des plus intéressants de l'Exposition, et nombreuses furent les journées que j'y passai, toujours charmée, jamais lassée, découvrant sans cesse en un coin oublié quelque chose d'original ou de curieux. L'intérieur formait dans sa partie médiane une sorte d'immense nef éclairée d'un vitrage et réservée à l'art proprement dit : peinture, sculpture, etc. À ses deux extrémités, deux grands panneaux décoratifs étaient dus au pinceau, l'un de Mrs. MacMonnies [3], l'autre de Miss Cassatt, du talent de qui il n'est rien à dire, car tout Paris le connaît, le reconnaît, et une de nos galeries d'art les plus estimées des artistes et des amateurs exposait, il y a peu de temps encore, toute une réunion d'œuvres de Mrs. Cassatt [4].

Sur les parties latérales de ce palais de la Femme, au premier étage, se trouvaient différentes salles divisées

3. Mary Louise Fairchild (1858-1946), peintre américain impressionniste, avait étudié à Paris (Académie Julian). Elle y avait rencontré un compatriote, le sculpteur et peintre Frederick William MacMonnies, qui avait étudié aux Beaux-Arts. Mariés jusqu'en 1909, ils vécurent surtout en France et acquirent même une maison à Giverny. Frederick conçut pour l'Exposition universelle de Chicago la monumentale Columbian Fountain (décrite p. 249), à laquelle travailla Léon Grandin (voir note 1, p. 30).

4. Mary Cassatt (1844-1926) était déjà dans l'orbe du japonisme. Elle vivait certes en France depuis les années 1870 mais était célèbre aussi en Amérique.

elles-mêmes en plus petites grâce à d'ingénieuses séparations. Une installation bien américaine de genre était celle de la grande pièce réservée à tous les comités de province et de l'étranger. Publique, elle était partagée au moyen de poteaux et de chaînes en des séries de boxes, et dans chacun d'eux le comité qui l'occupait s'était réservé un genre particulier de propagande : réclames pour les sociétés de tempérance contre l'abus du tabac ; en faveur de certains produits, alimentaires ou autres, de fabrication féminine, cela va sans dire ; enfin projets d'école modèle où les jeunes filles américaines seraient initiées, en plus des autres études, aux soins du ménage et de la cuisine ainsi qu'aux bienfaits de tous les sports modernes – canotage, escrime, bicyclette, etc.

Dans une autre très grande salle réservée au congrès, les murs, du haut en bas, se couvraient des portraits (peintures, gravures ou photographies) de toutes les femmes de l'univers célèbres par leurs œuvres ou leurs actions.

Placée un peu à l'écart, l'exposition des femmes indiennes me sembla une des plus intéressantes. Elle offrait des tissus de laine, des ouvrages de perles, des poteries de forme élégante, artistique, et surtout des vanneries qui valent une mention spéciale. Rien de plus fin, de plus léger, de plus joli que ces corbeilles faites d'une infinité de brins d'herbe et de joncs teints de couleurs diverses, et en admirant ces ouvrages je pensais que, si la femme primitive peut avec si peu de moyens atteindre à de tels résultats, la femme de notre civilisation doit pouvoir effectivement réaliser les grandes œuvres que Mrs. Palmer faisait espérer d'elle.

Non loin de l'exposition indienne, celles des femmes allemandes, scandinaves, etc., et celle des femmes chinoises, uniquement composée de peintures et de broderies sur soie. Vêtements, kakémonos, éventails, paravents, tout cela d'une délicatesse inouïe.

Puis l'exposition des femmes de Californie, d'aspect sévère et somptueux donné par leur très belle décoration : larges panneaux de ce bel acajou rouge de Californie alternant avec des panneaux de peinture décorative symbolisant les principales industries de la contrée. Les Californiennes sont en général d'une énergie peu commune. Il existe en ce coin de l'Amérique plusieurs mines d'or et d'argent exploitées par des femmes ayant à leur tête comme directeur une femme également. Cet état de choses se rencontre, m'a-t-on dit, en d'autres points de l'Amérique, mais plus rarement qu'en cette terre où la femme semble emprunter à la richesse du sol et à la luxuriance du climat une vigueur physique plus grande et une plus grande force morale.

Très curieuse aussi, et très artistique, l'exposition des dames de Cincinnati : meubles et bibelots de bois précieux sculptés, ciselés comme des bijoux, décorés de marqueteries merveilleuses, d'un fini de miniatures, œuvres de femmes comme la décoration de la salle, très admirée des Américains mais un peu trop chargée pour notre goût français.

Tout cela au premier étage, cela et bien d'autres choses, entre autres de coquettes installations particulières où se vendaient différents objets. Une de ces petites boutiques appartenait à Miss Laura, la secrétaire de Mrs. Palmer, et elle y faisait vendre avec un succès fou, comme un souvenir de l'exposition des Femmes, « le clou de Mrs. Palmer » : un clou tout semblable d'apparence à celui que celle-ci avait enfoncé de ses mains, mais transformé en portemine. Ingénieuse idée qu'une femme française de la même classe que Miss Laura n'eût pas pensé à exploiter et qui produisit de respectables bénéfices.

Au rez-de-chaussée, outre la partie principale consacrée aux arts, se trouvaient les expositions des grandes nations. L'Angleterre y étalait parmi tous ses envois des dentelles splendides, l'Italie rivalisant avec elle sur ce « point » – le jeu de mots est involontaire –, mais le succès, il faut l'avouer en toute sincérité, était surtout pour l'exposition française.

Une exposition admirable entre toutes était celle organisée par une jeune fille, véritable héroïne de charité, qui se consacrait au recueillement et à la guérison des lépreux[5]. Accompagnée seulement d'un serviteur dévoué, elle s'était aventurée jusqu'à l'extrême nord pour recueillir les malheureux atteints du mal horrible qu'elle croyait plus fréquent en ces contrées désolées, affrontant tous les dangers sans qu'aucun l'arrêtât. Son exposition, reproduction exacte des bâtiments qu'elle avait fait construire pour loger et soigner ces parias, avait pour but d'obtenir de la charité américaine des fonds pour l'extension de son œuvre.

À côté du palais de la Femme, voisinage tout logique, celui de l'Enfant, gracieux et gai monument, aimable comme ceux pour qui il avait été élevé. C'était le pays des jouets, l'encyclopédie complète du bonheur des bébés : poupées mécaniques parlant, marchant, chantant ; animaux presque nature ; citadelles imprenables, artillerie menaçante et pourtant inoffensive, innombrables régiments ; ménages et meubles lilliputiens. Rien de neuf, en somme, si ce n'est certains jouets des plus simples qui attirèrent mon attention.

5. L'infirmière anglaise Kate Marsden (1859-1931) avait été sensibilisée à leur sort en sillonnant la Sibérie, à la faveur de la guerre russo-turque de 1877-1878. Elle fut la première femme admise à la prestigieuse Royal Geographic Society de Londres.

Bien simples, oui : deux morceaux de toile peinte représentant, l'un de face, l'autre de dos, un être quelconque, humain ou animal, les deux morceaux assemblés puis bourrés de son – c'est tout. Paris, maintenant, a vu à toutes les vitrines des magasins de machines à coudre américaines un chat façonné de cette primitive sorte ; c'est là l'échantillon de ces jouets qui me ravirent. Très bon marché, à tel point que j'achetai par douzaines des poupées de toutes tailles et des animaux de tous genres. Ils sont complètement inoffensifs : l'enfant le plus jeune et le plus maladroit peut les manier sans courir le moindre risque de se faire du mal. Très légers, on peut leur donner des dimensions presque nature, et le bambin le plus pauvre peut en jouir comme le plus riche. Dans l'hôtel où nous habitions, ma petite amie Mary possédait une de ces poupées presque aussi grande qu'un enfant de quatre ans et qu'elle promenait de l'air le plus convaincu.

Dans le centre de ce palais enfantin, une grande aire était réservée à divers jeux gymniques : tennis, crocket, football, cerceaux, tous les enfants étant libres de venir prendre part à ces jeux gratuitement mis à leur disposition.

Un peu plus loin, dans deux vastes pièces, deux dortoirs étaient installés, l'un garni de jolis petits berceaux où des bébés dormaient sous la garde de femmes au service, l'autre meublé de lits plus grands où reposaient, veillés également, des enfants un peu plus âgés. Enfin, en une troisième pièce vitrée comme une serre, s'ébattait joyeusement, sous la direction d'une jeune fille, toute une bande de bambins.

D'où venaient tous ces petits ? Je fus tout de suite renseignée en voyant entrer une famille dans une sorte de bureau précédant la salle de jeux.

« Nous désirerions, madame, dit la maman à l'employée, déposer ici nos deux enfants.

– Pour toute la journée ? fit la receveuse.
– Oui.
– Fort bien. C'est dix cents pour chaque enfant, lunch inclus. »

En même temps, l'employée passait au cou des deux petits en question une sorte de collier muni d'un numéro et remettait aux parents deux tickets mêmement numérotés. Cela fait, le couple s'en fut seul, à sa fantaisie, à travers l'Exposition, tandis que les bébés allaient gaiement prendre place parmi la bande joyeuse.

Cette garderie était évidemment une excellente trouvaille, et l'industriel qui l'exploitait dut y réaliser de jolis bénéfices. Quelle facilité pour les parents et surtout que de fatigues évitées aux enfants ! En France, il y a évidemment nombre de gens tout à fait scandalisés à cette idée de déposer ainsi la progéniture au vestiaire comme les cannes et les pardessus encombrants. Ces gens-là, souvent, sont de ceux que ne terrifie pas du tout l'idée de traîner avec soi, en des endroits malsains, dangereux et où ils n'ont que faire, de pauvres petits exténués de fatigue et d'ennui. J'ai vu à notre Exposition parisienne de 1889 des foules écrasantes desquelles des hommes seuls avaient peine à se tirer et où des parents s'étaient aventurés en portant, en traînant des bébés en bas âge, au risque de ne les sortir de là qu'étouffés. Que n'étaient-ils, ceux-là, restés en une garderie !

Les femmes, les enfants, les fleurs, c'est une gradation toute logique, et le palais de l'Horticulture, hasard ou réflexion, touchait presque celui des bambins. Paradisiaque jardin, édénique forêt, avec, du sol au dôme, l'enveloppement de la verdure, l'élancement des palmiers, le souple festonnement des lianes, l'éclosion éblouissante de l'universelle flore. Les jacinthes et les tulipes de Hollande, éclatantes en leurs robes princières, hautaines, hiératiques, arrivées en Amérique pour y ouvrir leur calice à côté des hibiscus de la Chine, des chrysanthèmes du Japon, fleurs de rêve jaillissant de précieuses potiches et jalouses des rhododendrons de France envoyés par les Tuileries et le Luxembourg, plantes superbes dont l'épanouissement merveilleux faisait l'admiration de tous les visiteurs mais qui pâlissaient cependant à côté des expositions de la Turquie et de la Floride, de leurs arbres géants gorgés de sève et de vie, aux puissantes verdures, aux fleurs ardentes, aux intenses parfums. Entre tous, les jasmins de Virginie triomphaient, chaque jour dépouillés de leurs fleurs offertes aux visiteuses et chaque lendemain aussi somptueusement fleuris que la veille.

Dans le palais étaient vendus, précieusement collectionnés, des herbiers complets de toute la flore américaine. Au centre du monument s'élevait comme une immense pyramide de verdure ; elle recelait dans ses flancs une grotte de cristal éclairée à la lumière électrique, avec une jaillissante fontaine, abri délicieux propre au séjour d'une fée.

Après le palais de l'Horticulture, celui des Transports, lourd, massif, d'un extérieur commun et prétentieux. Ses murs disparaissaient sous une profusion de peintures, plaques d'or et d'argent, barbouillages affreux à dégoûter de la peinture décorative ses plus zélés admirateurs. En ce bâtiment si vaste que des semaines n'eussent pas suffi pour le visiter en détail trônait le dieu Chemin de fer, escorté de toutes les inventions locomotrices en leur succession progressive. Des projets d'aériennes voies ferrées roulaient au-dessus de nos têtes leurs wagonnets minuscules – vrai défi à la nature, les rails tenant en l'air sans arche, sans pont, sans traverses, comme miraculeusement. Puis les bateaux, nullement supérieurs aux nôtres comme beauté, comme confort, plutôt au-dessous même, mais beaucoup mieux ventilés. (Partie sur le paquebot français *La Touraine*, je suis revenue par le steamer américain *Paris*. Sur le premier, pendant toute la traversée, dura et régna dans les cabines une écœurante, une fétide odeur ; à bord de l'autre, un air pur, sans cesse renouvelé.) Enfin, les voitures, toutes représentées là, depuis les primitifs chariots jusqu'à cet aquarium ambulant dont j'ai parlé[6], dernier, ah ! dernier moyen de désagréable transport, véhicule du suprême déplacement.

Le palais des Mines, celui-là, c'était le roman des *Mille et Une Nuits*, l'abasourdissement d'Aladin pénétrant dans la caverne des génies, contemplant l'entassement des lingots d'or et d'argent, le ruissellement des pierres précieuses. À côté des envois de la Californie, du Minnesota, de l'Iowa, que pouvaient produire, qui ne fût éclipsé, les autres parties du monde ? Que d'or ! Que d'or !

En face de ces amas de pierres contenant l'or en dépôts amalgamés et fondus, la tête vous tourne en une spéciale griserie ; l'idée vous hante de partir immédiatement vers ce pays de la fortune, en ces placers où l'on foule aux pieds le plus précieux des métaux. Ivresse passagère et qui se dissipe dès qu'en parcourant l'Exposition on se rend compte des difficultés de l'extraction. Puis, de ces montagnes aurifères, les unes sont maintenant dépouillées jusqu'à la dernière paillette et toutes les autres sont la propriété de sociétés milliardaires. Les chercheurs d'or, isolés, épars dans les roches, fouillant le sol et découvrant le gisement enrichisseur, sont en train de passer à l'état de légendes. L'or, comme toutes les grandes industries, appartient au capital.

À côté de l'or, à qui faisaient cortège l'argent, le platine, le cuivre, le fer, le zinc, un combustible,

6. Le corbillard, voir p. 148.

presque aussi roi que lui, tenait une place considérable : c'était le charbon. Puis les huiles minérales, les pétroles jaillissant tout fabriqués du sol, richesses incalculables de l'Amérique, sans rivale en de telles productions. À côté des matières premières, les moyens d'extraction, de purification, tout un monde de sciences et d'industries.

Élégant, léger, l'un des plus artistiques palais, celui de l'Électricité, n'était malheureusement point terminé à l'ouverture de l'Exposition ; il ne le fut que beaucoup plus tard et ne contint jamais qu'une partie des merveilles qu'il eût dû abriter. Ce n'était point d'ailleurs le seul inachevé et d'autres mêmes étaient encore à l'état embryonnaire, alors que depuis un mois l'Exposition avait été inaugurée. Un de nos amis, vers la fin de mai, arriva à Chicago, croyant fermement trouver son exposition particulière complètement installée. Chimère ! Les charpentes du bâtiment qui lui devaient donner asile n'étaient même point encore édifiées. On s'y mettait, et j'espère que tout fut à peu près terminé pour la fermeture… mais je n'en voudrais pas jurer.

Tout en déplorant ces retards, ces inachèvements, il n'en faudrait point conclure à un four, et ceux qui sont revenus en dénigrant l'Exposition me semblent bien difficiles ou se sont trop pressés de la quitter sans lui accorder l'attention réelle qu'elle méritait et qui les eût fait changer d'avis sur son compte.

Inachevé, donc, le palais de l'Électricité n'en était pas moins plein d'attraction. Entièrement construit en briques, celles-ci, creuses, renfermaient des lampes Edison, et c'était une impression étrange que cette maison subitement lumineuse sans qu'on devinât la cause de son resplendissement. À l'intérieur, même effet d'éclairage, qui ne serait peut-être pas très pratique en des domiciles privés mais dont on peut tirer merveille pour les décorations, les illuminations d'une fête.

En sortant du palais de l'Électricité on se trouvait dans la cour d'honneur, la plus belle qu'on pût imaginer par ses dimensions, son architecture et sa situation surtout. Magique spectacle un peu gâté par le pavillon de l'Administration, lourde et ronde bâtisse évoquant le souvenir d'une pièce montée de nougatine surmontée d'un dôme, qu'on avait eu pour comble la mauvaise idée de dorer ! À ajouter encore aux fautes de goût abîmant le panorama une colossale statue de la Liberté, toute d'or elle aussi, écrasant de sa massive personne la délicieuse colonnade devant laquelle elle était placée et obstruant la vue du lac.

Mais à part ces minimes tares, quelle splendeur dans l'ensemble du décor ! À droite, l'immense palais des Machines et celui de l'Agriculture ; à gauche, ceux des Mines, de l'Électricité, des Arts libéraux ; en face, le développement majestueux du canal conduisant au lac, incomparable toile de fond. Émergeant des eaux du canal, la fontaine monumentale de MacMonnies[7] : l'« Amérique triomphante », environnée de personnages symboliques, s'avançait sur son navire que précédait la Renommée et qu'escortait, à travers les eaux mêmes, toute une foule tumultueuse et mêlée, enfants, nymphes, guerriers, tritons, monstres marins. Et sur le lac, enfin, le sillonnement des embarcations, gondoles gracieuses, élégants bateaux électriques évoluant, rapides, en jetant dans la limpidité de l'atmosphère leur joyeux sifflement.

Dans le palais des Machines se rassemblaient toutes les cyclopéennes inventions du génie humain : métallique forêt de roues, de cylindres, de mâts, de

7. Voir notes 1, p. 30, et 3, p. 240.

courroies, d'arbres de couche, de volants mis en mouvement par le pétrole ; monstres d'acier et de fonte qui m'auraient beaucoup appris, sans doute, mais dont la puissance, l'excès d'activité et de force m'effrayaient.

Plus paisible, plus aimable, le palais de l'Agriculture m'attirait davantage et contenait naturellement tous les produits du sol américain, le maïs y tenant la place d'honneur. Puis c'était l'exposition très intéressante des fermes, avec une armée de moulins à vent à ressusciter Don Quichotte. Cette adjonction d'un moulin est indispensable à toute ferme, surtout à celles de l'Ouest, si isolées au milieu des prairies qu'il leur faut absolument subvenir d'elles-mêmes à tous leurs besoins.

Au bord du lac, une curieuse reconstitution de ruines mexicaines : palais, temples éboulés à demi, recouverts d'une végétation qu'on eût crue séculaire et révélant en leurs sanctuaires profanés la présence des dieux aztèques, idoles grimaçantes sculptées dans le bois et enluminées de couleurs vives. Pour compléter l'illusion, le lac baignait le pied des décombres, et sur ses eaux flottaient, amarrées, les frêles pirogues indiennes et des embarcations reconstituées d'après celles de ces époques lointaines, mais non point grossières.

Un peu plus loin, c'était le campement des Indiens soumis, avec ses tentes de bois et de feuillage, sa population, ses femmes tressant la vannerie, fabriquant les tissus de perles qu'elles vendaient aux visiteurs. Le village était complété par une école que je me complus à visiter. Sorte d'école professionnelle mixte, comme toutes les écoles américaines, mais pendant les heures d'étude seulement ; le reste du temps, les filles étaient rigoureusement séparées des garçons.

Je fus reçue par ceux-ci à l'entrée de la classe : grands adolescents dont il eût été cependant difficile de définir l'âge, éphèbes par la stature, hommes graves par l'expression du visage. Physionomies étranges et sévères qui juraient singulièrement avec la modernité de l'uniforme : veste et pantalon bleus à boutons de cuivre, dont ils semblaient très fiers.

L'un d'eux, garçon de dix-huit ans, me servit de cicérone, s'acquittant à merveille de ce rôle, répondant à toutes mes questions avec une bonne grâce, une patience exemplaires, des manières douces, amènes, en contraste bizarre avec la dure et presque cruelle expression du visage et avec la fixité farouche des yeux. Tous d'ailleurs offraient une si grande similitude de traits et d'expression qu'on eût pu les croire de la même famille. Dans toutes les résidences d'Indiens soumis, une école semblable à celle que je visitais est ouverte aux jeunes gens, mais sans qu'ils soient forcés d'en suivre les cours. Mon jeune Indien les suivait, lui, depuis quelque temps déjà et paraissait très orgueilleux de sa civilisation.

En général, les progrès des Indiens dans la langue anglaise sont fort rapides. En peu de mois, ils arrivent non seulement à parler mais à écrire à peu près correctement, et leur aptitude pour le dessin est encore plus étonnante. En quelques leçons, l'élève a compris les rapports des lignes entre elles, et sa main trace des traits d'une fermeté, d'une justesse surprenantes. Le dessin d'invention leur donne lieu de produire des qualités indiscutables ; avec une ingéniosité extrême, ils savent user des teintes plates [8], et je crois fermement que l'art est la caractéristique de cette race. Seules les poteries qu'à l'état sauvage ils fabriquent suffiraient à prouver cette aptitude par la beauté de leurs formes et l'originalité de leur décoration.

8. Appliquées de manière uniforme.

Des ateliers professionnels sont naturellement adjoints aux classes, ateliers de cordonnerie, de sellerie, de menuiserie, etc. Le plus fréquenté paraît être celui de la sellerie, et je vis à la cordonnerie un jeune Indien en train de terminer une bottine de femme qui, pour la forme et le fini, eût fait l'admiration d'une Polonaise, la femme la plus difficile pourtant quand il s'agit de la perfection de la chaussure.

Les jeunes filles, comme les garçons, semblent intelligentes et étudient facilement la langue anglaise. Elles sont uniformément vêtues d'une robe très simple de couleur sombre sur laquelle tranche un tablier blanc. La tête des jeunes hommes est complètement rasée, mais celle des filles est au contraire pourvue d'une chevelure si abondante que l'effet en est caricatural. Leur aspect n'est point agréable, leur air n'a rien de séduisant, et cependant elles sont toutes, dès l'enfance, d'une coquetterie instinctive qui va jusqu'à la provocation et qui doit rendre fort difficile l'administration de ces maisons éducatives.

Comme travaux manuels, elles s'exercent à la couture, au crochet, à la tapisserie. Dans tous ces ouvrages, elles sont d'une très grande habileté mais d'une frivolité d'esprit qui les fait se lasser très vite, et, une fois une certaine dose d'attention dépensée, une certaine somme de travail donnée, il est impossible d'obtenir d'elles davantage.

Un musée enfin complétait l'organisation de l'école, musée renfermant les reliques de la tribu – insignes de commandement des anciens chefs, coiffures et manteaux de guerre, statues de dieux grossièrement sculptées dans la pierre, etc. –, les photographies des principaux chefs soumis ou prisonniers ainsi que celles des élèves en leur ancienne tenue de Peaux-Rouges, beaucoup mieux, certes, plus beaux et de plus haute mine, avec leurs longs cheveux et leur accoutrement sauvage, que le crâne tondu et le torse engainé dans la tunique bleue aux boutons de cuivre.

Autre merveille où l'Amérique pouvait encore étaler sans conteste sa supériorité sur toutes les autres nations : l'exposition forestière. Là dominaient royalement les arbres géants de Californie, et une plaque d'acajou rouge dressée comme curiosité à une des extrémités de la salle atteignait dans ses dimensions trois mètres de diamètre.

Reconstitution également curieuse, touchante aussi : celle du monastère de la Rábida, où vécut de longues années Christophe Colomb. Massive et triste construction rappelant à la fois l'église et la prison, mais dont la tranquillité claustrale était bien faite aussi pour favoriser le recueillement d'esprit, et où un génie comme celui de Colomb pouvait durant de longues années mûrir son plan en dehors de toute agitation. On pouvait voir de petites portes par lesquelles il semblait possible d'entrer mais point de ressortir, de sombres appartements disposés comme à l'époque où y avait habité le grand navigateur. Des meubles, des vêtements et différents objets lui ayant appartenu étaient précieusement conservés avec une véritable collection de portraits le représentant à différentes époques de sa vie aventureuse, toiles de plus ou moins de valeur ayant servi de modèles pour la série des timbres-poste du Quatrième Centenaire, lesquels, comme on le sait, n'étaient appelés à circuler qu'une année.

Énorme entre tous les énormes bâtiments qui composaient l'Exposition et le plus grand peut-être qui ait jamais été construit, le palais des Manufactures et des Arts libéraux avait la forme d'un immense rectangle d'un demi-kilomètre de long sur deux cent cinquante mètres de large, sa hauteur atteignant environ quarante mètres. S'étendant sur la rive du lac, on ne peut dire la majesté qu'offrait à la vue le développement de ses lignes immenses. C'est à l'intérieur de ce colossal édifice qu'au jour de l'inauguration trois mille personnes avaient trouvé des sièges.

Presque entièrement construit en fer, rien de plus hardi à considérer que les gigantesques arceaux de métal soutenant le reste de la bâtisse. La partie centrale formait un hall énorme pareil à la nef d'une cathédrale et recouvert d'une toiture vitrée. Dans cette galerie, les places d'honneur étaient réservées à la France, à l'Allemagne, à la Russie, à la Belgique et à la Suisse, et, sans conteste, la France l'emportait sur toutes ses voisines. Il n'y avait, pour s'en convaincre, qu'à constater l'affluence continuelle des visiteurs, leur admiration non dissimulée devant toutes les splendeurs étalées : tapisseries des Gobelins et d'Aubusson, porcelaines de Sèvres, orfèvreries, ameublement, bronzes, féminines toilettes, etc. Émerveillement enthousiaste dont je me sentais fière.

Fort belle aussi, l'exposition allemande. Moins d'art que chez nous mais d'un autre genre, où se sentait l'effort d'un grand pays en constante marche vers le progrès. L'Italie, elle, avait naturellement inondé la place qu'on lui avait offerte de ses statues de marbre, vendues à des prix dérisoires, mais trop cher encore à considérer leur valeur artistique. Tout est bon à ces ex-grands artistes pour faire du commerce, et le pillage des œuvres d'autrui, plagiat effronté, ne les arrête point. J'ai vu entre autres parmi « leurs œuvres » *La Rieuse* de Carpeaux affublée de vêtements de fantaisie et audacieusement signée d'un nom italien [9].

Dans ce même palais, parmi les curiosités de l'exposition américaine, les bois pétrifiés étaient une des choses

9. Mais il faut reconnaître que le sculpteur et peintre Jean-Baptiste Carpeaux (1827-1875), prix de Rome, avait été très influencé par l'Italie en ses jeunes années. En outre, *La Rieuse* (1873, musée des Beaux-Arts de Strasbourg) représente une Napolitaine !

dont la contemplation ne me lassait pas. Couchés dans le sol depuis des milliers d'années, ces bois ont acquis, sous l'influence d'éléments chimiques que recèle le terrain, la dureté et la froideur du marbre. Dans certaines parties de l'Amérique, ces gisements se rencontrent en très grande quantité, et des scieries mécaniques ont été établies à Saint Paul pour leur exploitation. Des cheminées monumentales, des dessus de tables, des panneaux et toutes sortes de pièces sont exécutés avec ces bois lapidifiés dont les nuances sont des plus variées et dont les cercles concentriques, indiquant l'âge, demeurent aussi visibles que dans les troncs frais abattus.

D'architecture gracieuse et de dimensions raisonnables, le pavillon du Gouvernement était pour les étrangers l'un des plus intéressants à visiter. C'était en quelque sorte les archives de la patrie, et tous les documents, tous les souvenirs de sa naissance comme nation libre y étaient rassemblés. D'abord l'acte authentique de sa déclaration d'Indépendance, les différents contrats passés à cette époque entre l'Angleterre et le peuple américain, des lettres officielles ou intimes de George Washington et de différents grands hommes américains, etc. Il est juste d'ajouter que parmi ces reliques nationales figuraient des portraits de La Fayette et divers objets lui ayant appartenu, preuve incontestable, il me semble, de la reconnaissance que l'Amérique garde à la France pour l'aide alors spontanément apportée et les services rendus.

Puis défilait toute l'histoire de l'armée avec les successives modifications de ses costumes et de son armement – histoire bien courte en comparaison de la nôtre !

Suivait la représentation picturale de toute la faune américaine, collections merveilleuses d'insectes étranges, de papillons multicolores, d'oiseaux-mouches, fleurs vivantes ; tous les monstrueux reptiles, les serpents énormes empaillés, mais qu'on eût dit prêts à se jeter sur leur proie ; tous les grands fauves, à l'exception du lion, et d'autres animaux de moyenne et de petite grandeur particuliers au sol américain et que je ne connaissais pas. Enfin, la pisciculture, très bien organisée, avec une installation spéciale pour l'éclosion des œufs de saumon, sans parler de mille autres choses : collections de minéraux, de cartes, photographies de sites admirables, etc.

Non loin du bâtiment, dans les jardins, l'exposition d'artillerie, peu riche et dont le seul aspect prouvait que l'Amérique n'est ni ne tient à être un pays guerrier. Puis, sur le lac, l'exposition navale installée sur le bateau de briques *Illinois*, très jolie construction donnant exactement l'idée d'un navire de guerre et différant peu, dans tous ses détails d'agencement, des beaux vaisseaux de la flotte française.

Un bâtiment spécial était consacré aux habitants de l'onde salée ou douce, et sa décoration était uniquement empruntée aux productions marines et fluviales. D'énormes caïmans peuplaient un immense aquarium, non point alanguis, comme ceux qui gisent dans les bassins du jardin des Plantes, mais vifs, à leur aise, se pourchassant comme s'ils s'étaient trouvés en liberté dans les eaux du Mississippi ou sur la terre luxuriante de la Floride. D'autres loges aquatiques contenaient tout un monde d'individus intéressants, entre autres une sorte de raie très grosse, très blanche, avec en saillie sur son corps si plat une tête quasi humaine, bleue, grimaçante, horrible ; et quand, exhalant de petits soupirs de pamoison, elle entrouvrait un œil langoureux, c'était à rester décontenancé d'épouvante, tant la ressemblance avec une face humaine devenait frappante.

À travers tous ces jardins circulaient, amenées par des canaux, les eaux du lac ; on en longeait les rives fleuries, et pour égayer encore le paysage des bandes de canards sauvages étaient venues s'abattre en pleine

Exposition, y établissant leur résidence et donnant aux promeneurs le spectacle amusant de leurs curieuses batailles.

Tout près du palais des Poissons, dans une grande île ménagée à dessein, se dressaient trois légers et gracieux pavillons installés par le Japon et offerts par lui à la ville de Chicago. Meublés avec le goût et l'art de ce pays, ils étaient entourés de jardins fleuris entretenus par des indigènes au costume bariolé et chamarré dans le dos d'un immense soleil. En face de cette île, le palais des Beaux-Arts. Contenant et contenu, il faudrait un volume pour décrire en détail celui-là.

Chacun des states des États-Unis était installé dans un édifice particulier, certains peu intéressants d'architecture et assez insignifiants aussi dans les œuvres exposées, d'autres pleins d'intérêt à tous les points de vue. Celui de la Californie reproduisait exactement un établissement de missions installé depuis une époque déjà fort reculée au bord du Pacifique. La Floride avait édifié la copie d'un vieux port. Le bâtiment de l'Iowa était à l'intérieur entièrement décoré de grains de maïs de diverses couleurs disposés sur les parois et les plafonds en mosaïques éclatantes. Le New Hampshire s'était bâti une maison de bois faite, comme celles qui s'égaillent dans ses montagnes, d'énormes arbres à peine équarris.

Mais une des grandes attractions, et la plus grande aux yeux des Américains, était, dans le bâtiment de la Pennsylvanie, la cloche de l'Indépendance [10], amenée de Philadelphie avec mille précautions. Son arrivée

10. C'est la Liberty Bell de Philadelphie, commandée au début des années 1750 par le corps législatif de la colonie de Pennsylvanie et célèbre pour sa fêlure. Fabriquée en Angleterre, elle n'en est pas moins devenue l'un des symboles de la nation américaine, même si, contrairement à la légende, elle n'a pas sonné le 4 juillet 1776 pour la Déclaration d'indépendance.

dans Chicago avait donné lieu à une enthousiaste manifestation. Couverte de fleurs, elle avait été portée comme en triomphe à l'Exposition, où elle ne cessa de s'enguirlander des verdures les plus fraîches et des fleurs les plus rares. Une reproduction de la maison de George Washington à Mount Vernon attirait aussi grand nombre de visiteurs.

Sauf pour l'Angleterre, dont l'édifice, assez insignifiant à l'extérieur comme à l'intérieur, servait surtout de salle de rendez-vous, les nations européennes avaient élevé de fort beaux pavillons. Celui de l'Allemagne représentait un vieux château féodal dont la cloche se faisait entendre de tous les points de l'Exposition. Le palais de la France était un de ceux qu'on admirait le plus, mais le succès incontestable était pour le bâtiment particulier de la Ville de Paris, doublement attractif pour les Américains, car c'était la reproduction fidèle du cabinet de Versailles où Louis XVI signa l'acte de protection, alliance de la France avec l'Amérique contre l'Angleterre. La copie des meubles, des tapisseries : tout y était d'une exactitude absolue [11].

La série des palais et des pavillons dont j'ai jusqu'ici parlé constituait l'Exposition « officielle », pour ainsi dire, tous ces bâtiments étant gratuitement ouverts au public. Mais une autre partie de l'Exposition, Midway Plaisance, contenait encore des attractions dont l'entrée payante variait de dix cents à un dollar : villages

11. La Ville de Paris avait largement financé la construction du pavillon de la France. En fait de « cabinet », c'est le salon d'Hercule qui avait été reconstitué en partie. Là étaient exposés de nombreux souvenirs de la guerre d'Indépendance. En réalité, le traité d'alliance (s'ajoutant à un traité d'amitié et de commerce) fut signé le 6 février 1778 à Paris (hôtel de Coislin, place de la Concorde) entre le diplomate Conrad Alexandre Gérard, représentant le roi, et trois plénipotentiaires américains, dont Benjamin Franklin. Le 20 mars à Versailles, ceux-ci furent reçus par Louis XVI dans la grande chambre du roi.

esquimau, dahoméen ou autres, maisons turques, cafés maures ; la rue du Caire, avec ses spectacles, ses danses ; panoramas divers, établissements de tous genres, etc.

Parmi ceux industriels, une fabrique de verre, Libbey Glass, attirait autant de monde que chez nous en 1889 la verrerie vénitienne. Les jeunes filles qui y vendaient les produits fabriqués sous les yeux des visiteurs arboraient des bérets et des tabliers tissés de verre filé, et au premier étage s'ouvrait un salon où toutes les étoffes de meubles et de tentures étaient fabriquées de ce même verre au filage et au tissage duquel on assistait.

Au centre de ce Midway s'élevait une singulière machine, immense construction qui devait, au dire des Américains, constituer l'une des plus grandes attractions de l'endroit et laisser loin derrière elle notre tour Eiffel. C'était une immense roue verticale analogue à celles que nous avons tous vues dans nos fêtes foraines et qui emportent dans leur rotation les voyageurs curieux de ce mode de locomotion. Là, les nacelles étaient de véritables wagons, et l'immense machine ne se mouvait que fort lentement, tant était grande la crainte qu'elle pût avoir un mouvement trop vif, dont s'effrayeraient les voyageurs, et que la difficulté de l'arrêt ne donnât lieu à de graves accidents. En somme, ce travail, aux yeux des ingénieurs, pouvait être très remarquable, mais je ne vois guère les charmes ni l'utilité d'une pareille course circulaire.

En conclusion, cette Exposition de Chicago si dénigrée était, je ne crains pas de le proclamer, une merveille, bien supérieure à toutes celles jusque-là organisées, et nous ne pourrions, avec nos faibles ressources, en égaler la splendeur [12].

Quelques défectuosités, cela s'impose. D'abord, la difficulté des moyens de transport, non point pour y

12. L'Exposition universelle de 1900 n'en attirera pas moins à Paris près de 51 millions de visiteurs !

arriver ni pour le retour : de cinq minutes en cinq minutes se succédaient des trains menant en un quart d'heure au centre de la ville ; mais pour parcourir l'Exposition dans les différents sens de son immense étendue, un chemin de fer Decauville manquait [13]. Il en existait bien un, mais circulaire, ce qui ne rendait pas du tout les mêmes services. Quant aux petites voitures de malades poussées par des jeunes garçons en uniforme bleu, trop peu pratiques et trop chères, il n'y a pas à en parler.

Enfin un autre défaut, à mon sens, était le manque de gaieté, d'entrain, dû peut-être au trop de superficie occupée et aussi à la froideur du caractère national.

13. Voies de chemin de fer de faible écartement, facilement démontables et transportables, dont l'invention revient à Paul Decauville dans les années 1870.

CHAPITRE XIV

Les pharmaciens à Chicago. – Les abattoirs. – Hécatombes animales. – La préparation des viandes. – Le charnier. – Départ de Chicago. – La traversée des montagnes de l'Ohio. – Washington. – Philadelphie. – En mer.

Cependant, pour toutes les causes que j'ai indiquées en passant et parmi lesquelles il faut mettre en première ligne le trop d'immensité et l'inachèvement de la plupart des bâtisses, cette exposition si riche, si merveilleuse ne remportait point le succès éclatant sur lequel on avait compté. Des contrées lointaines les visiteurs n'affluaient guère, et pour les moins attirer encore des catastrophes se produisaient, de taille, il faut l'avouer, à jeter un certain froid parmi les timides Européens.

Aux abords de l'Exposition, en quelques mois seulement, tout un quartier s'était élevé, maisons de pierre monumentales contenant jusqu'à trois cents chambres et destinées à servir de populeux caravansérails. Bâties en plein hiver sur un sol gelé, sans fondations solides, ces maisons, pour ceux qui comme moi les avait vu construire, ne pouvaient se soutenir que par miracle, et plusieurs en effet s'écroulèrent subitement, ensevelissant sous leurs décombres de nombreuses victimes.

Au grand mécontentement des boutiquiers, qui avaient espéré des affaires d'or, le petit commerce n'allait qu'à demi, et tous se plaignaient sauf les pharmaciens, dont les magasins ne désemplissaient guère.

Dans leurs officines, généralement situées au coin des rues et très nombreuses, se vendent non seulement des médicaments et tous les articles de la droguerie mais encore des timbres-poste, des cigares, du papier à lettres et toutes sortes d'objets n'ayant qu'un vague rapport avec l'apothicairerie. Ouverts même le dimanche, ces magasins sont des salles de libre accès où l'on vient consulter les indicateurs commerciaux et autres, analogues à nos bottins, où l'on entre s'asseoir pour attendre le tramway, où une cabine téléphonique est mise à votre disposition et où se débitent sans arrêt sur un comptoir spécial les sodas chauds ou froids et les petits verres de whisky destinés à guérir les malaises passagers des ladies. On comprend donc que ces commerces soient des plus prospères.

L'un des endroits les plus curieux de Chicago, et que je tenais à visiter avant notre départ, était les Yards, le quartier des abattoirs [1]. La richesse de Chicago est surtout due, on le sait, à son commerce de viandes fraîches et conservées. Entourée d'immenses prairies où naît à l'état libre le bétail de toutes espèces, Chicago est la cité des hécatombes, et ses abattoirs, situés à l'extrémité ouest, sont à eux seuls une ville dans la ville.

Affluant incessamment vers le lieu de tuerie en attendant leur tour de mourir, les troupeaux sont enfermés dans de vastes parcs clos de bois pouvant contenir et contenant presque toujours quatorze mille moutons, vingt-cinq mille bœufs et cent cinquante mille porcs. Rien de plus intéressant qu'une promenade à travers ces ménageries funèbres où l'on rencontre çà et là les cow-boys. Habitants des prairies, ces grands et vigoureux gaillards sont les héros de

1. Les abattoirs de l'Union Stock Yard Transit Co., créés en 1865 et dont les derniers fermèrent en 1971.

mille aventures. Pour réunir en troupeaux et amener à Chicago le bétail errant à l'état sauvage, il leur faut se livrer à une véritable et dangereuse chasse. Habillés à la mode mexicaine, le large pantalon ouvert à partir du genou, coiffés du grand chapeau de feutre, ils ont fière mine, debout à côté de leur cheval, superbe bête harnachée elle aussi à la mexicaine, le lasso pendant à la selle.

Les bœufs réunis là, dépourvus généralement de cornes, ont une expression beaucoup plus intelligente que les nôtres ; les moutons, eux, sont aussi placides qu'ailleurs. Quant aux porcs, ils sont tout à fait réjouissants dans leur embonpoint extraordinaire. Aussi larges que longs, ils sont de véritables boules de graisse, tenant à peine sur leurs pattes. Il faut les voir se précipiter sur les grappes de maïs, se bousculant, se culbutant, roulant les uns par-dessus les autres.

En ces abattoirs, comme partout, organisation parfaite pour économiser le temps, concentrer les forces. Plusieurs compagnies de chemin de fer ont installé des voies conduisant jusqu'au seuil des ateliers les pauvres bêtes. Elles entrent par une porte à l'état d'êtres vivants pour ressortir par une autre sous forme de quartiers de viande qui seront expédiés dans tous les coins du monde. Vingt mille hommes sont employés dans ces abattoirs, et une seule maison, la maison Armour & Co., en occupe quatre mille.

La visite n'est point conseillée aux délicats, car le spectacle en est affreux. Partout, des ruisseaux de sang, la rencontre constante de débris hideux, la vue répugnante des intestins transportés par brouettes descendant par des voies en pente des étages supérieurs dans les cours. C'est le temple du carnage, et cela suscite de singulières réflexions sur notre degré d'élévation morale. Une seule constatation pallie l'horreur : c'est la rapidité étonnante, presque invraisemblable, avec laquelle on procède à ces tueries et aux malpropres opérations subsécutives.

L'exécution du porc et surtout les différentes opérations sur son défunt individu sont fort curieuses à suivre. Placé sur un plan incliné et attaché par une patte à une chaîne qui glisse le long de ce plan, l'animal est entraîné en quelques secondes devant son bourreau. Couvert de sang et le couteau comme rivé à la main, cet homme égorge sans interruption du matin au soir.

Égorgé et perdant son sang, le porc, toujours entraîné par sa chaîne, arrive à une immense cuve d'eau bouillante où, presque encore vivant, il est échaudé ; de là, toujours mécaniquement traîné par la chaîne, il passe sous d'immenses racloirs desquels il sort parfaitement nettoyé. Continuation de la course avec stations successives, d'abord devant un ouvrier qui parachève au grattoir le raclage, puis devant un autre qui coupe la tête, devant un troisième qui le vide ; un autre le fend en quatre quartiers, lesquels sont coupés un peu plus loin en morceaux plus petits qui s'en vont, les uns au saloir, les autres sous forme de jambons dans une pièce spéciale où ils seront fumés, tandis que les intestins suivent un troisième chemin pour subir de leur côté différentes préparations.

En quelques minutes seulement, tout est fait, et sortis des dernières mains les morceaux palpitent encore. Dans une seule maison, Nelson Morris & Co., on tue et on manipule dix mille porcs par jour.

Mais pour être épouvantables, ces égorgements, ces préparations ne sont pas le côté le plus répugnant des Yards. Il y a des choses plus atroces, plus ignobles à voir. Il est vrai qu'elles ne sont point montrées volontiers aux visiteurs et que c'est le hasard qui nous les fit découvrir.

Lorsque des animaux arrivent morts ou qu'ils meurent de maladie dans les parcs de l'abattoir, on abandonne d'abord, au mépris des plus élémentaires lois de l'hygiène, les cadavres dans les cours. Ils sont laissés ainsi à l'ardeur du soleil, quelquefois pendant plusieurs journées. Quand on se décide à les enlever, c'est non pour les enfouir ou les faire disparaître d'une façon quelconque mais simplement pour les jeter au charnier.

Ce fut devant ce charnier, clos seulement d'une palissade de bois dont la porte battante laissait l'entrée libre au tout-venant, que le hasard me conduisit. J'entrai, poussée par la curiosité, et, saisie à la gorge, à demi renversée par une odeur infecte, je ne sus pas d'abord ce que je voyais : des entassements de cadavres à tous les degrés de la décomposition, depuis l'animal mort d'hier jusqu'aux ossements blanchis ; la gamme complète des hideurs de la pourriture, les mouches abattues sur les peaux suintantes, les insectes putrides grouillant dans la liquéfaction des chairs.

Je compris pourquoi le vent d'ouest apportait toujours dans Chicago une épouvantable odeur dont les habitants connaissent la cause et dont ils ne se préoccupent pas, quand elle peut pourtant charrier avec elle de pestilentielles maladies – insouciance qui ne se tolérerait qu'à peine chez un peuple ignorant, grossier, sauvage, et qui devient aussi révoltante qu'inadmissible en ce pays de constant progrès et d'intelligente civilisation.

Cette visite que je ne regrettai pas, malgré tout, fut une de mes dernières excursions dans Chicago. Notre départ était depuis longtemps déjà chose décidée, et à la fin de juin [2], ne le retardant plus, nous quittâmes la

2. Début juin, en réalité : le 11, les Grandin étaient déjà à Washington puisqu'ils voulaient assister à l'inhumation des victimes du Ford's Theatre (voir p. 273-274).

ville, nous rendant à Washington par la ligne qui traverse les splendides montagnes de l'Ohio.

Je quittais Chicago !

Eh bien – faut-il l'avouer ? –, même avec cette perspective de reprendre le chemin de fer et la route de la patrie, de revoir les êtres chers dont j'étais depuis un an séparée, je me sentais profondément triste de ce départ. Je quittais la contrée où j'avais vécu libre, d'une liberté de pensée et d'allure qui n'allait plus être admise sur notre sol, où fleurissent toujours les préjugés étroits, l'étiquette ridicule, les absurdes conventions ; je quittais le pays dont les lois, les institutions, les mœurs répondaient si bien à mes sentiments, à mes aspirations, à mes goûts.

J'avais goûté au fruit de l'indépendance, de l'intelligente activité, et je me révoltais à l'idée du rôle tout passif et tout inférieur qu'il allait me falloir reprendre ! J'avais joui de la considération, du respect accordés là-bas à toute femme, et j'allais retrouver le dédain, la méprisante pitié dont nous accable en France la supériorité masculine. Après avoir vu les femmes, mes sœurs, traitées avec égards, déchargées par leurs maris de tout le fardeau de la vie et, dans les cas exceptionnels où elles sont obligées de le porter, admirées et aidées par l'homme, j'allais les revoir uniquement traitées soit en bêtes de somme, soit en bêtes de luxe dont on a d'autant moins à se soucier de la valeur morale et de l'intelligence qu'on les nie.

Un vieux proverbe déclare Paris le « paradis des femmes » ! Non, Paris est l'enfer pour toute femme qui vaut quelque chose, et le paradis féminin c'est l'Amérique ! Là, le mari n'est ni un sultan daignant s'abaisser jusqu'à la femme dans un passager caprice, ni un maître tyrannique, parfois brutal et avare, exploitant le travail de l'épouse comme un patron le travail de l'ouvrier. L'homme américain ne demande à la femme que la permission de la rendre heureuse elle et la famille qu'ils auront fondée. Il veut que leur bonheur soit son œuvre, et c'est là le seul mobile de toutes ses actions, le but de son activité fiévreuse, de sa hardiesse inaltérable, de sa course à la fortune, acharnée mais rarement vaine. Il est bien le fondateur de la famille, de la maison, le protecteur-né de la femme ; et si quelque blâme était à donner, c'est justement celle-ci qui le mériterait.

Habituée à cette félicité, elle ne l'apprécie pas assez, il me semble, et reste vis-à-vis de son époux en retour de dévouement. Il lui apporte tout : l'affection, le bien-être, la tranquillité ; il lui évite, les gardant pour lui seul, les peines, les fatigues, les soucis, et ce n'est que bien rarement qu'elle songe à lui prouver efficacement sa gratitude. Elle ne sait même point lui donner toutes les douceurs de la vie de famille et de l'intimité du foyer. Qu'elles seraient chères pourtant à l'Américain, si épris de son home, alors même que ce home se réduit à la banale chambre de la boarding-house où l'obligent à vivre les habitudes d'oisiveté contractées par la femme américaine !

Que n'a-t-elle un peu des vertus « pot-au-feu » de la Française ! Non pas que je me moque de cette réputation qui nous est universellement faite ; j'en suis fière, au contraire, et c'est de bonne foi que je souhaiterais aux Américaines de devenir un peu nos émules là-dessus. Elles n'auraient pas à craindre, en se modelant sur nous, les maux que nous subissons. L'homme américain a trop de bon sens, d'intelligence ; il a trop bien compris l'essence vraie de la supériorité pour déchoir jusqu'où ont moralement déchu nos hommes français. En parlant du peu de valeur de ceux-ci, je parle bien entendu de la masse ; car d'autre part je proclame que, lorsque le Français est supérieur, ce qui arrive parfois, il l'est à tous.

Malheureusement, ces natures d'élite sont, en notre époque, l'exception, et la généralité ne vaut pas grand-chose ! Égoïste, sans cœur, l'homme moderne, en France, n'a qu'une préoccupation, qu'une affection, qu'une considération : son « moi », et partant de là il supprime nettement autour de lui tout ce qui pourrait lui devenir une charge, un obstacle, une gêne. Une femme, des enfants, c'est une engeance qui l'apeure, qu'il évite et qu'il n'accepte que forcé, à regret, avec le dessein bien formé de ne point se sacrifier tout entier à cette famille, de la réduire le plus possible. Le plus souvent et jusque dans les plus hautes régions, il épousera non point avec le désir de donner à la femme choisie le bien-être, la fortune, mais pour les recevoir d'elle de par sa dot, la seule chose qu'il ait réellement convoitée, courtisée, la fiancée ne venant qu'ensuite. De l'amour continué dans le mariage ? Ah ! de cela il ne saurait être question ! Un mari qui aimerait sa femme et qui oserait le dire se couvrirait de ridicule ! Et l'on sait ce qu'est le ridicule en France, plus à craindre que la mort.

C'étaient toutes ces pensées et bien d'autres qui m'assaillaient et me navraient tandis que je bouclais nos malles [3]. Mais quoi ? Il faut se résoudre à ce qu'on ne peut empêcher, et la résignation est en première ligne parmi les vertus que des professeurs intéressés ont inoculées à notre sexe.

Plusieurs lignes de chemin de fer conduisent de Chicago à Washington, et nous avions choisi celle qui traverse les montagnes de l'Ohio. Voyage très

3. Après un tel éloge de l'homme américain, on se dit que Marie Grandin avait plutôt envie de « se faire la malle ». D'ailleurs, elle quitta son mari à l'été 1895 pour repartir définitivement aux États-Unis… mais avec un Français (Alexandre Ferrand), certes plus jeune qu'elle de douze ans. Elle lui donna deux enfants puis l'épousa en 1901 après la mort de Léon Grandin. Elle-même décéda à Staten Island le 25 décembre 1905 à l'âge de quarante-deux ans.

pénible par suite des accidents de terrain mais dont la fatigue est amplement compensée par la merveilleuse beauté des sites entrevus ; or nous partions par un train de nuit afin de nous trouver à l'aube dans la partie la plus intéressante du trajet, ne devant arriver à Washington que sur les huit heures du soir. Mais nous n'eûmes pas à attendre l'aurore pour que commençât, interminable, le défilé inoubliable de paysages de rêve.

Dès le milieu de la nuit, un brusque arrêt du train nous permit de jouir d'un spectacle féerique. Nous étions en pleine forêt, et tous les arbres apparaissaient embrasés, de la cime à la base, de milliers de petits feux. C'étaient les mouches phosphorescentes qui illuminaient ainsi magnifiquement toute la forêt, et il est impossible de rien imaginer de plus doux que cette petite lumière à reflets électriques suspendue à chacune des feuilles.

Puis, le train ayant repris sa marche vertigineuse, changement de décor dans le mobile panorama, l'assombrissement de la nuit s'auréolant de place en place de rougeurs semblables aux reflets de vastes incendies. Nous allions traverser le pays du fer et du feu, cyclopéenne contrée dont les entrailles recèlent le métal, fondu, forgé sur place, et où, de jour et de nuit, sans trêve, les hauts-fourneaux halètent, rouges comme des bouches de volcan.

Au sortir de ce pays qui semble dans la nuit faire partie des cercles de l'enfer dantesque, c'est Pittsburgh, la ville du pétrole. Malheureusement, l'arrêt du train n'était point assez long pour nous permettre de visiter les environs de la cité, plus curieux encore que celle-ci, pourtant toute étourdissante d'activité. Arrosée par un cours d'eau qui la divise en deux parties, elle est traversée dans toute sa longueur par le chemin de fer, les rails posés à même les rues de la ville, sans barrière ni aucune protection pour les promeneurs. De lourds camions charriant le pétrole longent ou croisent en tous sens le train. D'immenses usines sont partout installées pour l'exploitation de cette huile répandue à profusion pour la richesse de la contrée et qui depuis Pittsburgh est expédiée sur tous les points du globe. Des gisements de gaz naturel sont aussi exploités et, comme le pétrole, extraits du sol même au moyen de puits.

Laissant Pittsburgh en arrière, nous suivons maintenant les bords de l'Ohio, et la beauté du paysage s'accroît toujours, paradisiaque. Lentement vers le large Mississippi, la rivière roule ses eaux qui semblent épaissies de tous les métaux que son lit contient et qui paraissent les refléter, tantôt jaunes comme l'or et le cuivre, tantôt d'un gris bleuté comme l'argent et le fer. Sur les rives, des montagnes se dressent à pic ou s'escaladent l'une l'autre, ici toutes rocheuses, toutes formées de pierres rougeâtres, pareilles aux rochers aurifères, là toutes verdies d'une vigoureuse et luxuriante végétation. Dans ce défilé montagneux, la marche du train s'accélère encore. Nous suivons les méandres d'un labyrinthe, lacet de courbes imprimant à notre train de continuelles et violentes secousses ; impossible d'arpenter le wagon, d'y demeurer même debout sans risque d'être projeté à terre par la violence des chocs. Mais devant l'indescriptible beauté du mobile panorama, la fatigue se sent à peine. Plus vite, toujours plus vite, nous filons en une course vertigineuse qui semble vraiment la course à l'abîme des ballades allemandes, le train si serré entre la montagne et la rivière que sur chaque rive il n'y a juste que la place d'une voie. Nul danger donc de rencontre, mais l'appréhension d'un déraillement et de la chute en ces eaux profondes sur lesquelles les wagons semblent rouler, car, à moins de se pencher et de regarder en dessous du train, on n'aperçoit même pas la bande de terre sur laquelle sont posés les rails.

La catastrophe semble d'autant plus imminente que les accidents de terrain se multiplient. Par instants, nous sommes si profondément encaissés dans l'étroite gorge et la double ligne des montagnes devient si haute que la clarté du jour s'obscurcit ; en d'autres places, au contraire, le train passe au-dessus de la rivière, suivant une rampe naturelle de rocs qui nous la fait surplomber. Enfin la vallée s'élargit, et la vue, quoique toujours encerclée par la muraille des montagnes, s'étend sur d'immenses plaines avec çà et là des campements d'Indiens soumis. D'ailleurs, nul autre vestige d'habitations humaines, aucune trace d'industrie ou de civilisation : c'est la nature primitive, vierge, sauvage et sublime.

Pendant sept heures, nous en jouissons avec extase ; puis la pure beauté des choses se modifie peu à peu au visible contact de l'humanité. Washington approche, et nous arrivons avec une heure d'avance. Depuis la gare on aperçoit le Capitole, et au premier coup d'œil on se rend compte que Washington diffère sensiblement des autres villes américaines. Point de hautes maisons, partout des monuments, des jardins, des statues. Chose encore plus extraordinaire : une irréprochable propreté dans les rues macadamisées et, par suite, relativement silencieuses, le bruit des voitures s'assourdissant sur le bitume.

Nous étions un samedi, et trouver un gîte où l'on consentît à nous servir le vrai dîner dont nous avions grandement besoin n'était pas chose facile. Un hôtel enfin voulut bien nous recevoir et nous réconforter sérieusement d'un repas substantiel, mais froid, que nous servirent des Noirs dûment habillés de blanc. Je fus désagréablement surprise en voyant un de ces domestiques m'apporter comme boisson un liquide jaunâtre qui ne m'inspirait aucune confiance et que je repoussai, réclamant de l'eau. De l'eau ? Mais c'en était, et de l'eau du Potomac, encore !

Une fois rassasiés, nous sortîmes du restaurant avec la hâte de visiter un peu la ville. Malgré l'heure déjà tardive, il y avait affluence de promeneurs, la température étouffante de la journée rendant toute naturelle, d'ailleurs, cette promenade dans la délicieuse fraîcheur du soir ; et parmi toute cette multitude, l'élément noir dominait, en formant presque la totalité. Tous se dirigeaient vers un même point – beaucoup de gens, hommes ou femmes, munis de vastes paniers –, et suivant la foule, amusés de son bariolage plus éclatant encore qu'en toute autre ville des États-Unis, nous arrivâmes avec elle sur la place d'un marché en tout semblable à nos marchés parisiens. C'était la première fois que je voyais en Amérique une halle où se vendaient, comme dans les nôtres, des produits de toutes sortes ; ces halles, le samedi, restent ouvertes jusqu'à minuit afin de permettre aux ouvriers de faire leurs emplettes pour le dimanche, et c'était à ce marché nocturne que nous assistions.

Le lendemain matin dès la première heure, nous nous remîmes à déambuler par la ville. Malheureusement, le chômage du dimanche en cette cité aristocratique s'observe encore plus rigoureusement que partout ailleurs ; les monuments, les musées, tous les établissements curieux nous étant fermés, nous prîmes alors le parti de nous rendre à Mount Vernon pour visiter la maison et le tombeau de George Washington.

Par cette chaleur étouffante, le voyage par eau serait chose charmante. La résolution prise, nous voguions quelques instants plus tard sur le Potomac, large fleuve aux ondes toutes jaunies par la présence en son lit d'une grande quantité d'ocre. Sur le pont, un orchestre jouait un air national. Silencieux, mon mari et moi nous laissions aller au double bercement du bateau et de la musique quand, à côté de nous, nous entendîmes parler français. La pureté de l'accent nous faisant croire à des compatriotes, connaissance fut bientôt nouée. Pourtant, nous nous étions trompés en prenant pour des Français nos jeunes voisins : ils étaient russes, ce qui ne diminuait point, loin de là, la sympathie. Officiers de marine, leur vaisseau en rade de New York, ils devaient faire partie de l'escadre qui se rendrait prochainement dans la Méditerranée, avec halte au port français de Toulon.

Fort charmants tous deux, le voyage s'égaya encore de leur amabilité, et nous manifestâmes de part et d'autre le double plaisir qu'il y aurait à visiter Mount Vernon en si bonne compagnie ; mais le bateau stoppant au point terminus de sa course, nous éprouvâmes un singulier déconcertement. Nous n'étions point à Mount Vernon, que l'on ne visite pas – pourquoi ? – le dimanche, mais en une sorte de parc où le bateau qui dessert dans la semaine Mount Vernon amène le dimanche les promeneurs désireux de se livrer aux douceurs du law-tennis, du tir à la carabine, voire même des chevaux de bois.

Assez ennuyés de la mésaventure, nous repartîmes pour Washington en nous demandant désespérément comment nous arriverions à tuer cette longue journée. L'un de nos compagnons se souvint alors que deux jours auparavant un accident terrible, l'effondrement d'un plafond au ministère de la Guerre, avait coûté la vie à bon nombre de fonctionnaires et que les funérailles solennelles se célébraient ce tantôt [4]. Plusieurs

4. Une partie de l'ancien Ford's Theatre, où étaient installés des bureaux de l'administration de la Guerre, s'était effondrée, faisant 22 morts et 68 blessés. Dans ce même édifice, le 14 avril 1865, John Wilkes Booth avait tiré sur le président Abraham Lincoln, qui avait succombé le lendemain.

grands dignitaires figurant parmi les victimes devaient être, par honneur suprême, inhumés au cimetière d'Arlington. Faute de mieux, c'était un spectacle intéressant que nous fûmes d'avis de ne point manquer, et dès la descente du bateau, louant une voiture, nous nous fîmes conduire à Arlington.

En raison de la cérémonie, le cimetière était ouvert. Situé en haut d'une colline, c'est le seul en Amérique qui renferme quelques monuments, et parmi les plus curieux celui élevé à la mémoire de deux mille cent onze soldats qui périrent lors de la dernière guerre et dont les noms sont restés ignorés ; de plus, au milieu de ce champ de repos s'élève la maison qui fut la dernière habitation du général Lee, assez belle construction d'où l'on contemple un merveilleux panorama [5]. Le Potomac coule ses ondes d'or entre deux rives agrestes et verdoyantes, puis, tache blanche dans la verdure, la ville de Washington s'étale avec ses monuments, vierges du bariolage qui revêt dans toute l'Amérique l'extérieur des constructions. Planté de beaux arbres comme tous les cimetières, celui-là est de plus fleuri à profusion de rosiers, et parmi les feuillages vit tout un peuple de charmants écureuils, animant de leur turbulence et de leurs petits cris cette solitude embaumée qui n'a plus rien de funèbre.

Nous étions arrivés trop tard pour la cérémonie, et, regagnant la voiture, nous rentrâmes à Washington. Nous devions d'ailleurs y séjourner plusieurs jours, et

5. Le cimetière militaire d'Arlington (Virginie) fut fondé en effet à l'emplacement d'un domaine que s'était vu confisquer Robert Edward Lee (1807-1870), général en chef des armées du Sud. Y reposent des soldats morts durant toutes les guerres auxquelles prirent part les États-Unis. Là sont sont aussi inhumés, entre autres personnalités, le président John Fitzgerald Kennedy, son épouse Jackie et ses frères Robert et Ted.

nous pûmes visiter dans la ville ainsi qu'en ses environs tout ce qui valait la peine d'être vu.

Mount Vernon, où nous nous rendîmes dès le lundi, est un ravissant cottage ombragé d'arbres séculaires. C'est la maison où Washington habita la plus grande partie de sa vie avec sa famille, et c'est là aussi qu'il repose avec les siens. Sa tombe, des plus modestes, est une sorte de chapelle construite en briques et contenant un sarcophage aperçu à travers les deux hautes grilles de fer qui ferment cette chapelle. À droite et à gauche, plusieurs pyramides de granit également entourées de grilles, monuments funèbres élevés à divers membres de la famille du grand homme. Aucune fleur, une austère simplicité.

La maison de Washington, maison de bois à la vieille mode américaine, est d'une architecture particulière, à la fois rustique et gracieuse, que l'on désigne là-bas sous le nom de « style colonial ». La façade donne sur le Potomac, et c'est le site le plus délicieux que l'on puisse rêver. À l'intérieur, rien, depuis la mort de Washington, n'a été changé dans l'ameublement des différentes pièces. Dans le salon, d'une extrême simplicité, le cahier de musique est ouvert, et la flûte sur laquelle il accompagnait sa belle-fille au piano semble prête à vibrer encore sous le souffle de son illustre possesseur. Outre les pièces habitées par Washington et sa famille, un grand salon, autrefois salon de réception, a été transformé en musée de souvenirs. On y trouve encore une volumineuse correspondance de La Fayette, nombre de portraits et les lettres que Washington, durant la guerre, adressait à sa chère femme. Elles témoignent éloquemment qu'ainsi que ses compatriotes il était un mari modèle. Beaucoup de bibelots divers plus ou moins précieux et entre autres, sous verre, la fameuse clef de la Bastille que les États généraux envoyèrent comme un hommage à ce grand apôtre de la liberté.

Dans la ville elle-même, le plus important de tous les monuments est le Capitole, bâti au centre de la cité et visible de tous les points. Comme architecture, il offre un corps principal, copie très agrandie de notre Panthéon, que viennent flanquer à droite et à gauche deux autres bâtiments de style grec. Ces deux ailes sont affectées l'une à la Chambre, l'autre au Sénat.

Le palais de la Présidence, White House, la Maison-Blanche, est une construction assez simple et dont l'accès est des plus faciles. Il suffit de demander la permission d'entrer, et l'on passe successivement dans différentes pièces qui n'ont en somme rien d'intéressant. Une fois par semaine, régulièrement, le Président reçoit toutes les personnes qui veulent bien lui rendre visite.

Tous les autres monuments rappellent également les nôtres par l'architecture ; sur les places, dans les parcs, beaucoup de statues de plus ou moins de valeur artistique.

Un monument plus curieux que les autres est l'énorme obélisque érigé à la mémoire et en l'honneur de Washington. Haut d'environ cent soixante-dix mètres, il a coûté 1 187 710 dollars, soit plus de cinq millions de francs. Commencé le 4 juillet 1848, il a été inauguré le 21 février 1885 [6]. Au centre du monument sont ménagés, montant jusqu'au faîte, un escalier et un ascenseur, l'escalier suffisamment large et éclairé à la lumière électrique. Au sommet de l'édifice, sur chacune de ses quatre faces, sont ouvertes de larges baies que du bas on ne supposerait point exister.

En somme, Washington est une aristocratique et calme ville, jolie, agréable, suffisamment artistique, très bien entretenue et très bien gardée. J'appris qu'il existait

6. Les travaux avaient été interrompus de 1854 à 1879, faute d'argent.

là, comme ailleurs du reste, une profession américaine que j'ignorais : celle de conducteur d'ivrognes ; mais les professionnels sont, paraît-il, plus nombreux à Washington qu'en tout autre endroit, car nulle part non plus les amateurs de whisky ne sont plus molestés par les policemen quand ceux-ci les surprennent en flagrant délit de titubation. Des gens sont donc payés par les marchands eux-mêmes pour reconduire à domicile les clients en état de trop complète ébriété. Cela pour deux excellentes raisons : la première, c'est que le débitant qui a fourni le liquide cause de l'ivresse se voit infliger une très forte amende ; la seconde, c'est que ces ivrognes sont les meilleurs clients du commerçant et qu'il agit ainsi pour se les conserver, mettant même, quand le cas est nécessaire, une voiture à leur disposition. J'imagine qu'en France les cabaretiers qui suivraient cet exemple s'y ruineraient au lieu de prospérer.

De Washington à Philadelphie. Ville bien américaine avec de grandes maisons pareilles à des casernes et d'immenses monuments. Très grandes, très bien pavées et très bien tenues aussi, les rues bourdonnent d'une animation qui semble, on ne sait trop pourquoi, des plus joyeuses. Toutes les maisons sont munies extérieurement d'un escalier de fer, moyen de sauvetage en cas d'incendie que remplace parfois, plus pittoresquement, une poulie à corde que l'on prendrait, au premier coup d'œil, pour un appareil de pendaison. Des musées et une société historique, des académies de beaux-arts, de sciences, de musique et plusieurs collèges font de Philadelphie, au point de vue intellectuel, une des premières villes des États-Unis ; mais ce dont elle s'honore le plus, je crois, c'est de posséder sur une de ses places la cloche de l'Indépendance. Pour le moment, la place était vide et la cloche à l'Exposition. C'est également la ville qui serait la première s'il s'agissait de nombrer les églises. Celles de Philadelphie sont en quantité invraisemblable, presque toutes assez jolies, mais bien entendu de date récente.

Philadelphie quittée, nous revoilà à New York, gagnée en quelques heures, et bientôt dans le nid verdoyant de Morissania, au milieu de la chère famille. Quinze jours passés là s'écoulent comme des minutes, et je me retrouve en mer à bord du steamer américain *Paris*, qui va reprendre le chemin de l'Europe. J'ai la même impression de tristesse que celle qui me poignait tandis que nous quittions Le Havre. C'est le même tableau aussi. Les mouchoirs qui s'agitent pour les adieux, l'ancre qui se lève, la terre qui s'éloigne, cette belle terre américaine, terre de fière indépendance que je sens être la grande patrie de tous ceux qui aiment profondément la liberté.

Comme il m'en coûte de la quitter, tout autant qu'il m'en coûtait de quitter la France ! Et quand les côtes s'estompent, quand je vois près de disparaître enfin dans la brume la colossale statue de la rade, je lui crie, comme à une amie qui pourrait m'entendre :

« JE REVIENDRAI ! »

TABLE

Composition et mise en pages : Facompo, Lisieux

Achevé d'imprimer en février 2014
par Black Print CPI Iberica
Dépôt légal : mars 2014

Imprimé en Espagne